# 习惯力

## 我们因何失败，如何成功？

[美] 马歇尔·古德史密斯 (Marshall Goldsmith)
马克·莱特尔 (Mark Reiter) ◎ 著
刘祥亚 ◎ 译

SPM
南方出版传媒
广东人民出版社
·广州·

图书在版编目（CIP）数据

习惯力 /（美）马歇尔·古德史密斯，（美）马克·莱特尔著；刘祥亚译．
—广州：广东人民出版社，2016.9
ISBN 978-7-218-11028-8

Ⅰ．①习… Ⅱ．①马…②马…③刘… Ⅲ．①习惯性－能力培养－通俗读物 Ⅳ．① B842.6-49

中国版本图书馆 CIP 数据核字（2016）第 168159 号



XI GUAN LI
**习惯力**
［美］马歇尔·古德史密斯 马克·莱特尔 著 刘祥亚 译


**出 版 人**：曾 莹

**策 划**：中资海派
**执行策划**：黄 河 桂 林
**责任编辑**：肖风华 古海阳 张 静
**特约编辑**：宋金龙
**版式设计**：王 雪

**出版发行**：广东人民出版社
**地 址**：广州市大沙头四马路 10 号（邮政编码：510102）
**电 话**：（020）83798714（总编室）
**传 真**：（020）83780199
**网 址**：http：//www. gdpph. com
**印 刷**：深圳市彩美印刷有限公司
**开 本**：787mm × 1092mm 1/32
**印 张**：12.5
**字 数**：258 千字
**版 次**：2016 年 9 月第 1 版 2017 年 1 月第 2 次印刷
**定 价**：49.80 元

**如发现印装质量问题，影响阅读，请与出版社（020-83795749）联系调换。**
**售书热线**：（020）83795240

某些看似不起眼的
小习惯，
会蚕食掉你在
工作和生活中付出的
所有努力，
并最终演变成一场大危机。

马歇尔·古德史密斯博士

# 全球最具影响力的商界思想家

马歇尔·古德史密斯博士获得的荣誉——

**Thinkers50 管理思想家排行榜**：世界最具影响力的领导力思想家、世界十大商业思想家之一

**《福布斯》**：全球最受尊敬的5位高管教练之一

**《华尔街日报》**：全球十大高管教练

**《哈佛商业评论》**：2011年全球最具影响力的领导力思想家

**美国管理研究院**：终身成就奖（过去25年仅有两名获奖者）

**美国国际人力资源学院**：院士奖（美国最高人力资源奖项）

**美国管理协会**：过去80年来在管理领域最有影响力的50位顶尖思想家之一

**《商业周刊》**：领导力研究发展史上最具影响力的研究者之一

**《华尔街日报》**：顶级高管教练

**《泰晤士报》**：全球最具影响力的15位商界思想家之一

**《经济学人》**：商业新时代最值得信赖的思想领袖

**《卓越领导力》**：管理和领导力领域5位顶级思想领导者之一

**印度《经济时报》**：美国5位精神导师之一

**《快公司》**：美国杰出高管教练

马歇尔·古德史密斯博士在加州大学洛杉矶分校（UCLA）获得了博士学位，任达特茅斯大学全球领导力研究中心主任，并经常在知名的商学院讲授高管教育课程和发表演讲。他的工作受到了该领域几乎所有专业团体的认可。2006年，阿兰特国际大学将其商业与组织研究学院命名为“马歇尔·古德史密斯管理学院”，以表达对他的崇敬之情。

马歇尔·古德史密斯博士还是为数不多曾受邀对超过150名CEO及其管理团队进行辅导的咨询师之一，他在“彼得·德鲁克基金会”的理事会任职长达10年。他曾以志愿教师的身份为美国陆军的将官、海军将官、女童军领导者，以及国际红十字会的领导者们授课，更被国际红十字会授予“年度志愿者”的称号。

马歇尔·古德史密斯博士目前创作了三十余部著作，总计销量超过了200万册，其主要作品包括：

**《自律力》**：长踞亚马逊商业类图书榜首、最具影响力的管理类经典著作

**《魔劲》**：《纽约时报》《华尔街日报》最佳畅销书，被翻译成 14 种语言

**《功成身退》**：《华尔街日报》畅销书

**《未来的领袖》**：《商业周刊》畅销书

**《未来的组织 II》**：年度选择奖，最佳商业类书籍

**《高效经理人教练方法和培养细节》**：高管培训领域经典畅销作品

登录 www.MarshallGoldsmithLibrary.com，分享马歇尔·古德史密斯博士的 300 多篇文章、访谈、专栏文章和视频资料，来自全球 195 个国家的读者点击该网站超过 2 000 万次。

古德史密斯博士在 www.HBR.org 、www.BusinessWeek.com 和 www.HuffingtonPost.com 等网站开设博客，并定期更新。

**沃伦·本尼斯**

**美国领导理论大师，四任美国总统顾问团成员**

我之所以喜欢马歇尔·古德史密斯，有很多原因：他为人慷慨、乐于助人，能够激发出人身上最好的一面；他还具有一种类似于禅宗的神奇能力，可以营造一种发人深省的氛围。这一切都是一位伟大导师的典型特征。他还可以在谈笑之间让人们领悟到一些极富洞见的观点。

**艾伦·穆拉利**

**福特公司总裁兼 CEO**

我们曾是一个优秀的团队，总是在努力提高自己的业绩。在马歇尔的帮助下，我们确定了两个需要改进的领域，并努力去改进自己。在大家的帮助和支持下，我们最终超额完成了任务，而且非常享受整个过程！一个团队只要有决心不断进步，再加上马歇尔那些已经被实践所证明的改进方法，就一定能够取得神奇的效果！

**金　墉**

**世界银行第 12 任行长**

我非常幸运地和马歇尔共事了几年，他对我的帮助非常大。本书很好地展示了马歇尔平日的工作，其中很多观点，让我和马歇尔的其他客户受益良多。马歇尔提出的重要、实用且深刻的方法，将帮助你成为一名更好的领导者，创造更美好的人生！

**大卫·科恩伯格**

**美国运通公司 CEO**

马歇尔让我明白了在生活每个方面都做出一点积极改变的重要性。他的教练技巧和宝贵课程帮助你从人际关系中找到更重要的意义，并对积极领导有更深入的理解，从而带来更好的结果。

**布赖恩·C. 康奈尔**

**塔吉特百货公司主席兼 CEO**

马歇尔是一位可贵的教练与伙伴，他能帮助你推动组织转型和绩效改进。

**艾沙·埃文斯**

**英特尔公司副总裁兼总经理**

**《财富》十大“下一代女性领导者”之一**

马歇尔的培训要求领导者持续关注自己的行为。领导者的行为，以及团队的行为，是伟大成就和持续进步的基石。这将成为未来关联型、全球型、知识驱动型企业的成功金钥匙。

**约翰·哈姆格伦**

**麦克森公司（北美第一大的医药批发商）CEO**

**《哈佛商业评论》全球百大“杰出CEO”之一**

我们在麦克森公司一直致力于培养强大的领导者，这么多年来，我们很大程度上依赖于马歇尔对领导力的洞察，在麦克森公司进行领导才能的培养。无论一个人在组织中扮演怎样的角色，都能实现自己的远大梦想。

**马克·特尔塞克**

**高盛公司董事总经理**

马歇尔总是充满活力。他帮助那些已经非常成功的人不断变得更好。他的建议对我的事业产生了巨大的帮助，但对我的家庭生活所产生的影响更大。我的妻子和孩子们都在为马歇尔叫好，感谢他帮助我成为了一名更好的丈夫和父亲。还有什么比这更妙的呢？

**史蒂夫·科尔**

**高盛公司 CLO（首席学习官）**

马歇尔有一种独特的天赋和一套奇异的技能——他懂得如何深入成功的背后，发掘出一些核心的发展需求，帮助人们取得更大的成就，而且他还能用一种言之有物的方式让人们意识到自己需要做出怎样的改变。他懂得如何激发人们做出改变，而且不会在这个过程中让对方产生抗拒心理。

**吉姆·劳伦斯**

**通用磨坊食品公司副主席兼 CFO**

作为一名教练，马歇尔就像是你最贴心的朋友，他能坦诚地说出你需要知道的东西，像一位最亲密的朋友那样帮助你。为了做到这一点，他会从你的同事们那里征集真诚的反馈意见，正确地理解它们，然后采取切实的行动。他能帮助你创建一个反馈循环，帮助你变成一名更好的领导者，并能真实地衡量出你到底取得了多大的进步。

**J.P. 加尼尔**

**葛兰素史克公司 CEO**

马歇尔是一名伟大的教练兼导师。他为我和我们公司的未来领导者们提供了巨大的帮助。他的方法切实、有效，而且还非常有趣！

**乔治·博斯特**

**丰田金融服务公司 CEO**

马歇尔懂得如何通过一种极富魅力，甚至有些顽皮的方式来讨论一些可能会令人不舒服的问题。结果，不仅那些经过他培训的领导者们会变得更好——就连这些领导者的整个团队也会变得更好！

**乔恩·卡岑巴赫**

**麦肯锡公司前高管**

**《团队的智慧》(*The Wisdom of Teams*)等畅销书的作者**

马歇尔是一位能帮助领导者变得更加优秀的专家。他的方法非常简单，却又极其有效。他的力量不仅在于他可以提供一些非常简单的方法，而且他还具有一种独一无二的能力，可以为领导者们提供一些能够指导他们采取切实行动的建议。几乎每次参加完马歇尔的讲座之后，我都会感觉自己比以前更加聪明。

**埃里克·辛斯基**

**美国前陆军总参谋长**

马歇尔在领导力开发等问题上有着宝贵的见解，他的许多观点不仅对于我们的管理者，而且对于管理者的家人都起到了举足轻重的作用。当他们回到自己的工作岗位的时候，发现马歇尔所提供的那些工具和技巧真的非常重要。

**C.K. 普拉哈拉德**

**密歇根大学商学院企业战略与国际商务教授**

领导力开发的核心就在于帮助那些成功人士更好地认清自己，并提高效率。马歇尔为这一使命许下了郑重的承诺，他敏感、坦诚，而且他的方法非常有效。多年的耐心实践已经让他成为这个行业里最出色的“钻石切割器”——他可以拿起一块未经打磨的钻石，然后迅速让其散发出原有的光芒。他的确是个不可多得的人才。

**维杰伊·戈文达拉扬**

**达特茅斯大学塔克商学院全球领导力中心主任**

在过去的10年当中，我跟马歇尔共事，并亲眼见证了他在达特茅斯教书育人。在我看来，马歇尔是他所从事的这个领域里最优秀的专家。他身上汇集了一种伟大导师所需要的全部品质——无论是从领导力思想、课堂管理，还是从现场指导的角度来说，都是如此。他是达特茅斯大学塔克商学院的无价之宝。

**艾伦·哈森菲尔德**

**孩之宝公司（美国著名玩具制造商）主席**

马歇尔是教练中的教练。没有人比他更懂得聆听，更能从我们（他的学员）身上学习了。通过聆听我们的反馈意见，他可以成功地帮助我们变得更好。

**吉姆·摩尔**

**贝尔南方、诺泰尔、太阳微系统等公司前任 CLO**

马歇尔很可能是这个星球上有史以来最伟大的领导力导师。我亲眼目睹他帮助三家公司的成千上万名高管切实提高了自己的领导力。他们的业绩最终得到了提升，他们的人际关系变得更加和谐，而且他们的生活也变得更加幸福。

**约翰·亚历山大**

**创造性领导力中心**（著名非营利性教育机构）**总裁**

无论在任何地方，马歇尔·古德史密斯都可以被看成是最优秀的导师和高管教练。他多年的经验以及反复经实践检验的方法已经帮助了成百上千位领导者实现了积极而持久的行为转变。

**戴维·乌尔里克**

**人力资源管理鼻祖**

**畅销书《底线：通过人员与组织创造价值》作者**

马歇尔是培训领域的一位摇滚明星。他所受到的崇拜完全是实至名归。他懂得关心跟自己共事的人，他非常关注他们所遇到的问题。他能够将许多了不起的人结合到一起，让他们相互学习。他为人坦诚、乐于助人、大胆、敏感。他关心的是一个人的未来，而不是他的过去，他喜欢创造一个不受过去束缚的未来。

**马克·艾弗隆**

**雅芳公司 CLO**

如果你想要对自己组织内部最重要的领导者进行培训，马歇尔·古德史密斯绝对是首选。他的确能够帮助你实现积极而切实的改变。

**凯斯·惠勒**

**美国心脏协会 CEO**

马歇尔帮助我们意识到了领导者的主要使命就是激励他人。他告诉我们如何在激励他人的同时与对方建立持久的关系。他向我们的团队提出了挑战，我们都喜欢跟他共事。

**鲍勃·卡伦**

**汤姆森保健和科学集团 CEO**

那些经验丰富的高管们经常不愿意承认自己需要改进。在解决这个问题的时候，没有人比马歇尔·古德史密斯做得更好了。他帮助我做出了令人惊奇的改变，而且更妙的是，他还帮助我改进了自己的整个高管团队。

**路易斯·卡特**

**最佳实践学会总裁兼 CEO**

我认为马歇尔是当今领导力和高管培训领域的一号人物。坦白说，我真的很喜欢他在培训时采用的那种坦诚、直接、积极而有效的方法——他是最棒的。

**布莱安·沃克**

**赫尔曼·米勒**（知名办公用具生产商）**CEO**

一名伟大的教练会告诉你该如何提高自己。马歇尔就是一名伟大的教练！他有一种独一无二的能力，可以帮助你确定自己能够在什么地方得到改进，以及怎样才能对你所领导和关爱的人产生最大的影响。

**莎莉·赫格森**

**全球女性领导力培训专家**

**畅销书《女性优势》与《包涵之网》作者**

马歇尔·古德史密斯是世界上最伟大的教练，因为他有一套非常绝妙的技能，一种在保持客观的同时跟其他人建立深层次交流的能力，以及一种与他人分享自己知识的激情。

**杰克·佩尔顿**

**塞斯纳飞行器公司 CEO**

塞斯纳公司关心的是不断改善业绩，而马歇尔则帮助我们不断改进整个管理团队。他所带来的影响是惊人的。他那简单而实用的方法，无论是在我们的职业上还是在个人生活上，都产生了积极的影响。我从来没有在解决一个棘手的问题时能感觉如此开心。谢谢你，马歇尔！

**戴维·波耶特**

**眼力健公司 CEO**

马歇尔不仅帮助我成长为一名更加优秀的领导者，还帮助我将一支运行良好的管理队伍变成了一支业绩显著的团队，所有的成员都能得到提高而且还能为整个团队业绩的提升添砖加瓦。

**迈克尔·尤西姆**

**宾夕法尼亚大学沃顿商学院领导力与变革管理中心主任**

凭着巨大的能量和丰富的内涵，马歇尔在沃顿领导力大会上吸引了数百名与会人员，让他们变得兴奋，甚至激动万分。马歇尔真的是个大明星！

**贝弗利·凯**

**全球职业生涯规划权威**

**畅销书《零成本留住核心人才》作者**

马歇尔是一位非常主动的教练……你不用提问……他会竭尽所能地提出自己的建议……无论何时他都能做到！值得感谢的是，他从我们研究生院毕业的时候就一直出现在我的生命中，并不断提醒我自己身上那些确实需要改进的弱点！

**G.M. 拉奥**

**印度年度企业家、GRM 集团（印度）CEO**

马歇尔·古德史密斯是一名伟大的作家和世界闻名的高管教练。他对我们集团的贡献是巨大的，我们从他举世无双的经验和学识中受益良多。

**弗雷德·哈桑**

**华平投资集团（国际领先的私募股权投资公司）总经理**

**博士伦隐形眼镜公司主席**

在帮助他人成就自我方面，世界上没人比得上马歇尔。他是高管教练领域的顶级思想家，推动了人们对自我激励的重新思考。他阐述了自我意识、自我承诺和积极行为改变的重要性。这将照亮许多人的人生！

**托尼·马克斯**

**纽约公共图书馆 CEO**

我们如何为组织和自己创造机会？马歇尔·古德史密斯是一位为我们指明道路的大师，他帮我们避开消极诱因，打造能激发我们最大潜能的习惯。在本书中，马歇尔再次用他独特的洞察力、热情和正能量来教导我们。我们要做的就是遵循这本书的指导进行学习，并做得更好，为所有人带来更好的结果。

**狄安娜·穆里根**

**卫士人寿保险公司（世界500强企业）CEO**

**《财富》全球最具影响力的50位商界女性**

你没法教上了年纪的老家伙学会新把戏，除非你有马歇尔·古德史密斯的帮助。在他的指导下，你能轻易改掉消极的习惯。

**里吉斯·舒尔茨**

**法国达尔蒂集团（欧洲顶级电器零售商）CEO**

我非常荣幸得到过马歇尔·古德史密斯的指导。他能够触发我人生中的改变，帮助我成为更好的领导者。马歇尔改变了我的人生和我的职业生涯。

# 知名媒体推荐

*What Got You Here Won't Get You There*

**《出版商周刊》**（*Publishers Weekly*）

古德史密斯，这位企业精英的顶级导师，为我们指出了扼杀成功的21个坏习惯。尽管古德史密斯的建议适合于任何人，但是对于已经非常成功的人来说，如果不是上司直接发号施令，他们也许是最不可能求助于这样一本书的人群。正如他所言，他们反而会把自身的成功归因于自己的坏习惯。但不管怎么说，它也许可以让那些还不够成功的人通过改进人际关系而更上一层楼。

**《书单》杂志**（*Booklist*）

作为《财富》等知名商业杂志经常采访的对象，古德史密斯在其合作人马克·莱特尔的协助下，撰写了这本自助式职业开发专著，书中既有虚构的趣闻逸事，又有直言不讳的真实对话，所有这一切都让本书异军突起，成为畅销书的典范。他阐述成功训练的切入点简洁明了，论述时脚踏实地，毫无矫揉造作之处；他广泛收集同事和同行的反馈，明确了哪些行为（请记住，古德史密斯所关注的是行为，而不是技能或知识）需要改变，需要反省、宣传、感谢、贯彻和推广。

必须指出的是，这位组织心理学家的服务对象很特别：只有那些他认为能接受其建议并据此做出改变的领导者才能成为他的客户。更特别的是，在没有看到显著的成效之前，他不会收取任何费用。

**《加拿大环球邮报》（*Globe and Mail*）**

这是一部精彩绝伦的书，对人类行为的深邃洞察和改变行为模式的绝佳建议在书中比比皆是。事业和生活中的风风雨雨，让古德史密斯先生总能运用生动的事例把原本枯燥的理论变成妙趣横生的故事。读者们会因为收获而喜出望外，原本想雇用你的企业也将会因你的到来而受益。

**《世界商业学会观察》（*World Business Academy Perspectives*）**

这部书的文采和马歇尔的口才一样妙不可言，内容通俗易懂，语言真诚厚重而又诙谐幽默，绝无半点哗众取宠之意，简洁的语言之中蕴含着价值连城的现实策略。它让那些永远没有时间可浪费的人爱不释手。本书注重实践，切中要害，绝对是一部能经得起时间考验的佳作。

**沃顿知识在线（*Knowledge@Wharton*）**

马歇尔·古德史密斯是美国最成功的企业高管培训师之一。他向每位个人客户收取的年费最高达25万美元，因此，他也是美国最昂贵的企业名人培训师之一。古德史密斯的高明之处不仅仅在于他简洁明了的理念和思维，更多的是他清晰直白的阐述方式……古德史密斯的这本领导艺术专著还能指导我们做一个好父母，为我们造就和谐美满的生活。

**《芝加哥论坛报》（*Chicago Tribune*）**

古德史密斯并不想探究人们行为的理由，也不想重塑他们的个性。相反，他对成功的判断标准在于，他的客户是否能通过改变自身行为来不断完善自我。他的意图就是教他们如何为自己的缺点而道歉，他在《习惯力》中写道："这是人类能展现的最神奇、最有效也是最有利于维护人际关系的举措。"之后，他又告诉我们如何通过请教他人以进一步完善自我。关于这一点，他认为："改变别人对自己的看法，要比改变自己难得多。"

AudioFile

为了让事业更进一步，成功人士往往需要克服浮躁与自负的心态。管理咨询大师马歇尔·古德史密斯用独特的视角和颇具说服力的语言，将自己的经验和体会娓娓道来，他的建议必将激励读者去体验、去尝试、去实践。然而，我们从书中也可以看到，他本人也在不断进取、不断探索，比如他在描述企业高管的好习惯和坏习惯时，足以让我们略见一斑。此外，他针对需要改进的行为以及方式提出的建议也清晰易懂，毫无模棱两可之意，而且具有可操作性，同时其中又不乏来自亲身体验的诸多实例。

weLEAD Rating

如果你打算在今年买一本新书的话，我建议你把目标锁定在《习惯力》。它绝对是迄今为止最值得阅读的一部领导力著作，它所提供的信息绝对是顶级的！

Jack Covert Selects, 1800CEOREAD

我在看这本书的时候发现，很多习惯好像就是在说我，我需要改掉的坏习惯，竟然要比我愿意承认的多得多。本书的精妙之处在于，你会发现很多你过去认为自己没有的坏习惯，而且能在别人没有意识到你有这些坏习惯的情况下纠正它们。这其中的益处显然是不可估量的。总之，这是一本非常重要的书。

# 目　录

*What Got You Here Won't Get You There*



WHAT GOT YOU HERE WON'T GET YOU

# 2 让你犯错而不自知的魔鬼习惯

每个人都有独特的习惯。但你是否知道，有些习惯中潜藏着“魔鬼”？它会让你在不知不觉间受到侵害，阻碍你走上更成功的道路。认清 问题，是改变的关键，是前进的开始。



WHAT GOT YOU HERE WON'T GET YOU

WHAT GOT YOU HERE WON'T GET YOU THERE

# 3 开启习惯改变之旅

蜕变是漫长、痛苦而艰辛的过程，运用正确的方法会达到事半功倍的效果。本章将教给你简单而有效的 7 个步骤，使你循序渐进地改变顽固的破坏性习惯。你所要做的就是坚持练习。

# 4 向前一步，尽善尽美

你已经为克服自己顽固的破坏性习惯作出了不懈努力，千万不要功亏一篑。作为你的教练，我会善始善终地带你走好最后一步，让你由内至外焕然一新。



WHAT GOT YOU HERE WON'T GET YOU THERE

WHAT GOT YOU HERE WON'T GET YOU THERE

## 价值25万美元的培训课程，助你改掉魔鬼习惯

企业中的高管不计其数，这些形形色色的管理者们为了更进一步而整日勤奋工作。他们不缺乏智慧、技能甚至超凡魅力，但只有极少数人能达到成功的顶峰。正如马歇尔·古德史密斯所说的那样，细微之处见差异。

一个人可能通过某些“具有相互作用的毛病”而影响他人，而这些毛病（简单得就像你该为道歉而道歉一样）却可能给他人留下负面印象，从而阻碍了他们的进一步发展。对此，古德史密斯的建议直截了当，毫不隐讳：最简单、最轻松的办法就是改掉这些缺点。为了得到古德史密斯的一对一培训，这些高管每年要支付250 000美元的费用。有了这本书，你只需要按1/10 000的折价，就能发现阻碍你成功的致命习惯，它们是：

1. 求胜欲太强：在任何情况下都要不惜一切代价去打败对方，无论这样做是否值得；
2. 太喜欢加分：不管有没有必要，每次讨论的时候总是要发表一番自己的见解，对别人进行提示或引导；
3. 太喜欢点评：总要对别人的说法评论一番，把自己的标准强加于人；
4. 总是发表破坏性评论：总是为了让自己的言语听起来更深刻、更诙谐而说出一些不必要的讥讽的话；
5. 喜欢用“不”、“但是”或“可是”来开头：过多地使用否定式过渡语，实际上是在告诉对方，“你错了，我才是对的”；
6. 告诉世界你有多聪明：总要告诉周围的人你比他们想象得更聪明；
7. 乱发脾气：经常在愤怒的时候跟人沟通，把情绪上的波动作为一种管理工具；
8. 否定别人或故作高深：总要用自己的负面思维去影响周围的人，即便是在毫无必要的时候，比如“让我来告诉你这样做为什么不行”；
9. 隐瞒信息：为了使自己占据一定的心理优势而拒绝与人分享信息；
10. 不懂得赞赏：不懂得表扬或激励别人；
11. 喜欢抢功：总是高估自己在某项工作中的作用；

12. 喜欢找借口：总是把自己的坏习惯归结为某种无法改变的原因，以此来为自己的行为开脱；
13. 把一切都归咎于过去：总是把自己的失误或缺点归咎于以往的人或事，其实是在掩饰自己的过失；
14. 偏袒拍马屁的下属：不能公正地对待自己周围的人；
15. 拒绝道歉：拒绝为自己的行为承担责任，拒绝承认错误，不承认自己的行为影响到了其他人；
16. 不懂得聆听：不能耐心地听完对方的讲述，总是催促或暗示对方快点进行下一项，快点结束；
17. 不懂得感激：不懂得说"谢谢"，总认为别人为自己所做的事情是理所当然的；
18. 惩罚报信人：错误地攻击那些本来想要帮助你的人；
19. 乱找替罪羊：总是把自己的过失推到其他人头上；
20. 过于强调自我：把自己身上那些无法改正的缺点看成是一种美德，总是强调"我就是这样一个人"。

对照以上清单，审视一下自己，看看这些问题是否已经成为你事业发展的瓶颈，你是否已经准备有所行动了？相信你只要遵循巅峰级高管教练古德史密斯的建议，用心领悟他独特犀利、一针见血的评判，就一定可以找到通向成功之巅的致胜密码，领略峰顶的无限美景。

第一部分

The Trouble With Success

# 习惯的陷阱

从以往的成功中学到的东西确实非常有效，但不幸的是，有些固有习惯会成为阻碍你取得更大成功的陷阱。重新认识自己，找出关键问题，让你的“导航系统”更加高效而精准。

# 第 1 章
# 小问题引发的大危机

> 一些看似不起眼的小问题会蚕食掉你在工作和生活当中付出的所有努力，并最终演变成一场大危机。而出现这种情况的真正原因大多是因为你内心的导航系统出了问题。

相信你一定很熟悉购物中心那些标示着“你在这里”的指引图。这些指引图的作用就是指示方向，当你来到一个陌生的环境时，它们可以让你知道自己所在的位置，并告诉你如何到达自己想去的地方。

有些人不需要这种地图。他们有一种天赋，能够自动指引他们找到自己想去的地方。这些人总是能在适当的时候拐弯，并选择一条最简单、最便捷的路线到达自己的目的地。这些人就是拥有这种能力，不仅在购物中心，而且在学习、事业、婚姻和友情方面都是如此。他们总是能找准自己的方向，游刃有余地规划好自己的生活，胸有成竹地面对生活中的一切。他们知道自己现在的位置，也很清楚自己要去的地方。跟这些人在一起，我们会感到非常安全，即便是出现了什么意料之外的事情，那也一定是意外的惊喜。我们常常把这些人奉为自己的偶像。

每个人心目中都有这样的偶像。对有些人来说，他们的偶像可能是自己的父母（当你还是小孩子的时候就被你奉为道德典范的人），或者可能是自己的配偶（也就是我们通常所说的“更好的另一半”）；而对于另外一些人来说，他们的偶像可能是第一个撕破他们伪装的大学教授（我就是一个例子，我会在后面详细谈到这一点）。

我们的偶像也可能是工作中给我们指引的导师、高中的体育教练、历史教科书中的英雄人物（比如林肯或丘吉尔）、宗教领袖（比如释迦牟尼、穆罕默德或者耶稣），甚至是某个电影明星。我就有这样一位朋友，每当遇到无法解决的问题时，他总是会问自己：“要是保罗·纽曼(Paul Newman，美国著名影星，奥斯卡影帝，曾10次获得奥斯卡金像奖提名，主要作品有《毁灭之路》、《金钱本色》等。——译者注）遇到这个问题，他会怎么做？”

仔细观察一下那些被我们奉为偶像的人，你会发现这些人都有一个共同的特点：他们都非常清楚自己是谁。正因如此，他们在和其他人打交道的时候，总能很好地把握自己。

这些人不会成为我的客户，他们根本不需要我的帮助。

我在工作中接触的，通常是那些迷失了自我的人。举几个例子：

## 经典案例　太喜欢加分——卡洛斯 (Carlos)

卡洛斯是旧金山一家成功的糖果公司的CEO。他十分聪明，工作也非常努力，是糖果行业公认的专家级人物。他从一名工人开始做起，先后做过销售和营销，后来一步步做到公司的最高管理者职位。可以说，他亲身经历了糖果行业的所有环节。与许多极富创造力的人一样，卡洛斯十分活跃，他脑子里藏不住任何想法，总是喜欢和别人分享自己的观点。他喜欢四处巡视自己的公司，看看员工们都在做些什么，并不时跟他们聊上几句。卡洛斯喜欢跟人打交道，喜欢交谈。总的来说，他是一个非常有魅力的家伙，只是有时候过于心直口快了。

有一次，他的设计团队向他展示了一套最新的巧克力包装方案。卡洛斯很喜欢这个设计，但他还是忍不住提了一个建议：

“你们觉得把颜色改成淡蓝色怎么样？”他说道，“我觉得蓝色会让人感觉比较高贵和新潮。”

1个月之后，设计团队又拿出了新的设计方案。卡洛斯对他们的设计成果非常满意，但他还是小声地嘀咕了一句：“我想红色可能会好一些。”

设计师们不约而同地翻起了白眼，他们简直要发疯了。就在1个月前，他们的CEO还说自己更喜欢蓝色。

当时他们虽然有些不乐意，可还是按照他的建议做出了修改，可现在这个人突然又改变主意了。他们垂头丧气地离开会议室，对卡洛斯一肚子不满。

卡洛斯是一位非常自信的CEO，但他也有一个坏习惯：总是喜欢自言自语，常常一边想着，一边就不知不觉地说出声来。他并没有意识到，随着自己的职位不断提升，他的影响力也在不断增强。道理非常简单，一名小职员的牢骚可能不会引起周围人的注意，可一旦CEO有所不满，整个公司都会竖起耳朵。职位越高，其所说的话就越有分量。

对于卡洛斯而言，他只是觉得自己在抛砖引玉，只是希望自己的建议能够帮助下属更好地思考，可他的下属却觉得他是在直接下命令。卡洛斯认为自己是在用一种非常民主的方式管理公司，所有人都可以畅所欲言，但他的下属却认为他是在搞独裁，认为他是我行我素的暴君。

卡洛斯以为自己是在和下属分享多年的经验，可下属却认为他是在干涉自己的工作，结果只会让他们更摸不着头脑。卡洛斯根本不知道下属是如何看待他的。

**卡洛斯身上所表现出的是我在本书中所谈到的第2号恶习：太喜欢加分。**

## 经典案例　偏袒拍马屁的下属——莎伦 (Sharon)

莎伦是一家大型杂志社的编辑。她精力充沛，干劲十足，浑身散发着强烈的人格魅力。她会把大部分时间花在跟文字和图片打交道上，但同时在为人处世方面也很有一套。

莎伦相信，只要自己愿意，她可以说服任何一个人接受自己的观点。她可以让那些总是拖拖拉拉的撰稿人在截稿日期到来之前的最后一分钟交稿，也可以让自己的员工为了一些细节上的问题不惜在办公室鏖战到深夜。杂志的出版商常常邀请她去给广告商打推销电话，因为她完全可以凭借自己的个人魅力为杂志拉来大批的客户。

莎伦尤其为自己发掘和培养年轻编辑人才的能力感到自豪。在这方面，一个最好的例证就是她所精心打造的那支活力十足的编辑队伍。这支队伍不仅能征善战，而且对莎伦极其忠诚，以至于同一行业的竞争对手们惊恐地称其为“莎伦军团”。

“莎伦军团”的成员共事多年，在这些年里，这支编辑队伍对莎伦的忠诚从来没有动摇过，甚至有人感觉这种忠诚实在有些过头了，特别是对于那些听命于莎伦却又没能进入亲信团的人来说更是如此。

在一次编辑会议上，当大家都在为下一期的选题出谋划策的时候，莎伦突然提出了一个选题，并表示该选题说不定可以成为下期的封面文章。莎伦的话音刚落，她的一名亲信便立即大声支持，认为这个创意简直“太棒了”，于是莎伦立刻把选题分配给了这位亲信。然后会议继续进行。就这样，莎伦逐个给所有的亲信都分配到了美差。作为回报，亲信们又对莎伦大肆逢迎了一番，并对她所说的一切点头称是。

如果你碰巧是莎伦的亲信，你可能会觉得编辑会议上的浓浓情意简直太棒了。但如果你并非莎伦的亲信，或者说你碰巧不同意她的某个观点，你会明显地感到整个办公室充斥着露骨的谄媚。几个月之后，你就很可能会开始考虑向其他杂志社发出求职信了。

但莎伦对此毫无觉察，她总是对自己的领导能力充满了信心。她相信自己是在建立一支上下一心的团队，大家彼此保持高度的默契，工作配合得天衣无缝。莎伦觉得自己是在激励下属进步，她甚至希望他们最后能比自己做得更好。而亲信团之外的人则觉得她只是在鼓励那些毫无原则的逢迎者向其讨好。

**莎伦身上体现的是我在本书中谈到的第 14 号恶习：偏袒拍马屁的下属。**

## 经典案例　过于强调自我——马丁 (Martin)

马丁是纽约一家大公司的理财顾问。他的主要工作是为富人阶层管理资金。在马丁所服务的客户中，最低的起始账户金额就高达 500 万美元。马丁的工作能力很强，总是能够驾轻就熟。作为回报，他也得到了高达 7 位数的年薪。当然，与自己的大多数客户相比，他的收入并不算高，但马丁并不会嫉妒他们。他喜欢自己的工作，对他来说，投资就是他的全部生活。

在他的客户当中，有些是大公司的 CEO，有些是白手起家的企业家，有些是娱乐明星，还有一些则是继承了大笔遗产的富家子弟。无论对方背景如何，马丁都能和他们保持良好的关系。他喜欢跟他们在电话里聊上半天，或者干脆共进午餐或晚餐。对他来说，与客户之间的交流与取得高出市场 4 个百分点的业绩同样重要。马丁不需要任何助手，他在公司独来独往，总是单枪匹马地完成工作。对他来说，他唯一需要负责的对象就是自己的客户，所以他的全部工作重点就是保障客户的利益，让他们每年对自己的投资组合所带来的收益感到满意。

有一次，他受邀为美国最受尊重的商业巨头之一负责部分投资业务。那些拥有巨额资产的人或机构都喜欢这样，他们喜欢把自己的资产打包分成几块，交给不同的投资经理来打理，从而把自己的投资风险降到最低。马丁非常重视这个机会，如果这次会见成功，他就很有可能成为这位商业巨头的投资智囊团成员。毫无疑问，这个消息将会给他带来不计其数的客户。马丁与这位巨头约见的地点就在对方位于洛克菲勒中心的办公室。时间只有 1 个小时，马丁十分清楚，他必须把握好这一绝无仅有的机会，给客户留个好印象。一旦成功，他所得到的回报将会是成百上千万美元。

这已经不是马丁第一次接受这样的考验了。面对客户，他总是有着老手们特有的镇定与自信，这次也一样。一进办公室，那位巨头就开门见山地问：“可以简单介绍一下你自己吗？”于是马丁打开了话匣子，大谈自己的光辉业绩，他向这位巨头详细阐述了自己的投资理念，以及他是如何打败自己的竞争对手的，还提到了自己一些比较有名的客户。他谈到了为这位巨头所设计的投资构想，其中包括不同类型的短线或长线投资。

就在马丁高谈阔论的时候，预先安排的 1 个小时不知不觉就过去了。只见这位巨头站起身来，感谢马丁能抽出时间来参加这次会面。马丁对此大感意外，直到这时，他才意识到，自己还没有来得及询问对方的目标，对方对于风险的态度，以及他需要什么样的投资经理。可即便如此，当他事后回想起这次会面的时候，还是对自己的表现感到非常满意，因为他坚信自己一定会在对方心目中留下一个非常好的印象。

第2天，马丁收到了那位巨头的一张亲笔便条，他再次向马丁表示感谢，同时告诉马丁他准备选择另外一名理财顾问。就这样，马丁莫名其妙地失去了一个大客户。马丁以为自己的骄人业绩一定能赢得这位巨头的青睐，可巨头却在想："这家伙真是一个狂妄自大的笨蛋。他什么时候才会关心一下我的想法呢？我绝对不会让这样一个家伙来打理我的资金。"

**马丁身上体现的是我在本书中谈到的第20号恶习：过于强调自我。**

我了解这些人，像卡洛斯、莎伦、马丁这样的人才是我的客户。我并不是说他们不知道自己是谁，想要去哪儿，或者是想要达到什么目标，也不是说他们没有足够的自我成就感。事实上，他们大都是一些非常成功的人（有时候他们的自我评价甚至有些过头）。真正的问题在于，他们并没有意识到自己的行为将会对那些重要人物产生怎样的影响，比如他们的上司、同事、下属和客户。

◆ 他们以为自己无所不知，可其他人只会把他们的这种想法看成是狂妄自大；

- 他们以为自己是在抛砖引玉，可其他人感觉他们是在搅局；
- 他们以为自己是在大胆放权，可其他人觉得他们是在推卸责任；
- 他们以为自己少说为妙，可其他人觉得他们是漠不关心；
- 他们以为自己是在让别人学会独立思考，可其他人觉得他们是不闻不问。

过了一段时间之后，这些看似不起眼的小问题就会蚕食掉他们在工作和生活当中付出的所有努力，并最终演变成一场大危机。为什么会出现这种情况？很多时候，出现这种情况的真正原因是他们内心的导航系统出了问题，因此对自己在同事当中的位置感到迷惘。

## 经典案例 迷失自我——塞维·蔡斯

好莱坞著名影星塞维·蔡斯曾经因出演著名导演哈罗德·雷米斯的大作《疯狂高尔夫》(*Caddyshack*，1980 年上映，讲述了一名高尔夫球童的故事，成为当年轰动一时的喜剧片。——译者注）而一举成名，但随后不久，这位巨星的事业就开始走下坡路。对于这种情况，哈罗德·雷米斯的解释是："你们知道什么是'本体感受'(the Concept of Proprioception) 吗？就是那种可以帮助你更好地认识自己当前的处境并对自己的前途保持清醒认识的能力。塞维之所以走下坡路，就是因为他失去了自己的本体感受能力，他不知道该如何把握自己，如何正视自己在别人面前的形象。他总是狂妄自大，目空一切，他在所有人面前都有一种莫名的优越感：'我是塞维·蔡斯，而你们不是。'"

在为成功人士进行指导的时候，我发现，有相当多的人都在某种程度上失去了这种本体感受能力，他们总是在为自己所取得的成就沾沾自喜。每当回顾自己的职业生涯时，他们总是会在内心深处夸大自己的成就。就好像塞维·蔡斯一样，他们的内心深处总是充满强烈的优越感："我是成功人士，而你们不是。"所以他们自然也就有理由这样想："既然这样做也能够给我带来成功，为什么还要改变呢？"

如果上帝能够赐给我魔力，我就会打个响指，让这些人立刻意识到自己必须要改变这种想法了。我希望自己能把他们变成《土拨鼠节》(*Groundhog Day*) 中的人物，让他们不断重复某一天可能是他们感觉最糟糕的一天的生活，直到他们最终彻底修正自己的做法。我希望自己能用力抓住他们的肩膀，摇醒他们，让他们看清现实。我希望我能把他们的缺点变成可能会夺去他们生命的顽症，因为只有在面临死亡威胁的时候，他们才可能会被迫做出改变。但我不可能，也不会这样做。我只能告诉这些人，他们的同事是怎样看待他们的，我把这种看法称为“反馈”。我只能通过这种方式告诉他们：这就是你现在的处境。在这本书里，我会让你知道：如何运用这种武器帮助你自己和身边的人。

要想重新选择自己的人生道路，或者说，想回到正确的道路上，你并不需要付出太高的代价。我们在本书当中所要讨论的也并不是什么生死攸关的问题。当然，长时间忽视这些问题也会给你的职业生涯带来严重的影响，它们也不是什么疑难杂症，需要长期治疗或用大量的药物来治愈。事实上，它们只是一些行为习惯，一些我们每天在工作中都会不自觉地重复很多次的坏习惯。要想克服这些习惯，你只需要：

- 找出问题；
- 明白它们对你周围的人所产生的影响；
- 意识到其实你只需要在行为上做出一些细微的改变，就可以取得截然不同的效果。

这就好像在表演，有些喜剧演员总是会因为不小心说错一句关键的台词而破坏了整场演出的效果。导演的工作就是注意这个问题，并做出相应调整，从而使演出能够达到预期效果。如果观众不笑，整场演出就毫无意义。同样，如果演员不能成功地调整自己，导演就不得不另请高明了。

你可以把我想象成那位导演。一位记者曾经告诉我，做记者这么多年，他学到的最重要的一件事情就是：**“哪怕把一个逗号放错了位置，整个句子都会变得面目全非。”**

作为一名记者，你可能具有极高的天赋，你可以像一支CSI（全称是Crime Scene Investigation，犯罪现场调查，美国最受欢迎的电视节目之一，被认为是“最适合高智商人群观看”的节目，故事背景设定在拉斯韦加斯，以情节扣人心弦、推理精彩而大受欢迎。——译者注）团队那样展开调查，可以让你的采访对象一见面就把你当成老朋友；你可以具有强烈的社会正义感，疾恶如仇，一心想着惩恶扬善；你还可以在截稿日期之前写出美妙的文章，手法娴熟地使用各种精妙的修辞技巧，让读者对你崇拜得五体投地。但是，一旦你把一个逗号放错了位置，你的所有努力顷刻之间就会变得毫无意义。

所以，你不妨把我想象成一名严格的语法专家，能帮你找出所有的语法错误，帮你大大提高自己的语法水平。圣迭戈有一家我最喜欢的餐厅，那里的大厨告诉我，他最拿手的那道菜里隐藏着一个天大的秘密：菜的成败完全取决于一种关键的佐料（当然，跟可口可乐的神秘配方一样，这位大厨也拒绝透露这种佐料的具体名称）。如果没放这种佐料，盘子端回厨房的时候就会有一半剩菜；而一旦加上这种佐料，客人就会把盘子吃个底朝天。

不妨把我想象成一位挑剔的食客，一旦发现你的菜里没放那种佐料，我就会原封不动地把菜退还给你。演员会说错台词，记者会点错逗号，厨师会忘掉一种关键的佐料。这就是我们在本书当中所要讨论的问题：那些在工作时总会有一些小失误而又没有意识到其严重性的人很可能会因为这个小失误而功亏一篑。而且更糟的是，他们并没有意识到：

- 自己的确有些小失误；
- 这些失误本来完全可以消除。

本书就是你最好的导航系统，是一张能够帮助你不走弯路、直奔巅峰的路线图。

**你已经取得了不小的成就，你还可以取得更大的成功。**

旅行已经开始，让我们启程吧！

第 2 章

# 像成功者一样学习，但别像他们一样“自信”

> 虽然你已经取得一点成就，得到了部分人的尊重，但仍然有一些不如意的地方，只要能找到适当的方法，就能让自己变得更好。如果本书能够让你相信这些，那就是我最大的心愿。

先来谈谈我自己吧。我是谁？我到底有什么资格来告诉你们应该如何改变自己呢？这一切都要从一个电话说起。

## 经典案例　随成功而至的“代价”

20 世纪 80 年代末，有一次，我为一家《财富》100 强公司的人力资源部门做了一场关于领导力的培训，当时我的主要工作就是告诉他们如何在自己的公司里寻找未来的 CEO，如何通过设计一些有效的培训项目帮助公司的员工更好地发挥自己的潜能，成长为一名合格的管理者。培训结束之后，这家公司的 CEO 给我打来了一个电话，正是这个电话改变了我的人生。

这位 CEO 也参加了培训，他说自己在这次培训中听到了一些让他为之一震的话。他之所以会拨通我的电话，就是因为这些话“一直萦绕在脑中，挥之不去”。

“马歇尔，我手下有一名经理，他负责一个很大的部门，而且他的部门几乎每个季度都能超额完成任务，”这位 CEO 说，“他年轻、聪明、执著、有冲劲、勤奋且富有创造性，具有十足的个人魅力，但同时又有些狂妄自大，倔强顽固，总是以为自己无所不知。”“可问题是，我们是一家强调团队合作的公司，而这位经理一直无法融入团队。我给了他 1 年时间让他改掉自己的坏习惯，否则就请他离开。可你知道吗？我发现，要想让这个家伙做出改变，我的公司必须付出巨大的代价。”

一听到“代价”这个词，我的耳朵立刻竖了起来。要知道，一直以来，我的工作就是帮助人们改变自己与周围人相处的方式。我以前从来没有对一位高管级别的人物进行过培训，更没有对一家市值数百亿美元的公司的 CEO 进行过单独辅导。我并不认识这位 CEO 所说的那个家伙，但从他的描述当中，我可以想象出那位经理的大概情形。首先，他应该是一个很成功的人，一个凭着自己的能力一步步获得提升的人。无论是在工作中、在橄榄球场上、在玩扑克牌游戏的时候，还是在跟陌生人进行辩论的时候，他很可能总是占据上风。他可以靠自己的个人魅力争取客户，也可以在公司会议上舌战群雄，说服所有的同事接受自己的观点，他还能够得到上司的青睐，在公司里平步青云。从他进入公司的第 1 天起，这个人的脑门上就贴着 4 个字：前途无量。这样的人往往并不需要钱，因为他的钱已经够多了，而且他实际上并不需要工作。这种人之所以工作的原因只有一个：他喜欢这样。

所有这些因素——他的天分、个人魅力、聪明才智、无与伦比的成功纪录，还有银行里的大笔存款，都让他目空一切，所以这样的人往往会变得固执、高傲，对身边的人充满戒心。怎样才能改变一个这样的人呢？要知道，他的整个生活，从他的收入到他的头衔，还有那成百上千个对他俯首听命的下属，都在告诉他：“你是成功的！”

更为重要的是，即便我知道怎样才能改变这个人，我又为什么一定要去钻这个牛角尖呢？

可我喜欢接受这个挑战。在那以前，我曾经辅导过许多中层经理，他们大都是一些极有潜力但暂时还没有取得成功的家伙。我的那些辅导方法能用来帮助这个完全有可能成为高管的家伙吗？我能让一个已经非常成功的家伙变得更加成功吗？这可能会是一个非常有趣的试验。但事实上，真正吸引我的还是那两个字——代价。

于是第 2 天，我搭乘返程航班回到纽约，去会见这位 CEO

和他提到的那位部门经理。

回想起来，那已经是 20 年前的事情了。从那天算起，我至今已培训了超过 100 个情况类似的高管，他们个个聪明、富有，都很成功，可即便如此，我还是发现他们每个人身上至少有一处足以让他们的职业生涯毁于一旦的人际交往缺陷。

这就是我的职业。我在加州大学洛杉矶分校拿到了心理学博士学位，在分析和评估个人在组织机构当中的行为方面拥有 29 年的经验。如今我的主要工作就是对那些成功人士进行一对一的辅导，帮助他们取得更大的成就。当然，我的目的并不是让他们变得更聪明或更富有，我只是要纠正他们，找出他们在与同事交往的过程中存在的一些恶习，并帮助他们改正这些习惯，从而使他们能够继续为自己的组织做出贡献。我会帮助他们意识到一个非常现实的问题：**那些让他们取得当前成就的做法未必能帮他们走得更远。**

但我并非只跟高管们打交道。没错，跟他们保持联系是我工作中相当重要的一部分，但我的大多数时间都是用来跟那些尚未到达职业巅峰的人在一起，他们也许更需要我的帮助。中层经理们同样也会被自己的同事或下属看成是一个狂妄、粗暴而且总是“以为自己无所不知”的家伙。我的目标对象是那些感觉自己已经是成功人士但又想取得更大成就的人，几乎所有组织中都有一大群这样的人。

我可以帮助他们在工作场合表现得更加得体——我会告诉

他们一套简单而实用的方法。

**首先，我会对他们的同事进行一次“360°反馈调查”**。我会尽可能多地对他们的上司、下属、同事和家庭成员进行访谈，以此来对他们人际交往的长处和弱点进行一次全面评估。

**其次，我会直接告诉他们周围的人是怎样看待他们的**。如果他们能够接受我的结论，那就表明他们承认自己的确有一些需要改进的地方，并愿意去努力改进自己的行为。这时我就会告诉他们如何改进。

我会先让他们向自己周围的人道歉（因为我的调查结果很可能会让他们产生一种愧疚感，而道歉是帮他们消除这种愧疚感的唯一方式），并请求对方帮助自己改进。我还会告诉他们一定要让所有人知道自己正准备改进，因为如果不这样做，周围的人可能根本不会主动注意到他们的变化。

**第三，我会让他们每个月都不断跟进，告诉同事们自己正在进行一项改进计划**。因为只有这样，你才能真正从同事的反馈当中了解到自己的进展，并督促人们继续监督你的改进。

在跟进的时候，我会告诉他们要学会客观地聆听同事、家庭成员以及朋友们的反馈，一定不要打断对方，更不要试图作任何辩解。

我还会告诉他们，无论别人给出了怎样的反馈，你都应该表示感谢。具体来说，我让他们向那些提出反馈意见的人说“谢谢”，我一向认为感恩是一种非常重要的心态。

**最后，我还会告诉他们前馈（feedforward，这个概念我在第三部分第 14 节做了详细论述）的力量，这是我在征求改进建议时最常用的一种“独门武器”**。对这些成功人士而言，刚开始，他们通常会感到十分委屈，可过了 12～18 个月之后，他们的行为就会发生明显的变化。不仅是他们这样认为，更重要的是，他们的同事们也会明显地感觉到这一点。

说到这里，你可能会想：“这听起来非常简单，但是你怎样把它写成一本书呢？”我要说的是，这本书不仅是为那些超级成功人士而写的，它还可以帮助很多人。这就像一名高尔夫教练不可能只为那些 PGA（全美高尔夫巡回赛，美国最重要的高尔夫比赛之一。——译者注）选手们写书一样，虽然这是一项非常有趣的运动，但能够成为巡回赛选手的人毕竟少之又少，所以专门为他们写书没有任何意义。

我并不是随便拿高尔夫作为例子的。我家附近有一个高尔夫球场，我每天都看到人们在打高尔夫，而且我相信，在“如何帮助成功人士取得更大成功”这个问题上，没有什么比高尔夫课程更能带给人启发。一般情况下，打高尔夫的人身上几乎体现了成功人士所具有的全部特点：

**首先，他们会盲目夸大自己的成功**。他们认为，甚至可能坚信自己已经达到了非常高的水平。哪怕偶尔打出一杆好成绩，他们也会很容易相信那是自己的正常水平。

**其次，他们还经常对自己取得成功的方法过于迷信**。正因如此，所以在第一杆出错之后，他们很容易就会再“奖励”自己一杆（被称为“自行重打”），他们会刻意忽略自己的失误，只记录较好的成绩，并把这些好成绩当成自己的真实水平。

**最后，跟商务人士一样，高尔夫球手常常认不清自己的强项和弱项**。他们不愿意承认自己的缺点，所以总是花费大量时间去练习那些自己本来就已经擅长的动作，却不肯用心改进自己的弱项。那些总是好大喜功、夸大其词的成功人士不也正是如此吗？

需要说明的是，高尔夫球手们有一个非常值得称道的地方：无论取得了多么好的成绩，他们总是不会满足，总是希望能够做得更好。因此他们会不断地练习，不停地给自己安排课程，尝试新的装备，调整挥杆技巧，还拼命阅读相关杂志或图书，希望得到更多的建议。

这也正是本书的意义所在。本书的目标读者是那些无论是在工作中还是在家里，或者是在其他任何环境中都希望能够做到更好的人。如果本书能够让你相信，虽然自己已经取得了不错的成就，得到了很多人的尊重，但可能仍然有一些不如意的地方，只要能找到适当的方法，就能让自己变得更好——那就是我最大的心愿了。

好了，关于我，就说这么多。下面让我们谈谈你吧。

## 第 3 章
# 阻碍习惯改变的四种惯性思维

> 在过去 30 年里，我观察过许多成功人士，在他们身上，我所见证的自然规律只有一条：只有当一件事情符合他们的利益时，他们才会去做，包括改变他们的行为。

几年前，有一家保险公司曾经刊登过这样一则广告：一头力大无比的灰熊正站在小溪里，伸着脖子，一对硕大的熊掌在空中挥舞，还龇着一口白森森的牙齿。就在灰熊的面前，一条毫无戒心的鱼从溪水中一跃而起。灰熊蓄势待发……

广告标语写道：**“也许每个人都想做那头熊，可我们的建议是：你应该做那条鱼。”**

这是一块宣传“伤残保险”的广告牌，可它却让我意识到，在工作当中，人们很容易就会对自己的成就、当前的地位以及自己对组织的贡献做出错误的判断。具体来说：

◆ 我们可能会过于高估自己对某个项目所做的贡献；

- ◆ 我们可能会把那些并不属于自己的功劳部分或全部算到自己头上；
- ◆ 我们可能会对自己的工作能力以及自己在同事心目中的地位做出过高的评价；
- ◆ 我们可能会刻意忽略自己所犯的那些让公司损失惨重的失误，以及那些让自己一筹莫展的难题；
- ◆ 我们可能会过于夸大自己的项目对整个组织的影响，因为我们总是会刻意忽略整个组织对该项目所提供的支持。换句话说，我们只关心成绩，根本不考虑成本。

所有这些幻觉的直接根源都是你当前所取得的成功。因为人们一般都会从以往的成功当中得到一些正面的肯定和鼓励，所以也会很自然地坚信自己在未来仍将取得更大的成功。

这不一定是件坏事。这种疯狂的幻觉会让你感觉自己像上帝般无所不能，而且它会让你充满自信，帮助你打消疑虑，让你暂时忽略掉工作中的风险和挑战。事实上，如果我们每个人每天都要面对赤裸裸的现实，都能看清现实的真面目的话，那么我们很可能会没有勇气去面对自己的生活。要知道，在现实社会中，那些最现实的人往往也是最严重的忧郁症患者。

但是，当我们需要改进的时候，这些幻觉又会成为一个严重的障碍。我们会固执地停留在那种上帝般的自我满足当中，一旦有人试图向我们提出一些改进建议，我们会立刻对其嗤之以鼻。一般情况下，我们的反应可以分为 3 个步骤：

**第一，我们会认为对方搞错了**。他们可能根本不知道自己在说什么，或者他们弄错了对象，把我们当成那些真正需要改进的人。

**第二，当我们慢慢意识到对方可能并没有搞错的时候，我们就会产生一种抵触心理**。我们会坚信对方所提出的批评并不适合我们，否则我们不可能取得像今天这样的成功。

**第三，当我们发现自己并没有想象中那么完美的时候，我们就会开始攻击对方**。我们会想尽办法打击对方的自尊心，我们会反问对方："为什么一个像我这么聪明的人要在乎你这样一个失败者的看法呢？"

这些只是最初的表面反应。除此之外，已经有所成就的人还会：

- 拼命强调自己已经取得的成就；
- 坚信自己的成就都是因为个人能力取得的（他们绝不会把自己的成功归因于运气）；
- 坚信自己在未来还会取得更大的成就；
- 坚信自己能够控制自己的命运，不会相信自己的命运是受外力控制的。

毫无疑问，你很难说服这样一个人去改进自己的行为。

所以，在帮助这些人实现改进之前，我们首先必须深入分析一下他们的内心世界。一方面，正是这些信念帮助他们取得了现有的成就；而另一方面，也正是内心的信念让他们故步自封、拒绝改变，从而为失败埋下了祸根。

一般来说，成功人士通常会抱有以下 4 个信念：

## 信念 1：我已经是一名成功人士了

那些已经有所成就的人，总是会对自己的能力和天分充满自信。成功人士的骨子里流淌着这样一种信念："我已经取得了成功！我现在是成功人士了！"他们总会告诉自己："是我所掌握的技能和天赋让我取得了今天的成就，它们还会让我继续成功下去！"

你可能并不相信，可能认为只有自大狂才会有这种想法。看看自己吧，如果你感觉自己每天早晨都能充满自信、精力旺盛、斗志昂扬地投入到一天的工作当中，不妨问问你自己，你是怎么做到这一点的？我相信，如果总是想着自己以往的失败，你根本不会如此充满自信。你会有意识地忘记那些失败，你会不断地回忆往日的那些辉煌。如果你像我所认识的那些人一样，你就会不断地提醒自己："我已经是一名成功人士了！"接着又会不断地回忆起那些最让你兴奋的辉煌时刻：可能只是你在一次会议上做出精彩发言的那 5 分钟。（说实话，当所有人都在屏气凝神地听你讲话的时候，你难道不会有一种飘飘然的感觉吗？）也可能是一份让上司大加赞赏的备忘录，结果这份备忘录在整个公司里广为流传，并引来无数赞叹。（你难道不会在闲暇时反复欣赏自己的这一杰作吗？）你总是会在大脑中一遍又一遍地回放那些让你心旷神怡的场景，并不断地向周围人描述你在那一刻的风采。

我的一位朋友曾经参加过一次有关在线体育节目的会议。在会议当中，一位高管提出了一个非常微不足道的问题：在1964年时，全美橄榄球和棒球联盟中最有价值运动员的队服编号是相同的。编号是多少？运动员叫什么名字？大家立刻回答说是32号运动员。记得当年一共有4人当选为最有价值运动员，其中3名分别是：吉姆·布朗(Jim Brown)，桑迪·科法克斯(Sandy Koufax)，以及埃尔斯顿·霍华德(Elston Howard)。但只有我的朋友知道第4位是谁，他就是布法罗比尔队(Buffalo Bills，又称水牛城比尔队，美国东部最著名的橄榄球队之一，曾在1964年和1965年连续两次赢得美国橄榄球联赛的冠军。——译者注)的后卫库奇·吉尔克里斯特(Cookie Gilchrist)。从此这件事成为我这位朋友一生当中最重要的回忆之一，每当需要提醒自己有多聪明的时候，他就会回想起这件事情。我是怎么知道这一点的呢？因为他跟我讲了不下60次。

相信你周围的那些成功人士也会有同样的心态，这一点你可以从他们不断重复的故事里看出来。他们反复念叨的是那些失败的经历，还是以往的辉煌？如果你的朋友是一位成功人士，我相信他一定会毫不犹豫地选择后者。

就我们每个人内心深处的想法而言，没有人会贬低自己，我们总是刻意夸大自己的能力。这是件好事，否则我们很可能根本没有勇气去面对每一天的生活。

我曾经跟一位著名的击球手谈到过这一点。在比赛中，几乎每一位击球手都有一位自己很熟悉的投球手，他总是能够打败这位投球手。这位击球手告诉我："每次当我面对那个'手下败将'的时候，我都会有意地轻视对方，因为这可以让我充满自信。"这种心态毫不奇怪。成功人士总会把以往的成功看做下阶段成功的序幕，而且在他们的心目中，以往那些辉煌的时刻永远是玫瑰色的。但这位击球手不同，他又往前进了一步。

"如果你面对的是一位曾经打败过你的投球手，你会怎么想呢？"我问道。

"一样，"他回答，"我会告诉自己，'你一定能够打败这个家伙。别忘了，你以前曾经打败过比他还要强的对手'。"

换句话说，他不仅会用自己过去的成功来维持自己的成功心态，甚至就连那些不太成功的表现，也就是说，即便是那些可能会打击自信心的事情，都会给他带来信心。

在进行团队作业的时候也是如此。成功人士不仅相信自己的团队一定会取得成功，而且总是会高估自己为团队成绩做出的贡献。

我曾经对一家公司的3 名合伙人进行过调查，让他们评估一下自己对整个公司年度利润的贡献。由于我本身就是这家公司的高级合伙人，所以我非常清楚真实的数字，也非常清楚他们对公司所做的贡献。可当他们3 位估计的结果出来之后，我发现，3 个数字相加之和居然是公司年度利润的150%！换句话说，每个人都相信，在公司所实现的利润中，大约有一半是来自自己的贡献。

我相信，不仅我身边的这些人如此，几乎所有人都是这样。如果你让同事评估一下他们对于公司的贡献，评估的结果之和也许会超过100%。但这并没有什么不对，你总是希望自己身边的人能够个个充满自信，对吧？事实上，如果他们评估的总和不到100%，我会建议你考虑寻找新的同事。

这种“我已经是成功人士”的信念在大多数情况下都可以带来积极的结果，但当一个人的行为需要进行一些改进的时候，这种信念就会成为一种障碍。

成功人士总是会拿自己跟同龄人进行比较，而且他们常常会按照有利于自己的方式来进行。如果你让一些事业有成的人以同行的成绩为标准给自己打分（我曾经先后要求超过2 万人做过这种练习），有80%～85% 的人都会认为自己“应该拿到好名次”。在那些公认的社会地位比较高的职业（比如外科医生、飞行员、投资银行家等）当中，这一比例甚至还会更高。也就是说，在这些职业中，至少有90% 的人认为自己处于本行业的前列。

医生可能是最容易高估自己的一个群体。我曾经在一家医学院发表演讲，告诉那些未来的医生们，根据我的调查，有一半的医学院学生的毕业成绩低于中等水平。当时有两位学生坚决认为："这根本不可能！"想象一下，要向这样的人指出他们的缺点，并建议他们做出改进，该是多么困难。

## 信念2：我一定能成功

成功人士总会告诉自己："我一定能成功。"

他们总是相信自己完全有能力得到自己想要的结果，虽然这并不是说他们能像魔术师那样，只凭意志力就可以移动桌子上的物体或把金属折弯，他们还没有自大到那种地步，但也差不多。成功人士总是相信，自己完全有能力凭借个人的力量、天分或聪明才智让事情按照自己预先设想的方向发展。

正因如此，每当上司询问"有谁可以解决这个问题"时，总会有人立刻举手："算上我一个！"当然，还有一些人蜷缩在角落里，祈祷上司千万别点到自己。这是一种典型的"自我效能感"(Self-Efficacy，个体对自己是否有能力完成某一行为所进行的推测和判断。——译者注)的表现。那些坚信自己会成功的人总是能在别人感觉危险的地方看到机会，他们并不害怕不确定因素，反而会接受这种动荡变幻的感觉。他们喜欢承担更大的风险，以期得到更大的回报。如果有可能，他们甚至会把自己的全部身家拿来一搏。

成功人士总是有一种很强的“内部控制感”。换句话说，他们不会把自己当成命运的牺牲品。他们坚信，一个人要想成功，就一定要依靠自己的勤奋和个人能力而不是运气，或者是其他任何外部因素。即便纯粹是因为运气而做出了一些成绩，他们还是会坚信那完全是出于自己的努力。

我曾经碰到过一件非常幸运的事情。几年前，我的 6 位合作伙伴想发展一笔非常庞大的业务。由于我是公司的高级合伙人，所以他们一定要事先得到我的许可。最初我表示坚决反对，告诉他们那个想法简直太愚蠢了。可在他们的全力说服下，我最终还是勉强同意了。7 年后，那笔投资给我带来了滚滚财源，我的收益高达数百万美元。我没有做出任何努力，纯粹是靠运气。可我的许多在事业上非常成功的朋友都不这么认为。他们坚持认为，那次投资之所以成功，纯粹是我多年努力的结果，与运气并没有太大关系。

这是成功人士的一种典型心态，他们总是相信，一个人的成功完全是他的勤奋和个人能力的结果，即便事实并非如此。当然，这种想法跟那些明明是靠继承巨额财产而暴富却坚持声称自己白手起家的人的想法一样。如果你本来就是含着金汤匙来到这个世界上的，那么你就不应该认为自己是靠努力才取得今天的成绩。可很多有钱人显然并不这么认为，他们相信，自己之所以能够取得今天的成绩，完全是个人努力的结果。即便二者之间并没有什么联系，即便事实并非如此，但这种想法确实能让人感受到巨大的鼓舞。尽管有些不切实际，但这种心态显然比坐等天上掉馅饼要好得多。

就拿那些喜欢买彩票的人来说吧，大量统计数据表明，彩票实际上可以被看成是政府变相征收的一种递减税（在美国推行的一种税收政策，当一个人收入增加的时候，他所缴纳的税额反而会减少。——译者注）。

尽管彩迷们都知道彩票本质上只是一种运气游戏，但他们几乎都坚信，只要买足够多的彩票，就会增加自己中奖的概率。而研究表明，那些抱有这种信念的人的收入通常不会太高，而且他们往往也不会有很大的成就（大多数成功人士的想法则截然不同，所以你很少看到百万富翁买彩票）。

更加糟糕的是，那些通过买彩票中了大奖的彩民们并不懂得如何用自己的奖金进行投资。中了大奖之后，他们就会断定自己购买彩票时所采用的策略是正确的，所以他们在接下来的投资活动中也会奉行同样的策略。于是他们会不断做出一些非理性的投资决策，考虑那些看起来漏洞百出的投资项目。这些人往往对自己并没有太大信心，所以只好再次寄希望于运气。

相比之下，成功人士则会选择相信自己。可对于那些想要向他们提出改进建议的人来说，这种心态无疑是一个巨大的障碍。因此，从这个意义上来说，成功人士的最大错误，就是他们会不断地告诉自己："我现在已经是成功人士了，我之所以能够取得成功，就是因为我一直以来做了很多正确的事情，所以只要坚持长久以来的做法，就一定能够取得更大成功！”可我想要指出的是：有时候这些人所取得的成功跟他们的做法其实并没有太大关系。

## 信念3：我有足够的动力获得成功

成功人士相信：“我有足够的动力获得成功。”

如果“我已经是一名成功人士了”指的是过去，“我一定能成功”指的是现在，那么“我有足够的动力获得成功”指的就是将来。成功人士通常对将来抱有一种坚定的乐观心态，他们不仅相信自己能够创造成功，而且坚信自己必将走向成功。

成功人士总是会用一种别人似乎难以理解的热情去寻找机会。当他们设定并公开宣布了某个目标之后，通常会“不惜一切代价”去实现这个目标。这是一件好事，但也很容易演变成一种过度的乐观。正因如此，许多成功人士才会极度忙碌，并且很容易做出一些自己根本无法兑现的承诺。

对于一个野心勃勃的人而言，由于总是抱有一种“我一定会成功”的心态，所以他们很难拒绝那些对自己有利的机遇。我所接触过的大多数高管每天都十分忙碌，有时甚至一天比一天忙。我从来没听到任何一位客户告诉我：“我的日程表排得不够满。”

当我问这些高管为什么要给自己安排那么多工作的时候，没有一个人回答是因为公司里出现了重大危机。他们之所以忙个不停，是因为感觉自己眼前的机遇实在太多了。

或许你也曾经遇到过这种情况：一旦你在工作当中取得了一些令人瞩目的成就，立刻就会有很多人聚集到你身边，希望能够从你的成就中分一杯羹。他们通常的想法是：既然你已经创造了奇迹，那就一定能够为他们再次创造新的奇迹（这样想的确很符合逻辑）。这时你就会感觉到无数的机遇正向你扑来，简直让人目不暇接。而你呢？你可能根本没有经历过这种事情，自然也没有足够的自制力来抵制各种诱惑，所以只要一不小心，你就会深陷其中，那些当初助你登上巅峰的因素很可能会把你推向深渊。

## 经典案例　避免做出无法兑现的承诺

我最喜欢的客户是一位欧洲公司的执行主管。他所管理的是世界上最大的人权服务组织之一，他的任务是向世界上那些最容易受到伤害的人提供帮助。不幸的是（对我们所有人来说），他的生意日渐兴隆。当人们来向他寻求帮助的时候，他没有办法也从来没有想过拒绝。

无论遇到任何难题，他都会告诉自己："我们会成功的。"就是因为这种心态，他做出了许多即便是最勤奋的员工都无法兑现的承诺。

毫无疑问，如果这位主管不调整自己的心态，他的员工就会变得极度疲惫，人员流动性就会大大增加，整个团队的凝聚力也会越来越弱。所以从一名领导者的角度来说，他所面临的最大挑战就是避免做出无法兑现的承诺。

“我一定会成功”的心态会在我们矫正自己行为的时候设置巨大障碍。坦白说，我经常会对我的客户作一些跟踪调查，我想知道他们在使用了我的方法之后是否真的会有一些改进。几乎所有参加过我的领导力培训的人都打算把自己学到的东西应用到现实生活中，而且一旦应用之后，他们也的确会变得更好！可是，我们的研究还显示：很多人根本没有采取任何行动；他们甚至认为，与其花时间来参加我的培训课程，还不如在家看肥皂剧。

我问这些人：“为什么你没有按照你所承诺的那样，把课程上学到的每一样东西都应用到实际工作当中呢？”他们做出的最普遍反应是：“我本来打算那么做的，可我真的没时间。”他们还是让自己忙个不停，并不是因为他们不想改变，也不是因为觉得没必要改变，只是因为实在太忙了，没有时间。他们总是告诉自己：“等以后有时间吧！”可这个“以后”永远都不会出现。

## 信念4：我选择成功

成功人士相信，自己之所以会做当前的事情，是因为他们有着强烈的意愿。一个人越成功，他的这种意愿就会越强烈。当我们做自己想做的事情的时候，我们就会变得更加有决心；而当我们被迫做自己必须要做的事情的时候，我们就会变得消极被动。只要观察一下那些不会按照业绩进行奖励的工作，你就会看到其中的区别。记得在肯塔基上中学的时候，就连像我这样玩世不恭的捣蛋鬼都能看得出来，有些老师的确是在把教书当成一种神圣的职业，而有些老师只是把教书当成一种谋生的手段罢了，前者往往能够成为最出色的老师，他们对自己的学生抱有一种强烈的责任感，而不仅仅是在混口饭吃。

成功人士都不喜欢那种被控制或被操纵的感觉。我在工作当中每天都可以遇到这样的现象，即便我的方法已经得到了许多人的认可，换句话说，在很多人都觉得我的确能够帮助他们的时候，仍然会有人对我产生一种心理上的抵触。我现在已经能够接受这样一个现实了，我承认自己不可能强迫人们做出改变，我只能帮助他们，在他们愿意改进的地方做得更好。

著名篮球教练里克·皮蒂诺(Rick Pitino，被公认为美国NCAA历史上的传奇教练，曾经指导肯塔基大学篮球队大获成功。——译者注)曾经写过一本名为《成功是一种选择》(*Success is a Choice*)的书。我非常同意他书中的观点："几乎在任何一个领域都是如此，没有人能够‘被迫’取得成功，成功都是自己选择的结果。”

不幸的是，让一个人主动改变并不是一件容易事。越是相信成功是自己选择的结果，也就越难主动改变自己的行为。这种现象的根源可以用心理学上一个非常著名的理论来解释，那就是“认知失调”(Cognitive Dissonance)。所谓“认知失调”，就是指人们大脑中相信的东西和他们亲身经历或亲眼所见的东西总是会有些脱节。这一点从理论上来说非常简单：**我们越是坚信某个想法，就越难接受那些跟它不同的想法，即便事实就摆在面前，我们也会视若无睹。**

打个比方，一旦相信同事比尔是个混蛋，你就会用这种想法来过滤比尔的所有行为。无论比尔做了什么，你都会觉得他的行为更加证明了他的确是个混蛋，即便他的某个做法一点都不混蛋，你也会觉得那只是一个例外罢了。从比尔的角度来说，他可能要用许多年时间改变自己在你心目中的形象。这就是用在别人身上的“认知失调”。一旦出现在工作场合，它就很可能会成为一种破坏性的力量。

许多成功人士都会按照一种对自己有利的方式利用这种“认知失调”。他们只相信那些跟自己想法一致的事情。正因如此，那些有所成就的人绝对不会在困难面前退缩，他们总是对自己实现目标的能力充满信心，这种信心会让他们带着玫瑰色的眼镜来诠释自己所遇到的一切。在很多情况下，这种心态是非常有益的，它可以鼓励人们坚持方向，无论情况有多么艰难，也不要轻言放弃。然而，当成功人士需要“改变航程”的时候，他们的这种心态又会成为一种巨大的障碍。

## 迷信成功的陷阱

成功人士的这 4 个信念：自己拥有足够的能力、足够的自信、足够的动力和足够的意愿取得成功，都会让他们变得迷信。

“谁？我？”你会说，“不可能！我才不相信这一套呢！我的成功完全是我勤奋努力的结果。”如果有人告诉你，当你遇到的某些事情（比如有黑猫从你面前经过）可能会给你带来厄运时，你可能会觉得这纯粹是一种幼稚的迷信思想。而大多数人也可能对这种说法嗤之以鼻，认为这只是那些没有受过良好教育的人才会有的愚蠢想法。在内心深处，我们会告诉自己：“我才不会有这些怪念头呢！”

先别着急，听我慢慢解释。从某种角度讲，我们都有些迷信。一般来说，一个人在组织里的职位越高，他就会变得越迷信。从心理学的角度来看，人们之所以会迷信，是因为当某件事情紧随某种行为之后发生的时候，他们就会认为是前面的行为导致了这件事情的发生。无论是否真是自己的行为在发挥作用，在我们做过某件事之后，一旦出现一个好的结果，我们就会在二者之间建立起一种因果关系。随后，我们就会不断重复这种行为，以期得到预期的结果。

心理学家 B. F. 斯金纳 (Burrhus Frederic Skinner，1904 ~ 1990 年，哈佛大学心理学教授，曾获得美国心理学会授予的杰出科学奖；1968 年获美国政府颁发的最高科学奖——国家科学奖；1971 年获美国心理学会基金会颁发的金质奖章。——译者注）是第一个研究这种现象的心理学家。他用鸽子做过一个有趣的实验：起初，只要鸽子一扭脑袋，他就会往鸽笼里放上一大把谷子。过了一段时间之后，他发现，每当想吃谷子的时候，鸽子就会拼命地扭脑袋，因为它们坚信扭脑袋可以给自己带来谷子。这些鸽子会告诉自己："扭扭脑袋，我就可以得到吃的。再扭一下，我就会得到更多。"

这听起来非常可笑，不是吗？我们绝对不会做这样的事情。我们总是以为自己要比斯金纳养的那些鸽子聪明多了。可根据我的经验，许多人都在日复一日地不断重复那些毫无意义的行为，因为他们相信，这种行为一定能给自己带来大把的金钱和更多的荣誉。

大多数人之所以迷信，就是因为他们把因果关系和关联关系混为一谈了。和斯金纳的鸽子一样，任何人都会重复那些曾经给自己带来良好感觉的行为。一个人的成就越大，他就越容易这样做。

许多成功人士所犯的最大的错误之一就是，他们总是会假设："我那样做了以后，就得到了这样一个结果。所以，肯定是因为我做了那件事情之后才得到这样一个结果的。”

有时候这种假设可能是正确的，但它并不能保证总是正确。这也正是本书所要讨论的一个核心问题：“那些让我们取得当前成就的做法可能并不会让我们走得更远。”在我们所取得的成就中，有些的确是因为我们的某种行为而取得的，有些则与我们的行为毫无关系。

毫无疑问，我所遇到过的许多成功人士之所以成功，就是因为他们做了许多正确的事情。同时正是由于他们做了那些正确的事情，所以即便他们偶尔犯了一些错误，也并不会让他们马上走向失败。

在跟众多成功人士打交道的过程中，我所遇到的最大挑战之一就是帮助他们看清那些“会导致良好结果的行为”和“并不会导致良好结果的行为”之间的区别，并帮助他们避免陷入“迷信成功的陷阱”。

## 经典案例 迷信成功陷阱——哈里 (Harry)

这一点在我的客户哈里身上体现得最为明显。哈里是一位极其聪明而且非常勤奋的高管，他总是能够完成各种指标。哈里能看到公司里其他人根本看不到的机会，几乎整个公司上下都承认这一点。他所提出的许多极富创造性的想法都帮助公司实现了突破性的进步，并赢得了同事的一致赞赏。哈里还在许多扭转公司命运的重大事件中发挥了重要作用。除此之外，哈里还有很多其他优势：他会时刻把公司、员工和股东的利益放在心上；他还有一位很出色的妻子，两个在名牌大学读书的孩子，他们在高档社区里有一个漂亮的家。总的来说，哈里的生活堪称完美。

但美中不足的是，哈里不懂得怎样聆听别人的意见。虽然他的下属和同事们都非常尊重他，可他们觉得哈里并没有在听他们说什么。而且虽然同事们也承认哈里的脑袋很好使，极富创造力，可他们还是觉得哈里的做法太“独断专行”了。同事们经常感觉到，一旦哈里在某件事情上下定了决心，他就根本不会听取其他人的意见。

我对整个公司上下都进行过调查，得到的答案都是一致的。对他的家庭成员的调查结果也是一样，他的妻子和孩子们也觉得哈里根本听不进别人在说什么。我怀疑，如果他家的狗能表达意见，它也会给出同样的回应。

哈里也承认，的确曾经有人向他提过类似的建议，认为他应当改掉坏习惯，成为一名更好的聆听者，但他并不确定自己是否真的需要这样做。因为他相信，自己之所以能够取得眼前的成功，在很大程度上要归功于他现在的聆听习惯。和许多成就斐然的人一样，他开始拼命为自己的迷信观念辩护。他告诉我，有人经常会向他提出一些非常糟糕的想法，他并不想让这些想法来污染自己的大脑，所以他需要把这些想法过滤掉，他不能为了要让对方感觉好一些就假装重视他们的想法。“我不能对那些愚蠢的想法表现出欣然接受的样子。”他说这话的时候，脸上是一副傲慢的神情。

这是第一种自卫性反应。那些深陷“迷信成功陷阱”的人坚信，自己之所以成功，就是因为采取了某些特定的行为方式，无论是好的还是不好的，稳健的还是冒险的，合法的还是不合法的。他们拒绝相信自己的成功其实跟他们的某些行为并没有太大关系。

我的工作就是帮助哈里看到他的这种逻辑背后的漏洞。当我问他是否真的以为自己的同事和家人都是傻瓜的时候，他尴尬地承认这么说可能确实有些过分了。他其实很尊重这些人，也很需要得到他们的帮助，事实上，哈里承认，要想取得成功，他必须依靠这些人。

“仔细想一想，”他说，“可能有时候我才是个大傻瓜。”这是哈里向前迈进的一大步。他承认其他人的想法有时确实有道理，并且认识到自己有时的确像个大傻瓜。但哈里很快就产生了第二种自卫性反应：担心自己会矫枉过正。他担心如果自己聆听得太多，很可能会因此变得自闭，不愿意告诉别人自己的想法，并最终导致创造性思维的枯竭。我告诉他，对于一位已经55岁而且一直都不善于聆听的人来说，这种矫枉过正的可能性微乎其微。我向他保证，他完全可以打消这种顾虑。

我还告诉他，我们只是在纠正一种不良的行为方式，而不是在改变他的宗教信仰。最后哈里决定，与其花费时间来为自己辩解，还不如试试看。

哈里的故事并不是一个特例。几乎所有人都会有些迷信，他们会过于重视那些不好的行为对自己成功的意义。我曾接触过一些很可怕的人，他们对待自己的同事非常粗暴。通过了解，我发现这些人之所以感觉自己有必要这样做，是因为他们觉得这种行为能够让自己迸发出许多绝妙的创意。我问他们："一个和善的人是否可以像你们一样富有创造力呢？"这时他们就会闭上嘴巴。

我还接触过一些非常活跃的销售人员，他们总是咄咄逼人，而且他们坚信，这种销售方式会给自己带来更多的订单。我问他们："如果是这样的话，你们那些比较温和的同事还能拿到订单吗？"他们同样选择了沉默。

我还接触过一些冷冰冰的高管，他们总是刻意与自己的下属保持距离，一副"拒人于千里之外"的样子。他们告诉我，自己之所以这样做，就是为了培养员工独立思考的能力。我告诉他们，虽然培养下属的主动性是领导者的一项重要工作，但真的需要为此而刻意保持冷漠吗？或者你是否本来就是一个十分冷漠的人，现在只是在为自己的这种冷漠找借口呢？如果你能对下属提出善意的建议，并帮助他们找到正确的方向，难道就不能帮助他们更好地进行独立思考吗？

好了，还是让我们把话题转移到你身上吧。随便找出你身上的某个古怪或者不讨人喜欢的行为，问问自己：我为什么还在继续采用这种做法，难道这种做法真的是我取得成功的正当理由吗？或者它只是一种我多年来已经习以为常的迷信观念而已？要想跳出这种迷信陷阱，你需要保持高度警觉，要经常问自己：这样做真的会让我变得更成功吗？又或者我只是在自欺欺人罢了？

## 找到你的改变“热键”

IAC/Interactive 公司主席巴里·迪勒 (Barry Diller，美国传媒商业巨头，曾担任派拉蒙影业总裁。——译者注）曾经在哈佛大学商学院发表过一场演讲，在演讲当中，他详细解释了 IAC 公司旗下各个互动的商务公司，比如 Ticketmaster、Hotels.com、Match.com 和 LendingTree.com 等之间的关系。演讲结束之后，一名学生指出，这些公司好像都是在独立运行，彼此之间似乎并没有发挥很好的协同效应。迪勒立刻勃然大怒：“永远不要在我面前提什么协同效应，我讨厌这个词！”他说，“在这个世界上只有一样东西是不变的，那就是自然规律。一旦有必要，这些公司自然会形成一种很好的合作关系。”

我同意他的观点。一家大公司的各个分支部门如此，对一个人来说，情况也是如此。你不可能强迫人们进行协作，不可能人为地制造出所谓的协同效应，不可能人为地制造一种和谐的气氛——无论是在两个人还是在两个部门之间，也不可能通过命令的方式让一个人改变自己的想法或行为。你唯一能做的就是遵循规律。

在过去 30 年里，我观察过许多成功人士，在他们身上，我所见证的自然规律只有一条：**只有当一件事情符合他们自己的利益时，他们才会去做，包括改变他们的行为。**

我并不是说所有人都是自私的。事实上，很多人都会自愿牺牲个人利益去做一些好事，这样的事情每天都在发生。我要说的是，通常情况下，人们的一切行为都要符合自然规律。如果想让你做一件我希望你做的事情，我首先必须证明这样做对你有利，它的作用可能会立刻得到体现，也可能要过一段时间才会发挥出来。这是一条规律，没有人能逃避，更不可能改变。任何一个选择，无论大小，都会包含风险和回报，因此在做出选择之前，你一定会问："这样做对我有什么好处？"我们并不需要为此感到遗憾，这个世界本来就是这样。

这是一种能够促使那些本来针锋相对的仇家冰释前嫌、携手合作的力量。如果你分析得足够深入，你会发现他们并不是因为大公无私或突发善心才这么做的。他们之所以选择合作，就是因为这是双方唯一可以达到各自目的的方式。

在政治斗争当中也经常会出现这种情况，本来水火不容的两个政党之所以能够一致同意支持某项立法，就是因为这样做可以帮助他们得到各自选民的支持。

这种力量也可以让人们在工作的时候暂时放下自尊，承认自己的失误。虽然对于很多人来说要做到这一点并不容易，但他们还是会这么做，因为只有这样，他们才能解决眼前的问题。也正是因为这种力量，人们才会拒绝一份收入更高的工作，因为他们感觉当前的工作环境让他们更开心。他们会考虑每一个选择方案能够给自己带来什么，然后才会做出最终决定。从我的角度来说，我要感谢这些自然规律！如果没有它们，我根本不可能让那些本来已经成就不凡的成功人士改进自己的行为。

正如我前面所讲，能说服成功人士做出改变的理由并不多，而要他们保持现状的理由倒是不胜枚举。他们所取得的成就不断地强化了他们一直以来的行为方式，所以他们通常会认为还是坚持原来的做法比较稳妥。在这些成功人士心目中，他们以往的行为是可以保证未来表现同样出色的重要砝码。他们会这样告诉自己：“我以前就是这么做的，看看我现在取得了多么大的成就！”

这些成功人士也往往十分自大，他们总感觉可以做任何事情。这种心态就像一块经过训练的肌肉，不断地膨胀，尤其是在他们取得一连串的成功之后更是如此。

除此之外，这些成功人士多年来所取得的成就还会形成一个强大的保护壳，这个保护壳会告诉他们："你做得对，其他人都是错的。"

这些都是强有力的自我防御机制，要想有所改变，你首先需要打消这些念头。

对于有些人来说，告诉他们"其他人都讨厌你的做法"并没有用，因为他们根本不关心别人的想法，他们会认为所有那些想法都是错的。

而对于另外一些人来说，告诉他们"你的这些做法会影响到你的升迁"也没用，因为他们相信自己可以很容易在其他地方找到更好的工作，就像打个响指一样简单。当然，是否真的如此并不重要，关键是他们觉得是这样的！

## 经典案例　有时不变也是一种改变

要想用一些人们并不在乎的东西来说服他做出改变是很困难的。我曾经受邀去帮助一位软件奇才，他是公司里的技术骨干，可以说公司根本离不开他。公司 CEO 想让他更好地融入到团队合作当中，希望他能够跟其他成员进行更多的技术交流，从而帮助提高整个公司的技术水平。

可跟这位奇才待在一起不到 5 分钟，我就发现了一个问题：他基本上是一个反社会的人。对他来说，最理想的世界就是一个房间，一张桌子，一台电脑，哦，还有一套最先进的音响系统可以在他工作的时候提供背景音乐（如果我没记错的话，他喜欢听歌剧）。

他并不喜欢和其他人打交道，他喜欢一个人待着。

起初我想，如果他顽固不化，我们或许可以通过免职对他施以威胁。可结果又会如何呢？他并不会做得更好，也不会更快乐，而整个公司却很可能会因此失去自己最宝贵的资产。所以我告诉那位CEO，为了改变他而需要付出的代价实在太大了，不值得这么做！

“让他去吧，”我说，“他现在很开心，不会离开公司。为什么硬要逼着他做出改变呢？那样只会把他吓走。”

那个家伙是一个特例。

只要遵循一定的规律，大多数人对于变化的抵制情绪都可以被瓦解。每个人，包括那些最自大的家伙，都有一个动机：他们的个人利益。我们需要做的，就是找到这个动机。而要想做到这一点需要因人而异。

如果说我的工作中有些艺术成分的话（相信我，我工作中的艺术成分并不多），可能就在于此：找到一个人的动机。

幸运的是，成功人士的动机往往很容易找到。如果你仔细分析一下，大多数人所要维护的利益基本上可以被总结为以下4点：金钱、权力、地位、声望。这4点是成功最标准的回报。正因如此，我们才会拼命地争取加薪（金钱）、升职（权力），想要更高的头衔和更大的办公室（地位）。也正是因为如此，我们才会迫切希望得到别人的认可（声望）。

每个人利益的“热键”都会有所不同，它还会经常改变，但是它仍然要受到个人利益的指引。我的私人客户们拥有金钱、权力、地位，最重要的是，他们还拥有很高的声望。达到这些目标之后，他们开始转向一些更高层次的目标，比如“留下一笔遗产”“成为一个鼓舞众人的榜样”或“创建一家大公司”。对于某些人来说，他可能需要总是做到第一；而对于另外一些人来说，他可能需要为后世留下一笔可以流传百世的遗产。

当你寻找个人利益的“热键”的时候，你会发现，它原来就在那里。

## 经典案例　要让他做出改变，就找准他的死穴

在我所有接触过的客户当中，一位名叫约翰的销售高管给我留下了非常深刻的印象。他总是喜欢跟公司里的另外一位高管较劲。两个人明争暗斗了许多年（虽然我并不知道“另外那个家伙”是否也抱有同样的心态）。无论做什么，如在公司的度假村打高尔夫，或者是公布季度利润，他都一定要排在对方前面。

这家公司的CEO请我来解决这个问题。因为约翰

是公司未来COO的热门人选之一，所以他希望我能帮他先把约翰的棱角磨平。我在这家公司进行了调查，结果表明，约翰的问题在于他总是要赢。感到奇怪吗？这一点从他在跟下属开会时的表现就能看得出来。他总是要纠正下属们的想法，或者坚持认为自己的方案要比对方更好。

要想让约翰做出改进，首先就一定要弄清楚激励他工作的背后因素。金钱显然不是他工作的根本目的，因为这个家伙已经拥有了足够的金钱；权力和地位好像对他也没有特别大的吸引力，事实上，他现在在公司的地位已经比他梦想的高多了；声望也不是目的，凭借着他的王牌销售技巧，约翰早已成了公司里的大明星。

要想让他做出改进，只有一个办法，那就是让他知道，“如果你不做出改进的话，你的对手就会把你甩到身后”。这个动机或许并不高尚，但我并不关心人们为什么会做出改变，我只关心他们是否会改变。

还有一次，我遇到了一位特别令人讨厌、愤世嫉俗的高管，他之所以同意做出改变，是因为他发现自己的两个儿子也开始在家里模仿他的样子。他可不想让自己的儿子变成两个愤世嫉俗的“混账东西”。

每个人都有欲望，而且这些欲望也需要不断地得到满足。

看看你工作的地方。你为什么会来这里？是什么让你日复一日地回到这个地方？是金钱、权力、地位、声望，还是其他一些不那么明显的因素？如果你知道什么对自己最重要，你就比较容易去说服自己做出改变；反过来说，如果你找不到那些对自己非常重要的东西，你就不会产生危机感，从而也就不会有任何主动改变的欲望。

根据我的经验，**只有当一个人的个人利益受到威胁的时候，他才会考虑改变自己的行为方式**。

我们的本性就是如此，这是人类无法改变的规律。

第二部分

The 20 Flaws That Hold Us Back

# 让你犯错而不自知的魔鬼习惯

每个人都有独特的习惯。但你是否知道，有些习惯中潜藏着“魔鬼”？它会让你在不知不觉间受到侵害，阻碍你走上更成功的道路。认清问题，是改变的关键，是前进的开始。

第 4 章

# 避免犯错其实是一种看不见的成就

> 我们会因为做了正确的事情而受到奖励，却很少会因为停止做一些错误的事情而得到奖励，而事实上，这两种行为只不过是一枚硬币的两面而已。

作为一名曾在彼得·德鲁克基金会供职 10 年的董事，我有幸与这位伟大的管理学家进行过多次交流。在彼得·德鲁克所说过的所有极富智慧的经典名句当中，我印象最深的一段就是：**“我们用了太多时间教领导者应该做什么，却从来没有想过要教他们不做什么。在我见过的所有领导者当中，有一半都不需要别人教他们该怎么做，他们真正需要知道的是，不该去做哪些事情。”**

这真是至理名言。想想你的企业是怎样一种情况吧。你们上次安排“我们该停止哪些愚蠢行为”之类的培训是在什么时候？你们公司 CEO 上次在内部会议上讨论“员工们应该停止哪些行为”是在什么时候？你能想象 CEO 或你的顶头上司公开承认自己犯了错误，并详细指出自己准备如何改进吗？

很可能不会。

之所以会出现这种情况，很大程度上跟现在大多数企业所倡导的企业文化有关。很多企业都喜欢培养一种正面的、积极的企业文化，对于这些企业来说，讨论那些消极的东西只会影响自身的发展。企业中一切制度都是为保证全体人员的积极心态而设计的，所以它总是会提出正面的要求，比如要求组织成员去“做什么”，而不是“不要做什么”。例如，我们要积极关注客户（而不是不许怠慢客户）；我们要学会更加专注地聆听（而不是要改掉错误的聆听习惯）；我们要按时出席会议（而不是开会不许迟到）。同样，大多数企业中的奖励机制也是为了鼓励人们去做某些事情而设计的。我们会因为做了正确的事情而受到奖励，却很少会因为停止做一些错误的事情而得到奖励，而事实上，这两种行为只不过是一枚硬币的两面而已。

回想一下你的同事去参加交易会并带回一笔大订单时的情形。如果你的同事跟我所见过的大多数销售人员一样，他们一定会一边洋洋得意地挥舞着手头的订单，一边在其他同事众星捧月般的目光中大谈自己是如何排除万难并最终说服客户签下订单的。不仅如此，他们的这段经历会在办公室里“传颂”数月。但反过来说，如果在谈判的过程中，这些销售人员突然发现，按照当前的条件，每销售 1 个单位的产品就会给公司带来一定的损失，该怎么办？如果他们当场决定终止谈判，拒绝这笔交易呢？他们还会跑回办公室，吹嘘自己刚刚避免了一场多么糟糕的交易吗？很可能不会，因为避免错误是一种看不见的成就，很少有人会关心这种事情。可问题是，在很多时候，避免一笔糟糕的交易对于公司的意义要远远大于达成一笔交易。

### 经典案例　先学会避免糟糕的交易

杰拉德·莱文 (Gerald Levin)，这位在 20 世纪 90 年代风光一时的时代华纳前主席，在很长一段时间里一直被认为是一位很有远见的 CEO：率先预见了有线电视的未来，并创立了 HBO，从而将时代华纳从杂志、电影和音乐的“大杂烩”一举转变成一个庞大的媒体巨头。

但就在 2000 年，莱文犯了一个巨大的错误：他将时代华纳跟在线服务新秀 AOL 合二为一。对于当时的人们来说，这无疑是美国历史上规模最大的合并案。一旦成功，新公司将在未来几十年里一直处于市场主导地位。当然，事实并没有按照莱文想象的方向发展。

这次合并几乎将时代华纳拖入万丈深渊，公司股票贬值 80%，成千上万名员工失去了自己的退休金，莱文也因此变成了无业游民，失去了大部分资产，几乎丧失了所有的职业声誉。就这样，他从时代华纳的主席迅速变成了美国历史上最糟糕的合并案的设计师。

设想一下，如果莱文能在与 AOL 谈判的过程中及时刹车，停止这笔交易，结果将会怎样？公众可能永远不会知道这件事情，而莱文也绝对不会因为终止了一笔交易而举行新闻发布会，他只会把这件事记在心里当做一个教训。事实上，如果当初能及时停止这笔交易，他的声誉和资产就将完好无损。

这就是关于“停止某些行为”的特别之处。它并不会引起人们的关注，但其作用却可以抵得上我们所有其他努力的总和。可让人感到费解的是，在生活中，我们却非常清楚避免错误的重要性，而且也经常会因为避免了一些错误的决定而庆幸不已。

几年前，妻子丽达和我决定放弃投资一个房地产项目，我们觉得那个项目风险太大了。幸运的是（当然，我们的一些朋友并不这么认为），这个项目最终真的失败了。1 个月之后的一天，丽达和我坐在厨房里计算当月要付的账单，我们并没有说：“感谢上帝，我们没有把钱投到那个项目上。”我们只是沉默了一会，为其他朋友所遭受的损失惋惜不已，然后又继续计算我们的账单。我们就是以这种方式来庆祝自己避免了一个错误决定的。

在日常生活中也是如此。打个比方，如果能够成功戒烟，我们就会把这看成是一个了不起的成就。要知道，一般情况下，一个烟民要经过 9 次努力才能成功戒烟。一旦到了那种“我能”的组织环境当中，我们就会忽视这种常识。

因为在那种环境中，人们很少会因为避免了一个错误的决定或是停止了某些不好的做法而受到奖励。上司在进行业绩评估的时候通常都会考虑我们做过了什么，完成了怎样的业绩，和去年相比取得了哪些进步，而不是我们改正了哪些行为。换句话说，我们会因为“遵守时间”而受到奖励，却不会因为“没有迟到”而得到认可。我们可以改变这一切。你所需要做的只是改变一下自己的思维，改变一下看待自己行为的方式而已。

拿出你的记事本，列出一张“需要停止的行为”的清单。相信当你翻到本书最后一页的时候，你的这张清单一定会变得很长。

## 第 5 章
# 有时，你需要做的只是停下来

> 你会发现，纠正错误行为并不需要你进行大量练习，也不需要你有任何超自然的创造力，你只需要用一点点想象力来停止以往的某些行为就可以了。

我们必须停止用“非黑即白”的方式来看待自己的行为。并非所有的行为都是黑白分明的，有些行为是中性的，既不好，也不坏。打个比方，比如有人觉得你的脾气不是很好，于是你决定改变自己在对方心目中的形象。你告诉自己：“我要让自己的脾气变得好一些！”你会怎么做呢？

对于很多人来说，这是一项相当艰巨的任务，需要采取一长串的积极行动。首先你必须学会对人礼貌，经常说“请”“谢谢”等，懂得更加耐心地聆听别人，在言语上表现出对别人充分的尊重等。事实上，你必须把自己以前所有不好的行为转变为积极的行为。对于大多数人来说，要做到这些并不容易，他们需要在性格上做出巨大改变，其难度不亚于让一个人改变宗教信仰。而且根据我的经验，能做到这一点的人并不多，能够同时改掉许多坏习惯的人更是少之又少。他们可以一次改正一个，但几乎不可能一次改掉多个坏习惯。

幸运的是，要想让自己变成一个更容易相处的人，还有一个更加简单的办法，那就是不再做个混蛋。这并不需要你付出太多，你不需要想出新办法来改变自己的性格，也不用每天给自己布置一大堆任务，更不用时时告诫自己要说好话恭维别人，或者用一些善意的谎言来缓和办公室气氛。你只要什么都不做就可以了。

- 当有人在开会的时候提出一个不是那么聪明的建议的时候，不要去批评，什么也不要说；
- 当有人对你的某个决定提出质疑的时候，不要立刻争辩，也不要为自己找借口。闭上嘴巴，静静地考虑对方的建议；
- 当有人提出一个对你有帮助的建议的时候，千万不要告诉对方你已经知道了。说声“谢谢”，然后保持沉默。

这并不是一种语言练习。事实上，这些建议的美妙之处恰恰在于它们做起来非常简单。如果让你在“变成一个好人”和“不再做个混蛋”之间选择，你觉得哪个更容易？前者要求你采取大量的积极行动；而如果你选择后者，则什么都不用做。

设想一下，你面前有个盒子。要想做个好人，你需要在盒子里堆满各种微小的积极行为，你每天要用很多细微的行动来为自己树立一个新的形象。你要用很长时间才能把盒子装满，而要想让人们注意到盒子已经满了，则需要更长的时间。相反，“不再做个混蛋”则并不要求你有任何新的行动。你不必用任何东西来装满盒子，而只要把那些消极的东西倒出去就可以了。

在下面章节中，当你逐个了解这些人际关系问题并将它们跟自己的行为进行对照的时候，一定要记住我刚刚说过的这一点。你会发现，纠正错误行为并不需要你进行大量练习，也不需要你有任何超自然的创造力，你只需要用一点点想象力来停止以往的某些行为就可以了。除此之外，你什么都不用做。

## 20 个常见的坏习惯

在停止错误行为之前，我们首先必须找出那些最普遍的错误。必须指出的是，这些错误非常具体。它们并不是技术上的问题，我对技术问题实在是无能为力。如果说你是一名棒球运动员，我是一名教练的话，我并不能教会你怎样打出曲线球，那是击球指导员的事。我只能告诉你该如何跟其他队员配合，怎样更好地完成比赛，而不是该怎么打球。

它们也不是一些不可改变的性格障碍。我并不是心理医生，所以不可能通过一本书来达到那些必要的药物治疗的效果。如果你需要心理上的指导，不妨向医生咨询。

我们在这里要讨论的是行为，是许多人身上每天都会表现出的那些令人讨厌的行为，那些只会极大地危害你职场生存的行为。它们并不会发生在真空当中，只有当人与人之间进行互动的时候，你才能体会到这些行为所带来的影响。具体来说，这些行为包括：

1. 求胜欲太强：在任何情况下都要不惜一切代价去打败对方，无论这样做是否值得；
2. 太喜欢加分：不管有没有必要，每次讨论的时候总是要发表一番自己的见解，对别人进行提示或引导；
3. 太喜欢点评：总要对别人的说法评论一番，把自己的标准强加于人；
4. 总是发表破坏性评论：总是为了让自己的言语听起来更深刻、更诙谐而说出一些不必要的讥讽的话；
5. 喜欢用“不”“但是”或“可是”开头：过多地使用否定式过渡语，实际上是在告诉对方，“你错了，我才是对的”；
6. 告诉世界你有多聪明：总要告诉周围的人你比他们想象的更聪明；
7. 乱发脾气：经常在愤怒的时候跟人沟通，把情绪波动作为一种管理工具；

8. 否定别人或故作高深：总要用自己的负面思维去影响周围的人，即便是在毫无必要的时候，比如“让我来告诉你这样做为什么不行”；
9. 隐瞒信息：为了使自己占据一定心理优势而拒绝分享信息；
10. 不懂得赞赏：不懂得表扬或激励别人；
11. 喜欢抢功：总是高估自己在某项工作中的作用；
12. 喜欢找借口：总是把自己的坏习惯归结为某种无法改变的原因，以此来为自己的行为开脱；
13. 把一切都归咎于过去：总是把自己的失误或缺点归咎于以往的人或事，其实是在掩饰自己的过失；
14. 偏袒拍马屁的下属：不能公正地对待周围的人；
15. 拒绝道歉：拒绝为自己的行为承担责任，拒绝承认错误，不承认自己的行为影响到了其他人；
16. 不懂得聆听：不能耐心地听完对方的讲述，总是催促或暗示对方快点进行下一项，快点结束；
17. 不懂得感激：不懂得说“谢谢”，总认为别人为自己所做的事情是理所当然的；
18. 惩罚报信人：错误地攻击那些本来想要帮助你的人；
19. 乱找替罪羊：总是把自己的过失推到其他人头上；
20. 过于强调自我：把自己身上那些无法改正的缺点看成是一种美德，总是强调“我就是这样一个人”。

或许尼科洛·马基雅维利(Niccolo Machiavelli，1469～1527年，文艺复兴时期意大利著名的政治思想家、政治活动家和历史学家，著有著名的《君主论》，因支持“君主可以为了达到自己的政治目的而不择手段”而饱受争议。——译者注）会把这些坏习惯看成是一种美德，并告诉人们该如何利用它们来打败对手。但我显然不这么认为。在下面的章节当中，我将会对所有的恶习展开深入的分析，并告诉大家应该如何纠正这些恶习，进而把我们身边的人变成盟友。

必须承认的是，当我们把这些恶习一一列举出来时，你还是会感到它们是极其可怕的；而当所有这些行为同时出现时，你很可能会感到一种巨大的恐惧。想想看，如果周围的同事都有这些恶习，还有谁会想要在这样一个环境中工作？但事实上，我们每天都生活在这样的环境当中。值得庆幸的是，这些恶习很少会同时出现在一个人身上。大多数情况下它们都是分散出现的，可能你的某个朋友会表现出一两个上文提到的恶习，而另外一个朋友则会表现出另外一两个。这一点的确让人高兴，因为它会让我们的工作变得简单很多。

更让人高兴的是，这些恶习大都非常容易克服。几乎每个人都可以做到。举个例子，要想克服“不懂得感激”的恶习，你只要记得经常说“谢谢你”就可以了（这会有多难呢？）；要想克服“不会道歉”的恶习，你只要记得经常说“对不起，下次我会做得更好”就可以了；要想克服“惩罚报信人”的恶习，你只要想象一下，当自己处于类似情况时，你希望别人怎么对待你就可以了；要想纠正“不懂得聆听”的缺点，你只要学会闭上嘴巴打开耳朵就可以了。不过这些方法看起来简单，做起来却并不容易。

想必大多数人都已经知道该怎么做了，它就像系鞋带、骑自行车，或者其他类似的生活技巧那样简单，可即便如此，我们还是会对生活中可以用到这些技巧的机会视而不见，以致慢慢生疏。

再回头看看前文提到的20个魔鬼习惯，对照着检查一下自己。通常情况下，你不大可能（我希望如此）同时拥有所有这些坏习惯，你所拥有的坏习惯甚至不会超过6～8个，而且在这些坏习惯当中，也并非都已经严重到令人担心的地步。有些习惯可能会表现得比其他习惯更加严重。

如果在20个人当中只有一个人说你喜欢“借题发挥”，那不妨暂且不去考虑这个问题；但如果20个人中有16个人说你有这个坏习惯，那你就要开始纠正了。就这样，对照清单，一点一点地把急需改掉的坏习惯删减到只剩下一两个，然后你就知道该从哪里开始了。

## 社交能力比专业知识更重要

我之所以花那么多精力研究成功人士的人际交往问题，主要是因为一个人的社会地位越高，他的缺点就越会表现在行为方式上。

当一个人在某个组织中达到较高级别之后，他会发现，几乎所有的同事都能胜任自己的工作。他们都很聪明，都对自己的专业领域有着相当的了解。比如如果一个人不知道如何计算和阅读财务报表、如何谨慎地处理财务问题，他就不可能坐到财务总监的位置上。

正因如此，对于任何一家公司的高层管理者来说，真正需要注意的是行为方面的问题。当其他方面都达到一定水平时，你的人际交往能力就会变得更加重要。事实上，即便是在其他方面还没有达到理想的水平时，你的人际交往技能也会成为你职业发展的决定性因素。

试想一下，你愿意请一位什么样的人担任财务总监呢？是一位会计水平不错、很善于与公司外部的人打交道，同时又善于管理那些聪明下属的人，还是一位极为聪明，但不喜欢与外人来往，也不喜欢管理他人的人？

毫无疑问，这个选择并不难。那些善于和人打交道的人几乎总是能成为职场的宠儿。之所以会这样，部分原因在于他们知道如何找到比自己更懂得财务的人，并且能够成功地领导他们，而那些聪明的会计高手却未必能做到这一点。

想想看，我们是怎样看待其他成功人士的。我们很少会认为这些人是凭着他们的职业技能甚至智商而取得成功的。有时我们可能会说："他们的确很聪明，但聪明并不是让他们取得成功的唯一因素。"除了成功，必定还有其他原因。有时我们甚至不会考虑他们的工作能力。

举个例子，去医院看病的时候，没有人会怀疑医生诊断的水平，我们总是会用其他一些看似微不足道的东西来评价他们：比如他们在回答病人问题时是否耐心，向病人讲述病情是否详尽，甚至他们在让我们等待太久时如何向我们道歉。所有这些都不是在医学院里能够学到的。我们几乎总是会用这些行为标准来判断那些成功人士，无论他是一位 CEO 还是一名下水管道承包商。

我们都是凭着自己过去的资历找到第一份工作的，但随着我们在事业上变得越来越成功，这些特点就逐渐变得不再那么重要了，另外一些更加微妙的特点就会凸显出来。

杰克·韦尔奇 (Jack Welch) 在化学工程领域拿到了博士学位，可在他供职于通用电气的这 30 年时间里，他所遇到的问题根本和化学反应或塑料合成没有任何关系。当他开始竞选通用电气 CEO 的时候，董事会成员们所担心的是他的行为问题。他为人过于鲁莽，说话过于直接，而且不愿意忍受那些似乎并不是那么聪明的人，而这些东西都不是他在伊利诺伊大学的化学工程实验室里学到的。

通用电气董事会并不担心杰克·韦尔奇能否给公司带来利润，他们担心的是，这个家伙能不能当好 CEO。

当人们问我那些经过我培训的管理者们是否真的能改进自己的行为时，我的回答是：**随着我们的职业生涯不断向前发展，我们真正能够改进的，只有我们的行为。**

第 6 章

# 20 个让你犯错而不自知的魔鬼习惯

在你工作的过程中，这 20 个习惯虽然不起眼，但往往会在不知不觉中给你制造巨大的麻烦，使你超群的能力、非凡的业绩蒙上阴影。

## 讨论习惯前的两点说明

第一，在本书当中，在我们逐个梳理那些每个人都不可避免的坏习惯时，我并不希望读者认为我的客户都是一些低俗的家伙。恰恰相反，他们都是一些非常优秀的人，通常都是自己公司的高层主管。可尽管如此，他们的职业发展还是会受到一些坏习惯的影响。这些人要么没有意识到自己的这些坏习惯，要么就是没有人提醒他们，或者是他们已经意识到了，却不愿意做出任何改变。

一定要记住这一点，因为你会时不时地感觉似乎整天生活在地狱当中，身边的人不是与周围环境格格不入，就是混蛋或精神病患者。看看你周围的那些成功人士吧，我的客户跟他们没有什么区别。事实上，他们跟你也没有什么不同，或许有一点不同：我的客户们承认自己的确有一些坏习惯，并愿意努力改进自己。这一点非常重要。

第二，在逐个讨论这些坏习惯的时候，你可能会从中看到自己的影子。“我就是这样的，”你可能会自言自语，“可是我也不知道为什么会这样。”

发现自己的错误习惯后，你可能并不愿意承认这的确是个问题，而且你更不会愿意采取行动，改进自己的行为。

但即便你是一个特别开明的人，打算马上做出改变，我还是会觉得你的这种看法有些为时过早了，你还没有做好万全的准备。

首先，我从来不相信人们可以正确地看清自己。人们不仅会过于高估自己的力量，还会夸大自己的缺点。他们有时候会觉得自己在某些方面真的非常糟糕，而事实上他们只是表现一般罢了。当他们的表现可以达到C－的时候，他们总是会给自己F。换句话说，当他们感觉自己得了癌症的时候，专业医生的诊断结果很可能只是肌肉痉挛。所以，我建议你先不要急着进行自我诊断。

其次，更为重要的是，即便你的自我诊断是准确的，比如你的确经常打断别人，你也无法确定这个坏习惯是否已经严重到了必须纠正的地步。毕竟有时它对你的同事们来说可能只是一种性格特点，他们完全可以容忍。只要你的习惯不会影响到同事，或者说并没有妨碍到你的工作，你也可以不必在意。

## 习惯 1：求胜欲太强

通过对许多成功人士的观察，我发现这些人身上最普遍的一个问题就是：他们的求胜欲太强，总是想赢。我相信“有竞争意识”和“咄咄逼人”之间有一条明显的界线，但成功人士却总是越界。

有一点需要澄清：我并不反对竞争意识。我只是说，一旦我们过于追求竞争，或者说为了那些其实并不重要的目标而挤破脑袋的时候，竞争意识就会成为一个缺点。

我之所以会将这一点列为第 1 条需要改正的习惯，是因为几乎所有其他行为缺陷都是因它而起的。我们之所以喜欢和人争论，是因为我们总想让别人接受我们的观点；我们之所以会贬低别人，是因为我们会在不知不觉间认为别人不如自己；我们之所以不喜欢认可别人，是因为我们总是想赢，总是想要让别人在我们面前变得无足轻重；我们之所以会隐瞒某些信息，是因为那样会让我们感觉自己比别人更有优势；我们之所以会对周围的某些人有所偏袒，是因为这样可以帮我们与他们建立同盟关系，并让“我们这一方”拥有一定的优势。

一句话，**我们之所以会做出那么多让人讨厌的事情，一个**

**最主要的原因就在于我们总是在毫无意义地追求成为第一，成为赢家。**

事实上，任何一个人，不仅是高级高管，如果总是过于咄咄逼人，总是想成为第一的话，他都会让人感到厌恶。当胜负变得至关重要时，我们自然想成为赢家；可当事情无足轻重，甚至根本不值得我们为之投入时间和精力的时候，我们还是会想成为赢家。事实上，如果任由这种心态发展，它会对我们产生极其不利的影响。

对于那些已经略有成就但尚未达到巅峰的人来说就更是如此。当你在参加一个工作会议的时候，你希望所有人都能接受你的建议；当你在和恋人讨论一件事情的时候，你一定要占据上风（即使这毫无意义）；甚至就连在超市排队等着付款的时候，你也会睁大眼睛，一心要钻到那个移动更快的队列里。

## 经典案例　即使和儿子一起比赛，他都想赢

记得有一次，我在一位朋友家的后花园里看他和自己9岁的儿子打篮球。显然，双方的力量并不均衡。父亲要比儿子高60厘米，重54公斤，还多出30年经验。还有，别忘了，他可是父亲，他之所以会陪儿子玩篮球，就是因为他想轻松一下，想帮助自己的后代更好地成长。

刚开始的时候，双方玩得都很开心，他们并不关心

结果，父亲不停地为孩子创造机会，让他玩得更加开心。可就在比赛开始约10分钟之后，情况发生变化了，父亲体内的“求胜”基因开始发挥作用，他开始关心分数了。每次儿子拿到球的时候，父亲就会认真戒备，仔细防范，最终他“兴高采烈地”以11 ：6的成绩打败了自己的儿子。由此我们可以看出，求胜欲是一种多么让人难以理解的心态。

即便是在面对我们最深爱的人的时候，我们还是想不择手段地取得胜利，哪怕我们的胜利会伤害到他们。

作为旁观者，我们可以贬斥这位父亲的做法，信誓旦旦地保证自己绝对不会犯这样的错误。

事实果真如此吗？让我们来做一个“晚餐测试”。比如你想要去X餐厅吃饭，可你的配偶、合作伙伴，或者是朋友想要去Y餐厅，于是你们双方开始争论起来。你指出那些去过Y餐厅就餐的人对这家餐厅的评价十分糟糕。可到最后，你还是不情愿地同意去Y餐厅。正像你所预料的那样，由于预订的座位被人抢走，你们不得不等上半个小时；菜上得很慢，饮料也很淡，食物的味道就像是垃圾。你痛苦极了，这时你有两个选择——选择A：不停地贬低这家餐厅，并埋怨你的伙伴做出了一个错误的选择，“要是刚才听我的就好了。”选择B：闭嘴，吃饭。忘掉眼前的不愉快，度过一个美好的夜晚。

这么多年来，我经常会对我的客户进行这种测试。结果表现出惊人的一致：75% 的人都说他们会批评这家餐厅。可当我问他们“应该”怎么做的时候，他们再次表现出了惊人的一致：闭嘴，吃饭，好好享受。只要稍微进行一下“成本收益分析”，大多数人都会觉得自己和伙伴之间的关系要远比一顿饭更加重要。可是，那种想要赢的冲动还是会占上风，即便知道自己的做法是错误的，我们还是会照做。

还有更糟糕的。

## 经典案例　晚餐测试

几年前，我曾经主动提出为美国陆军一位高级军官免费作一次培训。他问我：“你理想中的客户应该是怎样的呢？”我告诉他：“你们做将军的一般都很忙，所以我还是开门见山吧。我喜欢对那些聪明、负责任、勤奋、有上进心、爱国、能干、自大、固执的人进行培训。你能为我找到一个这样的人吗？”

“找到一个？”他大笑起来，“我们这里到处都是。”于是，我的培训对象从一个变成了一群。

在一次培训过程中，这些军官们的妻子也应邀参加。当时我们做了“晚餐测试”，结果有趣极了。大约有 25% 的将军说他们会做正确的事情——闭嘴，好好享受晚餐。可话音刚落，他们的妻子们就立刻站起身来拆穿丈夫的谎言。妻子们表示她们的丈夫根本不会这么做，可见他们想赢的冲动有多强烈。即便是有证人（他们的妻子）在场，这些将军们还是会强辩，还是想让自己显得更有魅力。

如果说求胜欲是让我们成功的一个重要因素，那么求胜欲过强则可以被看成是一种基因变异，它只会阻碍我们进一步取得更大的成就。

我在本书当中将会不断重复一点，那就是：只有认清自己的缺点，并愿意在与人交往的过程中尽力克制自己，克服这些缺点，我们才会变得更加成功。

## 习惯 2：太喜欢加分

两个人正在一起用餐，显然，他们在热烈地讨论某个话题。其中一个是乔恩·卡岑巴赫 (Jon Katzenbach，著名的商业畅销书作者，著有《团队的智慧》等。——译者注)，麦肯锡公司前任主管，如今正领导着一个属于自己的精英咨询团队。还有一个是尼科·加纳 (Niko Canner)，卡岑巴赫的得意门生，也是他的重要合伙人。他们正在策划一个新的项目，但可以看出，他们的讨论有些跑题了。每次尼科提出一个想法，卡岑巴赫都会打断他：“这个想法很好。”然后他会接着说：“但如果你能……的话，结果可能会更好。”然后卡岑巴赫就会提到自己几年前在另外一个项目当中有过的类似经历。

卡岑巴赫说完之后，尼科会接着自己刚才的话题往下说，可说不了几句，卡岑巴赫就会再次打断他。一来一往，反复不断，那感觉就像是在观看温布尔登网球公开赛。

作为这场讨论的第三方，我坐在一旁仔细地聆听双方的交谈。作为一名高管教练，我已经习惯了旁听别人的对话，希望能像法官那样从他们的谈话中找出蛛丝马迹，以便更好地了解为什么这些本来很有成就的人会让他们的上司、同事以及下属如此讨厌。

通常遇到这种情况时，我都会保持沉默。但卡岑巴赫是我的好朋友，而且他身上表现出的是一种典型的聪明人才有的缺点，所以我插嘴道：“卡岑巴赫，为什么不能安静一下，让尼科说完他的想法呢？”

卡岑巴赫在这里所展现出的是一种非常明显的求胜欲的变体——太喜欢加分。对于那些总是在主持大局的管理者来说，他们已经习惯这样做了。他们的行为中充满了自上而下的管理风格，总是需要对别人的行为指手画脚。这些领导者都是聪明人，他们十分清楚地知道世界已经不同了，自己手下的大多数人在某些专业问题上要比他们了解得更多，却还是很难改掉老习惯。

成功人士往往很难抑制自己的表达欲，一旦发现自己也可以插上几句时，便会忍不住跳出来提醒对方“我已经知道这个了”，或者“我知道有一种更好的方式”。

我将其命名为“加分欲”。想象一下，假如你是一位 CEO，我向你提出了一个你觉得很好的创意，但你却并没有拍拍我的后背，夸奖我一番。相反，因为你要为我的创意加分，你就会说：“很好，不过如果你能……的话，效果可能会更好一些”。

问题是，当你这样说的时候，你可能只是在我的创意基础上改进了 5%，却把我的积极性降低了 10%，让我觉得那个创意已经不再属于我了。就这样，我的创意变成了你的创意。

当我走出你的办公室，可能已经不再像先前走进办公室时那样劲头十足了。这就是“加分”的危害。虽然你提出的改进意见可能的确会让这个创意变得更好，但你的员工的积极性却会因此大大降低，最终的结果自然也就大打折扣。

直到许多年以后，当卡岑巴赫和我回忆起那次经历的时候，我们还会忍不住大笑。作为这个世界上最顶级的团队管理者之一，卡岑巴赫本不应该那么做的。可人的求胜欲就是那么奇怪，即便知道不该那么做，我们还是会犯一些低级错误。

千万别误会。我并不是说上司在跟下属谈话的时候应该三缄其口。对于管理者来说，这就意味着你一定要仔细留意自己是如何鼓励别人的。当你发现自己在告诉对方“这是个很好的想法”，然后紧跟着又想来一句“可是”或“不过”的时候，一定要克制住自己，在说完“想法”二字之后就闭上嘴巴。或者，一个更好的做法就是，在开口说话之前深呼吸一下，问问自己：“这句话是否值得说？”我有一位客户是一家大型制药公司的CEO，他曾经告诉我，当他开始养成说话前深呼吸的习惯后，他发现自己至少有一半的话应当被咽回肚里。即使觉得自己完全可以提出一些更好的补充意见，他也会闭上嘴，因为他知道，这会让他得到更多。

## 习惯3：太喜欢点评

杰克·尼科尔森(Jack Nicholson 被认为是“美国影坛最富个性的演员”，曾经因12次获得奥斯卡提名、3次获奖而被称为“奥斯卡之王”，主要作品有《飞越疯人院》等。——译者注)和黛安·基顿(Diane Keaton，1946年出生，被称做“好莱坞的常青树”，多次获得奥斯卡提名，主要作品有《教父II》、《山姆，再弹一次》等。——译者注)出演的电影《爱是妥协》(*Something's Gotta Give*)中，有一个非常温馨甜美的片段。基顿在影片中饰演了一位50多岁婚姻破裂但事业成功的女剧作家，而尼科尔森扮演的则是一位60多岁的玩世不恭的唱片业大亨。当尼科尔森与基顿初次相遇的时候，他正在与基顿的女儿约会。由于一场意外，尼科尔森被迫要在基顿的豪宅中休息几天。刚开始时他和基顿彼此都讨厌对方，可随着双方交往的加深，他们之间的关系开始出现缓和，直到一天晚上，当基顿正在厨房里准备夜宵的时候，尼科尔森开始和基顿调起了情。

基顿说："我简直不敢想象你是怎么看我的。"

尼科尔森问道："你怀念结婚的那段时间吗？"

"偶尔会，"她说，"在晚上。可现在已经不怎么怀念了。"

然后两个人的话题开始暂时转向当晚的食物，就在这个时候，基顿用一种不是那么微妙的方式把双方的谈话再次引回了刚才的话题。

"我们刚才是不是说了什么特别有趣的事情？"基顿说。

"你说你不敢想象我怎么看你。"

"你可以不回答这个问题。"她说。

"好的。"他顺从地回答。

"但如果你想要回答的话，我倒是很想听听。"基顿说。

"你能告诉我你刚开始的时候为什么会怀念结婚时的那段时光吗？"尼科尔森说。

"晚上，电话不响了。一个人总是会不自觉地感到孤独，总是要过一段时间才习惯一个人睡，但我现在已经习惯了。你必须要学会睡在床的中间，你知道，当床上没有其他人的时候，睡在一边显然不利于身心健康。"她说。

尼科尔森好像是受到了鼓励，接着说："现在我觉得我想得没错，你是一个很坚强的女人。"

"哈！"基顿说。

“千万不要给我的答案打分！”尼科尔森说。

我知道这只是一部浪漫喜剧，但这一幕的确讲出了一个真理：即便是在非常浪漫、非常温馨的环境当中，当人们表达一些最私人的看法时，我们还是会忍不住点评一番。我们会采用各种参照标准为对方的回答打分，比如我们自己的看法，我们听到的别人的看法，我们希望对方给出的回答等。

在讨论工作时，表达自己的意见并没有什么不对。毕竟在讨论时，你喜欢所有人都能够坦诚地表达自己的意见和看法。

但当一个人表明了看法之后，你却不应该对他的回答做出过多点评。每次遇到那些征求我的意见，然后又会对我的观点评判一番的人时，我的第一反应就是：“谁封你为首席评论官啦？”

即便是当你同意对方的观点时，也不要随便点评。无论是有意还是无意，对方总会记住你的点评。而且如果你表示反对，他们往往会记得更清楚，并且会想：我到底哪里说错了？为什么我要多嘴呢？

想象一下，一位CEO在开会的时候提出了一个问题，征求大家的意见，然后等大家发表完意见之后又点评一番，告诉第一个下属“这个想法很好”；又告诉第二个下属“这个想法很好”；对第三个下属的意见却没有发表任何评论。这时下属们会怎么想？第一个人可能会很高兴，很受鼓舞；第二个人可能会稍微有些不高兴；第三个人既没有受到鼓舞，也没有感到很高兴。但有两件事情可以肯定：第一，房间里的每个人都注意到了这位 CEO 的反应；第二，无论这位 CEO 的用意多么良善，他最终都是在给人们的答案打分，而不是接受别人的答案，而这样做的结果就是，下次人们在回答问题的时候会变得更加小心，更加不愿意表达自己的观点。

没有人喜欢被批评，不管你的批评方式多么委婉。所以那些喜欢评判别人的人总会将人拒之门外，这也会影响到批评者自身的发展。当别人试图向你提供帮助时，如果你还是对别人的意见品头论足，那他们以后可能再也不会帮你了。

在我的职业生涯当中，最让我感到尴尬的就是客户问我是否赞同他们的行为。不仅如此，他们还会问我对他们的改进计划有何评价。

每次遇到这种情况，我总会立刻想办法纠正他们的这种错误认识。我会告诉他们，每当要进行一场长期的积极变革时，我们都必须做出一个选择：我们可以赞同，也可以反对，还可以保持完全中立。然后我会告诉他们我必须保持中立，不会做出任何评判，因此我并不会通过你的选择来评判你的好坏。

这就跟医生接待病人一样。比如你因为腿骨折了去看医生，当你走进医疗室时，医生并不会关心你的腿到底是怎么骨折的，不关心你是在做坏事、踢狗或者是下楼梯的时候骨折，还是被车撞了，他只关心该怎么把你治好。

当别人想要帮助你的时候，你也需要有医生的这种中立态度。当然，我并不是说只有在对待那些想要帮助你的人的时候才这样做。事实上，无论是面对自己的同事、朋友，还是家人，当他们想要提出一些对你有用的建议时，不管心里有何感想，你都要闭上嘴巴，让对方把话说完，然后表示感谢。

尝试一下，每当有人向你提出建议或意见的时候，你要保持中立。坚持一个星期，把自己想象成一个中立国家，不要在心里做出任何判断，不要发表任何观点。如果你发现自己实在无法在说完“谢谢”之后立刻闭嘴，那就不妨再加上一句无伤大雅的话，比如“我还真没想到”或者“你的话的确值得我好好考虑”。

我敢保证，一个星期之后，无论是在工作还是在家里，你与人争论的次数就会大大减少。如果你能继续坚持几个星期，你的生活至少会发生一下积极转变：

- 你不用再刻意强迫自己保持中立，它会成为你的一种自然反应，就像有人在你面前打喷嚏时候，你会不由自主地说“上帝保佑”一样；
- 你跟别人争论的时间也会大大减少。当你不再做出评价的时候，别人就不会跟你争论；
- 即便你并没有明确同意对方的观点，人们也会渐渐地把你看成一个容易相处的人。如果你能始终如一地坚持下去，别人甚至会把你看成是一个虚怀若谷的人，这样他们就可以大胆地就他们的创意跟你沟通，而丝毫不用担心会有什么不愉快的事情发生。

如果你感觉自己没有足够的自制力，无法监督自己的行为，不妨“聘请”一个人来监督自己，一旦发现你想要做出点评，就请他立刻开出罚单。这个人可以是你的妻子、助理，或其他工作伙伴。如果你每犯一次错误就被罚10美元，相信过不了多久，你就能体会到那些被你批评的人内心的感受了。

## 习惯4：总是发表破坏性评论

很多人经常会发表一些破坏性的评论，结果往往是贬低、伤害了他人，也没有证明自己比对方更优秀。事实上，这样的言论除了让那些听到的人感到痛苦之外，并没有任何实质意义。

这样的情况有很多，比如你会在开会时无意间说出一些伤害别人的话（“这听起来可不是什么好主意”），或者你会无缘无故地评价别人的打扮（“领带不错啊……”其实别人的领带上有块污渍），或者你会翻别人的旧账，对那些别人早已忘记的陈年旧事大加攻击（“你还记得上次你……”）。

可当我问一个人在过去的24小时中都发表过哪些破坏性评论时，他们却会表现出一副茫然的样子。事实就是如此，我们经常会不假思索地发表破坏性的评论，过后又忘得一干二净。

可你所评论的对象却会铭记在心。不信你可以调查一下，大部分人都会把自己受到的批评记得清清楚楚。根据我搜集的资料，我发现“避免破坏性评论”一栏当中，一个人的自我评价和别人对他的评价之间的关联性是最小的。换句话说，我们可能根本感觉不到自己给出了任何破坏性评价，但那些了解我们的人却不这么认为。

一位客户告诉我，在他 40 岁生日那天，他的同事和朋友们给他送了一份非常别致的生日礼物：每个人都回忆一句这位寿星佬对自己说过的破坏性言论。这真是一个有趣的游戏，在给他庆祝生日的时候，每个人都用一句他曾经用来取笑别人的话反过来取笑他。

“问题是，”我的这位客户说，“那天晚上他们说了那么多难听的话，可我一点印象也没有。在说这些话的时候，我根本没有在意，而且我的朋友们也并不在意。这些话的确不太礼貌，可它们并没有对我和同事们之间的关系造成任何破坏。大家都觉得这只是我的一个性格特点，并不是什么大问题。”

他说得没错，这的确不是什么大问题，可这正是破坏性言论的另一个有趣的地方。在我所接触过的所有客户中，只有 15% 的受访对象认为这是一个坏习惯。对另外 85% 的人来说，发发牢骚并没有什么大不了的，谁每天不发点牢骚呢？因此，只有 15% 的人会觉得这的确是个可怕的习惯。对于你来说，你需要做的就是确定自己是否属于只占少数的 15%。

真正的问题在于，这些话一旦说出口，就再也无法收回了，你已经对别人造成了伤害。无论你多么真诚地道歉，即便对方愿意原谅你，他也会在心里记住你所说过的话。

## 经典案例　别总拿下属开玩笑

有一次，我的一位客户和他的女助理闲聊，突然间就把话题转到了助理的眼睛上。

“你的眼睛是什么颜色的？”我的客户盯着助理的眼睛问。

“蓝色，你难道看不出来吗？”她说。

“嗯，好像并不是真正的蓝色。”

“是蓝色的，”她坚持说，“水灵灵的蓝色。”

“呵呵，这么说吧，”他扑哧一笑，“如果把你的眼睛比喻成钻石，那它们的产地一定是扎列斯（Zales，钻石品牌，以“简单、纯致”而著称。——译者注），而不是海瑞·温斯顿（Harry Winston，世界著名的顶级钻石品牌，曾经因玛丽莲·梦露的推崇而受到狂热追捧。——译者注）。”

听到这句话，这位助理的脸色立刻就变了。

说完这句话之后不久，我的这位客户就把这件事忘得一干二净了，可他的助理并没有忘记。虽然这句话的受害者是助理自己，可她还是在朋友间大加宣扬。没过多久，所有的人都知道她的上司是一个混蛋。当我就她对上司的印象征集反馈的时候，她同样向我提起了这件事。她想让我知道，虽然她很喜欢为这位上司工作，但他却总是习惯性地拿下属开玩笑，这一点她很不喜欢。

那么我们该怎样改掉这个习惯呢？几年以前，我遇到过同样的问题。

我当时管理着一家只有十几个人的小型咨询公司。在思考如何征集反馈的时候，我很自然地想到要拿自己来做个试验。我让同事们给我来了一次 360° 的全方位评估。从收集回来的反馈结果看，我在“避免破坏性评论”一栏中的得分属于分数最低的 8%，也就是说，在这个问题上，全世界有 92% 的人都比我做得好。说来可笑，我自己设计的测试题，我居然没及格。

于是我下定决心，从那天起再也不拿同事开玩笑。要知道，我以前经常会趁某些人不在的时候说一些讽刺的话。对于一位管理者来说，这可不是一个小问题。试想一下，在一个高度注重团队协作的环境当中，当有人背着别人说自己同事坏话的时候，那会对整个团队产生怎样的影响？这种做法显然不利于整个团队的发展。

所以我告诉我的员工：“非常感谢你们给我的反馈。我希望自己能改掉讽刺别人的坏毛病。从现在开始，如果你们再听到我在背后说谁的坏话，请立刻指出来，每指出 1 次，我就会付给你 10 美元。我想要改掉这个坏习惯，希望你们能帮助我。”

随后我就开始了一场情感动员，鼓励身边的人对我所犯的错误保持警觉。结果证明，我的这种动员毫无必要，他们甚至会为了得到那 10 美元而故意引诱我犯错误，比如有意提到一些我经常讽刺的人的名字，而我每次都会上钩。打个比方，只要他们一提到马克斯的名字，我立刻就会说：“你能相信他居然是个博士吗？他根本不知道自己在说什么。”10 美元！一位客户打来电话，放下电话后，我说道：“这人实在太抠门了！”又是 10 美元。就这样，中午还没到，我已经被罚了 50 美元。我开始把自己锁在屋子里，拒绝跟任何人说话。

这样做的确可以帮助我避免继续被罚，但它并不能帮助我改掉爱讽刺人的坏毛病。可经济上的损失确实开始让我反省自己的坏习惯。第 2 天，我被罚了 30 美元。第 3 天，10 美元。这项试验在我的公司里一共推行了几个星期，它的确让我付出了不小的代价。但最终，我还是成功地改掉了自己这个坏毛病。如今我已经不会再在背后说人坏话了，至少这已经不再是一个严重的问题了。

我的这次经历说明了一个简单的道理：被罚了几千美元之后，你一定能改掉自己的任何坏习惯。

很多人，尤其那些喜欢标榜自己开诚布公的人，更容易给出破坏性评论。“坦诚”在很多情况下会变成一种武器，人们经常会打着“我只是实话实说”的幌子去攻击别人。事实上，那些受到你攻击的人并不会因为你“只是实话实说”而原谅你，所以问题不在于你说的是不是真话，而在于你这样说值不值得。

只要稍微想一想，你就会发现，我们每天都会花很多时间考虑哪些话该说，哪些话不该说。我们不仅需要说一些善意的小谎言，比如当有人换了个新发型的时候，你不可能直接告诉对方“你的发型看起来很滑稽”以图让你们的人际交往变得更加顺畅。在一些比较关键的时刻，我们还需要近乎本能地避免那些破坏性言论。我们都知道“坦诚”和“开诚布公”并不是一回事。比如我们可能从内心深处坚信自己的上司是个彻头彻尾的混蛋，但是从道德伦理的角度来说，我们不能当面告诉他你的真实想法。

这种本能不仅适用于工作场所，还适用于其他任何情况。

沃伦·巴菲特曾经说过：“当你决定采取任何在道德上可能引起质疑的行动之前，一定要问问自己，你是否想让自己的母亲在报纸上读到关于你这一行为的报道。”

你同样可以用类似的方式来约束自己的言行。在讽刺或挖苦任何人之前，不妨问问自己：

- 这句话会对我的客户有所帮助吗？
- 这句话会对我的公司有所帮助吗？
- 这句话会对我的交谈对象有所帮助吗？
- 这句话会对我所谈论的这个人有所帮助吗？

如果答案都是否定的，接下来你要做的事就很简单了：请闭上嘴巴。

## 习惯5：喜欢用“不”“但是”或“可是”开头

几年前，一家制造公司的CEO邀请我给他的COO做辅导。那位COO很聪明，但他同时也是一个非常固执、倔强的人。

第一次跟这位COO见面的时候，我们一起讨论了他的下属对他的评价，他告诉我：“可是马歇尔，事实根本不是这样。”

“这次就算了，”我说，“下次我再听到你说‘不’‘但是’或者‘可是’的话，我会罚你20美元。”

“但是，”他说，“这并不……”

“20美元！”

“不，我没有……”他反驳。

“40美元了！”

“不，不，不。”他马上抗议道。

“60，80，100美元。”我把罚金连续加高。

就这样，在1个小时内，他一共损失了420美元。又过了2个小时，他最终明白了我的意思，并告诉我：“谢谢你！”

1年之后，我参加了该公司一位女士所做的关于女性在公司高管层中的地位的报告会，正是在这次报告会中，我才知道这位COO已经取得了很大的进步。听完那位女士的报告之后，公司的 CEO 说道："你说得很对，可问题是……"那位 COO 立刻站起身来，打断了上司的话："不好意思，我想你应该说的是'谢谢'。"

那位 CEO 愣了一下，然后微笑着说道："你说得对，我也觉得自己应该谢谢她。"

当你用"不"、"但是"或"可是"开头的时候，不管口气有多友好，不管你说了多少好话来缓和对方的情绪，你向对方传达的信息都只有一个——他们错了。你并不是说"我的看法跟你有些不太一样""可能你得到的信息有些偏差"，也不是在说"我不同意你的观点"，你就是在直接地、一清二楚地告诉对方："你刚才说的是错误的，我下面要说的才是正确的。"我可以肯定地告诉你，你的这句话不会为你们随后的谈话带来任何积极的影响。通常情况下，你的话还没说完，对方的反应（除非他是一个圣人）就是要发起反攻，拼命捍卫自己的立场。从那一刻开始，你们之间的交谈就会演变成一场毫无意义的争辩，这时你们就不是在交流，而是在厮杀了。

这样的情况每天都在发生，无论是在同事还是在朋友之间，只要稍微留心一下，你总是可以很容易地听到有人在用这样的方式进行交流。下面的练习或许可以让你更好地意识到这个问题。抽出一个星期，准备一块积分板，每次听到你的同事或朋友用"不""但是"或"可是"开头，就在积分板上做个记号。一个星期之后，你就可以清楚地看到这三个词在人们日常对话中的使用频率有多高了。到时你一定会为自己的记录结果感到震惊。

如果再深入分析一下这个问题，你还会发现一个比较明晰的模式。你会发现，人们之所以会在自己的谈话当中使用这些词，一个最根本的目的就是巩固自己的权威；你还会发现，当一个人用这三个词开头的时候，他的谈话对象立刻就会有意无意地表现出一种抵制，双方的谈话也很快就会陷入僵局。我曾经仔细观察过我的客户们使用“不”“但是”以及“可是”的具体模式，那种感觉就像指挥家在观察整个乐团的演奏。我一边观察，一边开始不由自主地计算他们使用这三个词的频率。

这可是一个非常重要的指标，要知道，我当时的反应就像是一个自动导航系统。如果在跟某位客户第一次会面时，就感觉对方使用这三个词的次数太多，我便会主动打断对方，并告诉他：“我们已经交谈 40 分钟了，在这段时间里，你意识到你有 17 句话都是用‘不’‘但是’或‘可是’开头的吗？”

没有一位客户回答说自己意识到了，无一例外。这也就意味着他们真的需要认真考虑改正这个坏习惯了。如果你想确认自己是否也有这个坏习惯，不妨像我观察客户的时候那样仔细观察一下自己的言行。

从现在开始，不要再为自己的立场辩解。仔细观察你有多少句话是用“不”“但是”或“可是”开头。一定要留意当你同意对方时的表现。举个例子，当你说“你说得没错，可是……”

对方会理解为你根本不同意他的说法。或者以“是的，但是……”开场，对方心里会想：“看来他要反驳我的观点了。”

就像在改正所有其他不良习惯一样，除了自我监督之外，你还可以启动罚金制度，就像我之前对待那位COO的方式。找一位同事或朋友，让他来监督你，每次一听到你说“不”“但是”或“可是”的时候，就开出一张罚单。

就这样，过一段时间，当你开始因自己的行为产生负罪感时，你就会意识到自己的确应该做出一些改变了。可即便如此，你还是会遇到一个难题。

几年前，我曾经在一家电信公司的总部举办过一次培训。当我讲到“不”“但是”或“可是”这个问题时，一名学员不以为然，他觉得改掉这些习惯并不难。为了证明这一点，他甚至答应把每次的罚金提高到100美元。我和他约好当天共进午餐，午餐过程中我问他：“你是从哪儿来的？”他回答说新加坡。

“新加坡？”我说道，“那是一个很棒的城市。”

“是的，”他回答道，“是很棒，可是……”

话还没说完，他便立刻意识到自己的错误，开始一边把手伸进口袋，一边说：“我刚刚输掉了100美元，对吗？”

从这件事上你就可以看出我们想要证明自己的冲动是多么强烈。即便是在微不足道的闲聊当中，当我们非常警惕自己的用语时，甚至是面临巨额罚金时，还是会忍不住说出“不”“但是”或“可是”。

## 习惯 6：告诉世界你有多聪明

这是求胜欲过强的另一种表现方式。我们需要赢得人们的仰慕，需要让他们知道我们比他们聪明，或者至少不比他们笨，我们总想成为人群里最聪明的那个人，但结果往往事与愿违。可很多人每天还是会有意无意地这样做。

这样的例子有很多。比如每当有人向我们提出一些具体的建议，我们表示同意，但随后又会提出自己的看法；别人在说一件事情，我们却不耐烦地点着头。当我们通过身体语言告诉对方“你所说的我早就知道了”的时候，都是在向对方传达一个信息：我懂的比你多！

有时我们甚至会直截了当地告诉对方“这我早就知道了”，或者换个更加直接的说法：“我根本不需要听你说这个。”有时甚至更加直白：“我比你超前至少五步了！”当你说出这些话时，你并不只是在吹嘘自己的无所不知，从根本上来说，你实际上是在侮辱对方很愚蠢。

当你展示自己比对方聪明的时候，你实际上是在告诉他：“你纯粹是在浪费我的时间。你可能以为自己的话非常重要，以为我以前并不知道这件事情，可你完全不了解我，不知道我是一个多么聪明的人。我根本不需要听你说这些事情。你找错对象了。”

不妨设想一下，如果有人当面跟你说出这些话，你会有什么反应？会在心里大骂对方混蛋吗？可那些经常跟你打交道的人每天都会听到你说“我已经知道这个了”。所以下次出现这种情况时，你最好还是闭上嘴巴，什么都不要说。而且事实上，当你说出这些话的时候，你通常并不能达到自己的目的，也就是说，你的这种做法并不会让对方感觉你非常聪明。

我的一位朋友有一次去参加一位心理学教授研究助理的招聘。那位教授当时正在写一本关于天分和创造力的书。在面试过程中，双方偶然谈到了那些伟大的天才人物，特别是莫扎特。教授吹嘘说自己读过所有能找到的关于莫扎特的书。这是一种典型的学者习气，他们总是为自己的学识感到自豪，只要一有机会就会不遗余力地向周围的人展示自己到底有多聪明。但这位教授的做法更加过分，为了证明自己的知识多么渊博，他甚至明目张胆地让我的朋友提出任何关于莫扎特的问题。

“没关系，”教授说，“别害羞。什么问题我都能回答。”

我的朋友再三推辞，虽然当时他脑子里已经开始在过滤一些关于莫扎特的问题了：“莫扎特出生在哪儿？他什么时候去世的？他的姐姐叫什么名字？”（这些问题都太简单了。）

“随便考吧，”教授坚持说，“当然，除非你根本不知道莫扎特，连个像样的问题都提不出来。”

这句话显然让我的朋友大受刺激，于是他立刻同意提问。“好吧，”他说道，“请你说出 13 部莫扎特创作的歌剧。”

对于一位自称“对莫扎特无所不知”的教授来说，说出莫扎特的13部歌剧（莫扎特一生至少写了20部歌剧）就像让一位总统史专家说出所有副总统的名字一样，简直是小菜一碟。可让人万万没有想到的是，那位教授居然只能说出9部。

谈话顿时陷入了一种非常尴尬的局面，我那位朋友当时心里也说不上来是什么滋味，既感觉有些得意，又有些发窘，一时不知如何是好。其实我的朋友对莫扎特的研究更加深入，只是他没有大加吹嘘罢了。

幸运的是，那位教授并没有对我的朋友怀恨在心，他当场就决定聘用我的这位朋友，但我的朋友拒绝了。

**聪明人懂得激励周围的人，而一味吹嘘自己有多聪明的人只会让别人对你敬而远之**。那么，当你感觉自己忍不住要向别人炫耀自己的聪明才智的时候，你该怎么办？

我的建议是，一定要认清自己的行为。你以前曾经这样做过吗？举个例子，你的助理冲进你的办公室，手里拿着一份急需你处理的文件。这位助理并不知道你的另外一位同事几分钟之前已经告诉过你这件事情了。你会怎么办？会接下文件，说声“谢谢”，然后开始处理吗？还是会通过某种方式告诉助理你已经知道了？

根据我的经验，这个看似无关紧要的决定实际上是一道非常重要的测试题，它可以清楚地反映出你内心深处那种告诉人们你很聪明的愿望有多迫切。

如果你能简单地向对方说一句“谢谢”，然后开始处理这份文件，那说明你已经做得很好了。但如果你和大多数人一样，那你就很可能想办法告诉助理你已经知道这件事了。告诉她的方式可能非常简单，比如“哦，我已经知道了。”也可能让对方感觉非常难受，比如“我已经知道了，为什么还要在这里说废话浪费时间？”无论选择哪种方式，你都会给对方造成伤害。因为无论采用哪种方式，你所传达的信息都是一样的：“你是在浪费我的时间，你是在把我跟那些做事不分轻重缓急的笨蛋混为一谈，你根本不知道我有多聪明！”改掉这种坏习惯不是一件难事，你只需实践以下三个步骤：

- 每次开口前问问自己：“这样说值得吗？”
- 如果答案是否定的，闭上嘴巴。
- 然后跟对方说一声“谢谢”。

不仅如此，如果你能在自己完全占主动的情况下克制住这种冲动，那么当你并没有占据主动的时候，也就会更容易克制自己。设想一下，如果是你的CEO挥舞着那份文件走进你的办公室，你还会用那种“我早就知道了”的口气跟他说话吗？

## 习惯7：乱发脾气

很多人都会把愤怒当做一种管理技巧，认为它可以刺激那些无精打采的员工，可以提高大家的士气，让所有人在一瞬间变得精神抖擞。毫无疑问，你的员工们有时的确需要这样的刺激。可你思考过自己需要为此付出什么代价吗？

情绪波动并不是最可靠的管理工具。当你生气的时候，你会很容易失去控制。而当一个人失去控制的时候，便很难去管理其他人。你可能会觉得你能够控制好自己的情绪，你可以通过偶尔发发脾气来管理和激励下属，可事实上，你很难预测人们会对你的愤怒做出怎样的反应。没错，有时上司发火的确可以激发下属的斗志，可在很多时候，上司的这种情绪波动同样会让他们陷入迷茫。

每当我听到管理者辩解说自己只是把愤怒当做一种管理工具时，我就会忍不住想：为什么其他管理者不需要这样做呢？难道管理者一定要用愤怒和恐惧来鞭策下属，而不能从容不迫地把一切都安排好吗？

最糟糕的是，愤怒还会在下属的心目中形成很难改变的印象。一旦下属把你看成是一个喜怒无常的人，你可能一辈子都无法改变这种形象。打个比方，篮球教练鲍勃·奈特（Bob Knight，被认为是美国大学生篮球比赛史上的传奇教练，有“将军”之称。——译者注）曾经率领印第安纳大学队赢得三次NCAA（全称是National Collegiate Athletic Association，美国全国大学生体育协会。——译者注）冠军，而且他还是NCAA史上唯一获得过800场以上胜利的两位教练之一。无论从哪个角度来说，鲍勃·奈特都可以被认为是美国最伟大的篮球教练之一。可他还是一个出了名的喜欢跟裁判大动干戈，甚至会在赛场上摔椅子的家伙。他的坏脾气甚至比他所获得的所有记录都要出名，以至于每当提到鲍勃·奈特的时候，人们首先想到的就是他的坏脾气，而不是他的辉煌执教纪录。

在工作中也是如此，人们总是特别留意那些经常发火的同事。虽然他们也有很多其他优点，可我们总是把他们看成“喜欢发脾气的家伙”。每次提到这些人的时候，人们的第一个反应往往是：“我听说他脾气不太好。”

这种坏脾气的形象一旦确定下来，就很难改变。由于你需要改变的是自己在别人心目中的形象，所以往往可能需要很多年的努力才能彻底让别人对你“刮目相看”。

那么，怎样才能改掉乱发脾气的坏毛病？

说实话，对于这个问题，我自己也没有一个确定的答案。情绪控制并不是这本书的核心主题，而且即便把它当成主题，我也怀疑自己是否有能力给出有效的解答。但在这个问题上，有两件事情是可以肯定的：第一，当你生气的时候，你可能并不是在对别人发脾气，你的愤怒可能另有原因；第二，我有一个很简单的办法，可以让你扭转在别人心目中“乱发脾气”的形象。

先谈第一点。在我的工作中，每次谈到发脾气这个问题时，通常都是一对一的针对性问题。换句话说，通常都是一个人惹另外一个人发脾气。而我的工作就是让我的客户们意识到：愤怒很少是其他人的问题，它通常只是我们自己的毛病。

一位禅师曾经遇到一位挥汗如雨地逆流划船的年轻人。这位年轻人正在努力地把自己的货物运到河流上游的一个村子里去。他当时非常着急，天气很热，他只想尽快把船划到小村子里，并在天黑以前赶回家。但在行船的过程中，他猛然看到前面有一艘驳船正在快速向自己冲过来。看来这艘驳船好像下定决心一定要把这位年轻人的小船撞沉。年轻人拼命划船，想给驳船让开路，可似乎根本没用。

于是他只好扯开嗓子叫："赶快调头，你这个笨蛋！你要撞到我了。这河这么宽，为什么偏要冲着我来！"可并没有人听到他的声音。只听"砰"的一声巨响，那驳船还是狠狠地撞上了年轻人的小船。等年轻人回过神来的时候，他勃然大怒，他一边站起身来，一边冲着驳船大骂道："你这个白痴！这么宽的河，你居然在河中间撞上了我的船！你脑子有毛病吧？"可当他仔细一看，却发现那船上根本没有人。原来是一艘从上游码头漂下来的空船，年轻一直是在冲着一艘空船大吼。

这个故事想说明的道理非常简单——当没有人能听到你的声音时，吼再大声都没用。每当我们生气的时候，我们其实都是在冲着一艘空船大吼。在我们的日常生活中，总会有一些人让我们发狂，让我们对他们恨之入骨。我们可能会花上很长时间来记恨这些人，想着他们是多么不体贴、不尊重我们，对我们是多么不公平，甚至一想到这些人，我们的血压就会像吹了气一样往上窜。

毫无疑问，对付这些人的最好方法就是不要对于他们发脾气。发脾气并不会改变任何事情，我们的生命太过短暂，用来生气纯粹是一种浪费。一位圣人曾经说过："那些让我们感到愤怒的人其实也是身不由己。对这样的人发脾气毫无意义，就好像一边冲着桌子发火，一边大骂它为什么是一张桌子一样。你根本不能改变什么，对方也不会有任何改变。如果我们出生在跟他们同样的家庭里，拥有同样的遗传基因，生活在同样的环境当中，我们也会做跟他们同样的事情，而且在很多情况下，我们甚至会对自己也不满意。"

至于我提到的第二点——我有一个很简单的办法，可以让你扭转在别人心目中"乱发脾气"的形象，其实方法非常简单：闭上你的嘴巴，这样别人就不会知道你到底在想什么。我知道，要做到这一点并不容易。**你必须学会压制住内心的欲望，管好自己的嘴巴。**但只要学会保持沉默，你就既不会让人讨厌，又不会为自己树敌，你就有机会彻底改变自己的形象。

## 经典案例　学会控制愤怒

几年前，我曾经在法国布莱姆村的一个小修道院度假。我们的导师是一个越南和尚，名叫一行禅师 (Thich

Nhat Hanh，1926 年出生，16 岁时成为佛教徒，1961 年入普林斯顿大学学习宗教哲学，在 20 世纪 60 年代享有广泛声誉，马丁·路德·金曾提名他为诺贝尔和平奖候选人。——译者注）。每天，一行禅师都会让我们花些时间冥想各种各样的问题。有一天，我们冥想的话题是“愤怒”。他让我们想一想自己发火时的情形，然后要我们仔细分析一下真正的罪魁祸首是谁。

这时我想到了我的女儿凯莉。当凯莉还是个十几岁的孩子时，有一天，我发现她肚脐眼上有一个又大又亮的首饰，她告诉我那是脐环。这种首饰在她的同龄人中非常流行，除此之外，她们还会在身上文一些奇怪的文身。凯莉告诉我，为了让别人看到那个脐环，她必须买一件露肚脐的外套。

脐环可以说是最能考验父亲的忍耐力和关爱程度的东西之一了，但我对她那个脐环的反应比这两点更复杂。事实上，当时内心的愤怒几乎让我彻底失去了理智……

当我在修道院静静地回想这件事情时，我不禁问自己：“我当时到底在想什么？”这时我突然意识到，我当时首先想到的是别人看到我女儿时的反应：“这孩子看起来就像个毫无教养的小流氓！她父母怎么教她的呀？”

我的第二个念头更加糟糕：“我的朋友看到她会怎么想？他们可能会想：‘天哪，我简直不敢相信马歇尔居然让他的女儿穿成这样招摇过市！’”

那么，我当时心里真正关心的是谁呢？是凯莉还是我自己？是她肚脐上的那个环，还是别人对我的看法？

毫无疑问，如果事情能够重新来过的话，我还是会建议她摘掉那个脐环。在法国沉思了一个星期的确对我有所帮助，但它并不能彻底改变我的世界观。但我不会再像当时那么愤怒了，那样只会让我看起来像个混蛋。我当时一定快发疯了，可如果我能够暂时闭上嘴巴，等到冷静之后再跟她沟通，我想就没有人知道我内心的感受了。

下次你想发脾气的时候，不妨先照照镜子，先看看镜中的自己。相信你会发现，让你陷入愤怒的原因根本不是来自外界，而是来自你内心深处。

## 习惯 8：否定别人或故作高深

相信在日常工作中，我们都见过这样的人——我妻子称他们是“消极的笨蛋”。他们好像天生就不会说一些积极的话，或者根本不会对你的建议表示赞同。只要一听到任何建议或想法，这些人的第一反应就是：“这根本行不通。”举个例子，你走进他们的办公室，告诉他们你想到了一种新的癌症治疗方案，从他们嘴里冒出来的第一句话肯定是："让我来告诉你这样做为什么不行。"

这是一种典型的消极用语。我之所以把这种话看成是一个非常惹人讨厌的坏习惯，是因为它表明一个人总是需要和别人分享他们内心的那种消极想法，即便是在根本没有必要的情况下。

这种习惯跟我们上面谈到的第二个坏习惯并不相同，因为这时你根本没有为任何加分的想法。

它也不同于第三个习惯，因为我们并没有评判或对比任何东西。我们并没有说对方的想法哪个好，哪个更好，哪个最好。

它也不同于我们说过的第五个习惯，因为我们并没有用表面上的赞同来掩盖自己内心的消极情绪。

它也不是破坏性的评论，因为你并没有说出任何令人讨厌的话。"让我告诉你这样做为什么不行"是一种非常独特的坏习惯，因为从表面上看，你似乎是在帮助对方，但实际上你只是在表达自己的消极想法罢了。

有些人之所以这样做，其根本目的就是要证明自己比对方更聪明，更有经验，或者是想确立自己的权威。可事实上，我们根本不喜欢，也不会尊重那些总是喜欢提出批评意见的人。这些人十分讨厌。跟他们相处一段时间之后，我们会像躲避流感病毒携带者一样对他们退避三舍。我们不会再希望跟他们共事，更不愿意向他们提供任何帮助。

## 经典案例　别让“这不行”成为口头禅

我曾经认识一位名叫特莉的女士，她在纽约经营一家演讲经纪人公司。一年当中，她总是会安排我为一些公司举行两三次讲座。在这些讲座上，我会讨论一些关于领导力培养以及行为矫正的问题。

每次演讲结束后，听众中都会有一两个人走上前来和我交换名片，并邀请我到他们的公司举办讲座。毫无疑问，他们认为有必要让自己的同事也听一听我讲的这些东西。我完全可以自己处理这些邀请，但考虑到特莉的利益，我通常都会把这些邀请直接转达给特莉，希望由她来负责谈判，并得到相应的佣金，我觉得这样做才是公平的。

每次讲座结束之后，她也都会问我一些关于讲座的具体情况，以及听众是否满意之类的问题。

我会告诉她：“好极了。事实上，有一些人还想让我到他们的公司举办讲座。”然后我会把这些人的名片给她，以方便她跟进随后的业务。

但每次听到我的回应时，特莉都会告诉我：“我告诉你这样做为什么不行。”几乎毫无例外。比如她会说：“这家公司的抠门是出了名的，他们不可能请得起你。”在我看来她想传达的信息是：我的收费太高了！

又比如她会说："这家公司的员工都是一些乡巴佬，他们根本不需要听你的讲座，也根本听不懂你讲的东西。"在我看来她想传达的信息是：我的讲座太难懂了。

有时她还会说："这家公司只会浪费你的时间，他们想让你在那里待上一整天，包括晚餐，结果只会增加你的旅费开支。"在我看来她想传达的信息是：那样我会很累。

第一次听到特莉讲这些话时，我不禁大吃一惊。我是在帮她赚钱，可她却拿出了一大堆借口证明我的想法根本行不通。或许她的本意是保护我，不想让我在这些根本不会有任何成效的客户身上浪费时间，可她所说的话却是在告诉我她比我更加了解自己的业务。对我来说，特莉的话只会让我觉得她根本不理解我的意思。我的收费并不高；我的讲座通俗易懂，并不深奥；而且我也不害怕工作，如果我的客户希望我能在他们那里待上一整天，不停地和我交流，我会觉得那是一种赞美，而不是在浪费我的时间。

特莉的这种反应不禁让我开始思考她到底是怎样向别人介绍我的情况的。

最终我意识到，即便是有人邀请我去主持奥斯卡颁奖礼，特莉也会告诉我这样做并不妥当。事实上，她的这种做法只会让我下定决心终止与她的合作。

如果你感觉自己也有这个习惯，我的建议是：每当有人向你提出一项建议的时候，仔细留意自己的反应。

读到这里，你可能已经发现了一个非常重要的模式：如果你想了解自己的哪些言行会让别人对你敬而远之，一定要仔细留意自己说了什么。

如果你发现自己经常说“让我告诉你这样做为什么不行”，你就知道自己到底要改正什么了。但同时一定要留意一下周围的人对你的态度。

他们是否会在你没有主动要求的情况下，经常向你提出一些有用的建议？他们是否会经常来到你的办公室，坐下来跟你闲聊一会儿，告诉你一些可能会对你有用的消息？

你的同事们是否更愿意跟你沟通？你在办公室是否是一个受欢迎的人，或者已经很久没有人光顾你的办公室了？如果你开始模模糊糊地感觉自己的办公室门外好像挂了一张“请勿入内”的牌子，这就说明你可能确实需要做出一些改变了。

如果说你明确知道了自己有以上这些坏习惯，我宁愿你是自己观察到的。仅仅检查自己的言语并不能让你看清周围的同事对你的看法。因为同事可能已经对你的某些习惯（甚至包括坏习惯）见怪不怪了，，所以他们并不会向你提出任何意见和建议。但当你仔细观察周围的人和你相处的方式时，你就可以看到自己的问题到底有多严重，也就会发现它是否已经影响到你跟周围人之间的关系了。

## 习惯 9：隐瞒信息

人类进入知识经济时代以后，信息的力量也变得越来越强大了，这也就意味着隐瞒信息也变得越来越让人难以接受了。

隐瞒信息跟我们上面讲过的“加分”作用截然相反，当我们向其他人隐瞒信息的时候，我们的做法实际上是在减分。但无论一个人是在加分还是在隐瞒信息，他的目的都是相同的：获得优越感。

从最根本的层面来说，当一个人隐瞒信息的时候，他最根本的动机仍然是满足自己的求胜欲，但这种做法所带来的后果却更加可怕。需要指出的是，我们在这里谈到的“隐瞒信息”会表现为很多种形式。你会发现有些人总是在大谈隐瞒信息的好处，可事实上，他们只是在为自己的行为找借口罢了；还有的人总是喜欢用反问的方式来回答你的问题，因为这些人相信，向你透露任何信息都会让他们陷入不利的境地；你还会看到其他各种形式的隐瞒信息方式，比如有些人喜欢关电话，不回复询问邮件，或者是在回答你问题的时候遮遮掩掩。

如果你不明白为什么这种隐瞒信息的做法会让人不快，不妨设想一下，当你自己遇到下面这几种情况时会有什么感想：

◆ 公司刚刚开了一个会，却没人告诉你；

◆ 你的上司给办公室的其他同事发送了一封集体邮件，

可收件人名单里却没有你；

◆ 公司里刚刚发生了一件事情，所有人都知道，只有你还被蒙在鼓里。

不管出于什么原因，隐瞒信息的问题都在于，它所导致的结果往往事与愿违。你可能会觉得自己可以通过隐瞒某些信息来获得优越感，可事实上，你的这种做法只会在办公室内部形成一种互不信任的氛围。要想得到真正的优越感或权力，你需要激发下属内心的忠诚感，而不是让他们感到恐惧或怀疑。所以从根本上来说，隐瞒信息显然是一种得不偿失的做法。

需要说明的是，我们在这里讨论的并不是那种故意隐瞒信息的阴谋行为比如一个人想要分裂一家公司或达到某个私人目的，因为我想我可能根本没有足够的耐心，也没有足够的能力来改变这种“马基雅维利式”的行为（代指狡猾、欺诈的、不择手段的阴谋、计划及行动。——译者注）。

相反，我更希望讨论一下那些非故意的或偶然性的隐瞒信息的行为。比如：

◆ 你可能实在太忙，根本没有机会与周围的人分享那些比较重要的信息；

◆ 你在准备会议的时候忘记邀请某个人参加了；

◆ 你交给下属一项工作，却忘记告诉对方你的期望。

## 经典案例 "我是冲我自己发火"

我的一位邻居曾经让他儿子帮他洗一下他的雷克萨斯SUV（运动型多功能的简称，全称为Sports Utility Vehicle。——译者注），于是孩子拉出了水管，倒了一桶肥皂水，然后用海绵在肥皂水里浸泡了一下，就开始工作了。可问题是，他手里拿的那块海绵是双面的，其中有一面非常粗糙。所以很不幸，当父亲出来检查儿子工作的时候，他的那辆SUV已经被划得面目全非了，本来光滑铿亮的车体现在就像是刚刚举行过一场冰球赛的滑冰场。父亲勃然大怒，他心爱的雷克萨斯被毁了。这孩子怎么这么笨呢？

"你连洗车这么简单的事都不会做吗？"当他说出这句话后，突然发现儿子感觉非常尴尬，非常不安，于是他转念一想，又说了一段非常明智的话："孩子，我并不是在冲你发火，我是在冲我自己，因为我本来应该告诉你洗车的时候应该注意些什么的。我以前从来没有教过你该怎么洗车，是我的不对。"

很快，就在这位父亲意识到自己的儿子并没有学过洗车的那一瞬间，刚才还笼罩在两人头顶上的那团乌云立刻消散一空。孩子马上松了一口气，父亲也不再感到不安，他既没有怪罪儿子，也没有为那辆雷克萨斯SUV

感到惋惜。现在这件事情已经变成了一个笑话，每次说起这件事的时候，大家都会从中得到很多启发。

在大多数情况下，我们并不是出于恶意而向某些人隐瞒信息的。之所以会出现这种情况，很多时候是因为我们根本没有意识到自己想要隐瞒什么。这是件好事，因为如果你是故意隐瞒信息，那么这本书就根本没办法解决你所面临的问题，但如果你只是不小心隐瞒信息，那问题就简单了。

## 经典案例 你是否忙到没时间与人分享信息？

记得有一次，我的一位朋友告诉我他和他的助理之间有些麻烦："我们很难磨合。但我也不知道该怎么解决这个问题，我只是模模糊糊地感觉到和助理之间不是很合拍。"

在征求助理的反馈之前，我问这位朋友："不妨设想一下，你的助理会怎么想？你觉得她会认为你这个上司有哪些问题？"

"她可能会说我跟她交流不够，"朋友回答，"会说我没有跟她分享信息，好像把她隔离起来了。"

"还有呢？"我接着问。

"其他就没了，"他说，"这还不够吗？"

“你觉得她的想法对吗？”我问。

“嗯。”他默认了。

真有意思，我当时想，你很少会听到一位跟下属不合的上司会主动承认问题出在自己身上。

然后我又和他的助理聊了一下，问她为什么和上司无法磨合。果然，她的答案跟上司一致。

因为他是我的好朋友，所以我决定破例为他提供一些额外服务。我假设自己是一位市场调查员，准备用一整天的时间寸步不离地跟在这位朋友身边，记录下他的详细工作情形，从他进入办公室的那一刻起，一直到他结束一天的工作。

很快，所有的问题都变得一目了然了。他大约比自己的助理提前15分钟到达办公室。到了办公室之后，他的第一件事情就是检查电子邮件。正在这时，他的手机响了，于是他开始接听电话。正在他听电话的时候，助理到了。助理探着脑袋向他打了声招呼。他一边听电话，一边向助理挥手示意。通完电话之后，他又回了几封邮件。然后他的助理走进来，告诉他有位客户打来电话，问他要不要听，他说可以。

在和这位客户通话的20分钟时间里，先后又有3个电话打了进来。挂断电话之后，他一一回复了这3个电话。就在通电话的同时，他还在注意是否又收到了新的邮件。

他的工作就这样持续了整整一个上午。

到了中午的时候，我感觉自己终于找到答案了。

“你每天都是这样工作的吗？”我问。

“基本上是吧。”他回答。

这下清楚了，我的朋友的确把他的助理蒙在鼓里。但显而易见，他并不是故意这样做的。他就像一辆救火车，总是那么忙乱，一切都毫无头绪，每一刻都在接电话，四处“灭火”，根本没有时间和助理坐下来好好沟通，仔细安排一下当天的工作。我相信，只要每天能和自己的助理坐下来聊上几句，他就可以轻轻松松地解决许多问题。

我还相信，许多人之所以隐瞒信息，原因就在于此。并不是因为我们想把别人蒙在鼓里，而是因为我们确实太忙了。我们并没有恶意，只是没有处理好这个问题罢了。很可能就是因为太忙，所以我们根本没有时间和下属进行沟通，也没有时间教下属该怎样完成自己的工作。就这样，一段时间之后，我们就会给人一种“隐瞒信息”的错觉。

不善于分享信息并不是说我们是在刻意隐瞒信息，二者之间有着根本的区别。可从旁观者的角度来看，两种做法所导致的后果却是相同的。

怎样才能改掉这个坏习惯呢？

答案非常简单：**开始分享。**

我的那位朋友就是这么做的。自从找到了问题的根源之后，他开始把分享信息作为自己每天最重要的工作之一。每天无论多忙，他都会抽出时间和助理沟通一下当天的工作。他把这种沟通变成了一种风雨无阻的任务，不会因为任何原因而取消、推迟或者是打断。

如果你感觉自己也遇到了同样的问题，我建议你不妨采用同样的办法解决。这样不仅可以有效地提高自己的沟通能力，还可以让自己的下属感觉到你非常在乎他们的感受。在矫正人际交往缺陷的过程中，一石二鸟的情况非常少见，但这就是其中一个。

## 习惯 10：不懂得赞赏

“不懂得赞赏”是“隐瞒信息”的孪生兄弟。当有人对整个团队做出了贡献而你却没能表示赞赏的时候，你的行为不仅对那些做出贡献的人不公平，还会大大降低他们的成就感。他们既体会不到成功的喜悦，也没有收到任何祝贺和赞美，因为你根本没有认可他们的成就。相反，他们感觉自己好像被遗忘、被忽略或者是干脆被扔到了一旁，他们非常不喜欢这种感觉。所以，如果你真的想打消人们的积极性，一个最有效的做法就是对他们的努力视而不见。

当你没有对一个人的成就表示赞赏的时候，你同时也是在不自觉地排斥他们。不管和任何人交往，我们都希望自己能够被别人接受。这里所说的接受可能有多种形式，大到我们在心爱的人去世之前对他们做出的告别，小到一句礼貌用语，比如当别人向你表示感谢的时候，你会说一声“你太客气了”。无论如何，在做任何事情时，我们都希望得到别人的认可。

赞赏本身就是一种最好的认可。它就像是包在珠宝盒外面那艳丽缤纷的丝带，而你和你的团队共同创造的成绩就是盒子里面的珠宝。当你忘记对自己的队友表示赞赏的时候，你的做法实际上会让盒子里的珠宝变得极其廉价。你的团队已经取得了成功，但你却并没有让创造成就的人感受到成功带来的喜悦。

无论是在工作当中还是在家里，都是如此。

每次培训的时候，我总是会问学员：“你们当中有多少人觉得自己没有充分认可同事的成就？”几乎每次都会有 80% 的人向我举手示意。

当我问他们为什么会出现这种情况时，他们的回答让我得出了一个结论：问题大都出在他们自己身上，而不是那些没有得到赞赏的人。“我太忙了。”“我觉得每个人都应该交出一份出色的答卷，这没什么值得夸奖的。”“我从来没有意识到一句赞赏对他们有那么重要。”“我的工作也非常出色，却从来没有得到过赞赏，所以我为什么要赞赏别人？”

你可以发现，大多数人在回答这个问题时都会使用单数第一人称。这是成功人士的一个典型特征。他们之所以能够取得了不起的成就，一个主要的原因就在于他们总是把关注的焦点放在自己身上。他们只关心自己的事业、自己的业绩、自己的进步，以及自己的需要。需要指出的是，成功人士和领导者之间有着本质上的区别。如果一名成功人士想要成为领导者，他首先必须学会把关注的重点从自己转移到周围人身上。

怎样才能更好地对别人的成就表示赞赏呢？在这个问题上，我的一位客户曾经告诉我一个非常简单而有效的做法。

- ◆ 把自己生活中的所有重要人物（比如朋友、家人、下属、客户等）分类列成一份详细的名单；
- ◆ 在每一类名单当中，找出对你而言最重要的人，并做上记号；
- ◆ 每个星期三上午和星期五下午，拿出名单，问自己一个问题："这张名单里是否有人做了一些值得祝贺的事情？"
- ◆ 如果答案是肯定的，立刻通过各种方式（比如打电话、发邮件、语音留言或留字条等）向对方表示祝贺。如果没有人值得祝贺，把名单放回去，什么也不做。毕竟你不能做一个虚伪的家伙。

这个方法确实非常简单，而且你还会发现，这样做几乎不需要花费任何时间。

从人际交往的角度来说，无论是在职场还是在我们的个人生活中，忽视别人的成就给对方所造成的伤害都是最持久的。

## 习惯 11：喜欢抢功

当你将本不属于你的功劳据为己有时，你不仅忽视了别人的努力，而且对别人也是一种侮辱。

设想一下，你是否遇到过这种情况：在出色地完成了一项任务之后，你开始满怀期待地等着别人的夸奖，你等啊等，最后却发现并没有人注意到你的成就。这样的事情每天都会发生。这个世界并不围绕任何人运转，所以别人也并不关心我们取得了怎样的成就。

每个人都有自己的生活。当我们还是小孩子的时候，如果遇到这种情况，我们就会垂头丧气，甚至表示不满。我们会发牢骚。但随着人生经历的不断丰富，我们会变得越来越成熟，并逐渐学会习惯被忽略。“这个世界本来就是这样的，”我们会告诉自己，“无论有没有人欣赏，我都完成了一件了不起的事情，哪怕只有我自己知道。”然后我们会继续生活。

但毕竟没有人喜欢被人忽视，即便是这个世界上最有承受力的人也不例外。所以当有人把那些本不属于自己的功劳据为己有的时候，我们总是会用一个词来称呼他们：小偷。他们的做法就像偷走我们的创意、我们的业绩、我们的自尊，乃至我们的生活。在还是小孩子的时候，我们就不喜欢这样的事情（虽然可能只是失去了老师一句夸奖的话）。等到我们长大以后，这种事情就变得更加让人难以接受了（部分原因是由于所涉及的职业和经济回报会更高一些）。

把别人的成就据为己有，这种做法往往是同事之间最让人难以接受的。不仅如此，它所带来的痛苦也是最让人难忘的。你可以原谅一个忽视你成就的人，但绝对不会原谅一个厚颜无耻地将你的成就据为己有的人。只要站在“受害者”的角度设想一下，你就能体会那种滋味有多痛苦了。

下面让我们换个角度，想象你就是那个偷窃别人功劳的人。仔细分析一下你就会发现，偷窃那些本应属于别人的功劳，本质上也是一种求胜欲的体现。一般情况下，你不会把别人的个人简历或者是大学文凭据为己有，因为这些东西很容易查证。而在一些比较模糊的话题上，比如促成一场谈判或者是在关键时刻挽留住某位客户，一个人所发挥的作用就会变得比较模糊了，所以你也就很难判断到底功劳应该属于谁。

每当面临是把功劳据为己有还是留给别人的时候，我们就会很容易陷入第1章所描述的成功陷阱——总觉得“我一定能成功，我一定会成功，我已经成功了，我选择成功”。我们会很容易夸大自己的功劳，甚至把那些本来不属于自己的功劳归到自己身上，并且开始让自己慢慢相信自己的确应该得到这些功劳。与此同时，那些真正有功劳的人内心开始产生强烈的不满。

如果你能够设身处地地从对方的角度想一想，就会知道这是一种怎样的感受了。

如果一个人根本不想得到认可，那他根本就不会为取得成功而努力。我们每个人从骨子里都很清楚这一点，例如每当同事们向我们表示祝贺的时候，我们总会体会到一种发自内心的满足感。

既然如此，当其他人做了一些值得赞赏的事情时，为什么不让他们得到应有的荣誉呢？

对于这个问题，我也没有确定的答案。虽然我们的确可以把问题归结到我们的父母或者老师身上。毕竟，是他们让我们意识到了荣誉的重要性，可这样并不能从根本上解决问题。这样做只能让你不停地抱怨过去（毫无疑问，我们并不能改变过去），却并不能让你更好地面对未来。

要想克服这个习惯，最好的方式就是反其道而行之，学会跟别人分享。只要一个简单的练习，你就可以从一个喜欢抢夺别人功劳的人变成一个愿意与人分享功劳的人。

抽出一天时间（如果可以的话，把时间延长一些），每次你想偷偷恭喜自己取得了某项成就的时候，无论是大是小，就找张纸做个记号。如果你的情况跟我一样，不久你就会发现，在任何一天当中，你恭喜自己的次数都远比想象的要多，而且恭喜自己的原因有很多，比如帮助客户想出了一个了不起的创意，按时参加了一次会议，或者是给同事留了一张俏皮的字条等。

“嗯……”我们很可能会一边看着记录一边告诉自己，“干得不错！”

每个人都会有这些想法，这并没有什么不对。事实上，很多人之所以能够克服困难，坚强地度过每一天，其中一个很大的动力就来自于这些小小的成就感。所以如果你发现自己每一天都会不由自主地恭喜自己几次的话，那不足为奇。

列出清单之后，把它摆在面前，然后问自己一个问题：“在这张清单上所列出的所有荣誉当中，是否有一项或几项应当归功于别人？”

不妨问问自己，当你准时出现在某次会议上时，真的是因为你总是非常守时吗？还是因为你的助理一大早就提醒你当天有会议，并不停地督促你马上动身，以便让你有足够的时间赶到开会地点？

如果你在开会的时候突然想到了一个绝妙的创意，它是你突然间的灵感迸发吗？还是房间里某个人一句不经意的话给了你提示？

在过滤这个清单的时候，不妨问一问自己：“这真是我一个人的功劳吗？如果有其他人看到这张清单，他们会跟我有同样的看法吗？或者他们会觉得这功劳应该属于别人，甚至是他们自己呢？”

很有可能当你看完这张清单的时候，你会发现自己的确配得上所有荣誉。可我怀疑，即便是那些最清醒的人也会做出不清醒的判断。在大多数情况下，我们总是会按照有利于自己的方式来对发生的事情进行选择性的记忆。这项练习可以让我们清楚地看到自己身上的这种偏见，并且让我们想到其他人的看法可能会更加接近真相。

## 习惯 12：喜欢找借口

2004 年，当比尔·克林顿出版自己的畅销回忆录时，他知道自己必须面对一个问题，也就是他在第二届任期内与莫妮卡·莱温斯基 (Monica Lewinsky) 的性丑闻。在他的回忆录中，他把这件事解释为一次个人的失败，认为这是因为自己屈从了内心的恶魔。"一旦到了该负责任的年纪，"他解释，"无论别人对你做了什么，你都不应该找借口掩盖自己所犯的错误。另外，人们总是希望周围的人能够理解自己为什么会犯这样或那样的错误。在那段日子里，我同时在为两件事情苦恼：一件是和美国民主党一起开创美国人民的未来，还有一件是跟我内心的恶魔作斗争。在第一件事情上我赢了；而在第二个斗争当中我却输了。我觉得这件事情并没有那么复杂。我并不是在为自己找借口，我只是试图澄清整件事情的来龙去脉，到现在我能做的也只有这些了。"比尔·克林顿非常清楚"借口"和"解释"之间的区别，他并不是没有办法为自己的行为找到借口，只是他根本没有找借口的理由。

每当你想告诉别人“非常抱歉，我迟到了，路上实在太堵了”的时候，不妨提醒一下自己，说完“非常抱歉”之后，立刻闭上嘴巴。怪罪交通实在是一个很糟糕的借口，而且这也根本不能解释你为什么会让对方等上那么长时间。你应该早点动身，或许会因此早到一些，或是在大厅里等上几分钟而已。不妨问一下自己，你真的会因为早到几分钟而忐忑不安，会告诉对方“实在抱歉，我提前到了”，“没办法，我出发太早了”，还有“交通也根本没有我想象的那么差”吗？

如果情况超过预期，你根本不需要找任何借口。

我通常会把借口分为两种：一种是明显直白的借口，另一种是委婉的借口。

什么是明显直白的借口呢？举个例子：“非常抱歉，我错过了午餐约会，我的助理记错了日期。”当你这样说时，你希望对方会把你的话理解成：“看，并不是因为我忘记了我们之间的午餐约会，也不是说我没有把你当成一位重要人物，没有把我们之间的约会看成是今天最重要的事情，并不是那样。我之所以错过这次约会，责任都在我的助理身上。如果你要责怪的话，怪我的助理好了，不要怪我。”

这种借口的问题在于它很难让对方接受，它甚至不能说是一种有效的管理策略。在对成千上万次360°反馈进行总结之后，我能清楚地知道下属们的内心感受，知道他们评价上司的标准是什么。这么多年来，我从来没有听到任何一位下属告诉自己的上司：

“我觉得你是一位了不起的管理者，因为我觉得你找的借口都很有水平。”或者“我本来以为你肯定会把事情搞砸，可没想到你的这些借口居然一下子就扭转了整个局势。”

当我们把自己的过错归咎于某种遗传基因的时候，我们就是在制造一些比较委婉的借口。这个时候我们似乎是在告诉对方：“我身上有些与生俱来的缺点，而且这些缺点似乎永远也改不了。”

相信你一定听过这些借口，说不定你也曾用它们来描述过自己：

“我这人总是缺乏耐心。”

“我这人总是要把事情推到最后一分钟。”

“我这人就是个急脾气。”

“我这人最不擅长时间管理了。这么多年来，我同事和我太太一直在批评我，说我总是把时间浪费在一些毫无意义的事情上。我想我这辈子是改不了了。”

让我感到吃惊的是，我经常会听到那些非常聪明、非常成功的人这样贬低自己。这其实是一种非常微妙的艺术，因为事实上，当一个人这样贬低自己时，他实际上是在给自己定性，把自己定性为“缺乏耐心、急脾气，总是颠三倒四”，并且会使用这种定性来为自己那些不可原谅的行为找借口。

在很多情况下，我们会从那些已经被重复了很多年的故事中找到个人定性的根源，它往往来自我们的童年。这些童年故事可能根本没有任何事实基础，却被深深地刻在我们的脑海里，而当我们总是用这些定性观念来预期自己的行为时，这种预期往往就更容易被兑现。有时候我们之所以会犯某些错误，好像就是为了证明我们对于自己的负面预期是正确的。

## 经典案例 你只是在按自己的"预期"生活

我本人就是一个很好的例子。熟悉我的人都知道，我出生在肯塔基州的山谷站市，很多人都相信出生在那里的人大都会顺理成章地成为汽车修理工。我父亲自己就开了一个加油站。我的很多朋友也都很喜欢跟汽车打交道，一到星期六晚上，他们就会来一场赛车。

可当我还是个小孩子时，更确切地说是从我刚刚来到这个世界上的那一刻起，我的母亲就告诉我："马歇尔，你是一个很聪明的孩子。事实上，你是整个山谷站最聪明的孩子。你不仅能考上大学，还能考取研究生！"

她还告诉我："马歇尔，你并不擅长做修理工，而且你这一辈子也不能学会当一名修理工。"（我想她可能是想通过这种方式来确保我不会在加油站给人加油或者是在服务站给人换轮胎。）

非常有趣的是，我母亲的这些话对我的人生产生了非常重要的影响。从小时候开始，我就对汽车或者是修理工具完全不甘兴趣。20世纪60年代时，我还以为“万向接头”是嬉皮士抽的某种东西。不仅是我的父母相信我根本没有任何机械天赋，就连我的朋友们也都这么认为。18岁的时候，我参加了美国陆军的机械能力测试，我的成绩排在全国最低水平。毫无疑问，我母亲的判断是正确的。

6年之后，我考进了加州大学洛杉矶分校，攻读博士学位。有一天，一位教授要我写出我最擅长做的事情和我最不擅长做的事情。在“最擅长的事情”那一栏，我写道了“研究、写作、分析、演讲”；而在“最不擅长的事情”那一栏，我写了“没有任何机械天赋，从来没有学会过任何机械技能”。

教授问我：“你是怎么知道自己没有机械天赋的？”我告诉他我小时候的故事，并告诉他我在美国陆军机械能力测试中的成绩有多么糟糕，多么让人失望。

“你数学成绩好吗？”他问道。

我骄傲地告诉他：“我在SAT测试中的数学成绩是满分800分！”

然后他又接着问：“既然你能解决那么复杂的数学问题，为什么却无法解决简单的机械问题呢？”还没等我回答，他又接着问道："你的眼手协调能力怎么样？"

我说我很擅长玩台球，并且靠打台球赚到了我的大学学费，所以我相信我的协调能力还是不错的。

教授问道："既然你能打台球，为什么不会钉钉子呢？"

就在这个时候，我突然意识到我并不是生下来就没有机械天赋，我只是一直在按照我对自己的预期生活罢了。到了这个时候，我已经开始有自己的判断了，家人和朋友已经不会再告诉我"你天生就不适合做机械工作"了，陆军测试也说明不了什么问题。真正的问题在于我。这么多年来，是我在不断地告诉自己："你并不适合做这个！"

而且我开始意识到，只要我不改变自己的这种心理暗示，这种情况就会一直持续下去。

下一次当你听到自己在说"我只是不擅长……"的时候，不妨问问自己："为什么？"

不只我们的数学天赋或是机械天赋如此，我们的行为也是如此。由于我们经常迟到，而我们的父母和朋友们对此也已经习以为常，所以我们就会告诉自己："没办法，我天生就是这样。"或者我们会用类似的借口来解释自己那些让人讨厌的行为，比如总是喜欢对别人的意见品头论足，总是喜欢发表破坏性评论，或者是隐瞒信息。然而这些都不是天生的缺陷，我们并非天生如此。

同样，当你下次看到某位同事试图为自己的某个错误找借口，或者告诉你“我只是不擅长……”的时候，问问他们：“为什么？”很快你就会发现，当我们不再总是为自己的行为找借口的时候，我们在工作上的水平也会大大提高。

## 习惯 13：把一切都归咎于过去

在心理学家和行为顾问当中有这么一种看法：我们可以通过分析过去的经历，尤其是我们的家庭环境来理解自己的行为。

比如如果你喜欢事事追求完美，或者总是喜欢得到别人的赞同，那可能是因为你的父母总是觉得你不够好；如果你总是喜欢打破规则，而又觉得自己这样做并没有什么不对，那可能是因为你的父母过于溺爱你了；如果你在上司面前总是表现得很紧张，那可能是因为你母亲对你要求太严格了。

但是现在，这种看法已经行不通了。

我并不太接受那种归咎于过去的“疗法”，因为一味地回到过去并不能帮助我们改变自己的未来，它只能让我们更好地了解自己。我早期的一位客户曾经花了好几个小时告诉我：“马歇尔，你不明白。还是让我来告诉你我为什么会有这些问题吧！这都怪我的父母……”然后就是一段长长的抱怨。最后，我把手伸进口袋里，掏出一枚硬币："这里有 25 美分。给一个喜欢听你讲故事的人打个电话吧。"

别误会我的意思。了解自己并没有什么不对。如果你需要让自己"接受过去"，首先就需要理解自己。可如果你的目的是要改变未来，理解过去并不能帮助你达到这个目的。我的经验告诉我，当一个人想要对方做什么事情的时候，最有效的方式就是盯着对方的眼睛，直接告诉他："如果想要有所改变，你需要……"

可即便如此，那些总是丢不掉过去的客户还是很难接受我的建议，他们总是想弄清楚自己为什么会变成现在的样子。通常情况下，我要用很长时间才能说服他们，让他们相信自己对过去无能为力。他们既不能改变过去，也不可能为过去寻找任何借口，更不可能重写历史。我们能做的就是接受过去，然后继续向前。

可由于某些原因，许多人还是喜欢生活在过去，尤其喜欢通过这种方式来把自己生活中很多不如意的事情归咎于别人，这时他的问题就变成了人际交往的问题：我们会用过去作为一种武器来攻击别人。有些人还喜欢拿过去跟现在进行对比，通常是为了强调自己的成就，并以此来教训谈话对象。

不知道你注意过没有，在谈到关于自己故事的时候，你是否经常喜欢这样开头："我像你这么大的时候……"

你的真正目的是什么呢？当我们找借口的时候，我们实际上是在用那些超出我们控制的人或事情作为自己失败的理由。可实际上，真正需要对我们的失败负责的不是别人，正是我们自己。可在很多情况下，我们都会把自己失败的原因归咎于其他人，并在这个过程中不遗余力地强调自己的成就。

一味找借口其实并没有任何实际意义，但我们通常需要一位真正聪明的人为我们指出这一点。

### 经典案例 你很辛苦，但这是谁的错？

我是从我女儿凯莉的身上意识到这一点的。

凯莉7岁的时候，我们一家还住在圣迭戈。有一天，由于工作上遇到了不顺心的事，我回到家里，开始冲着凯莉发牢骚："我像你这么大的时候……"就这样，我开始唠叨起来。我反复强调自己小时候的家境是多么贫穷，吃了多少苦才取得今天的成就，相比之下，她现在的生活是多么优越……

我讲述了我在肯塔基加油站的童年生活，告诉她我们当时的日子过得多么拮据，我是做出了多大的努力才成为家里唯一的一名大学生的。相比之下，凯莉现在的日子简直就像是在天堂。

她耐心地听我说完，好像是在等着让我发泄完自己的怨气。等我说完之后，她说："爸爸，我知道你赚钱很辛苦，可这并不是我的错啊！”

一句话让我哑口无言。就在这个时候，我猛然意识到：“她是对的。”

我怎么能希望她像我一样体会贫穷的滋味呢？尤其是当我明明知道她从来没有经历过那种生活的时候。是我自己选择努力工作，并不是她让我选择的。事实上，我只是在吹牛罢了，想告诉她我工作有多辛苦，想让她知道我是多么聪明，多么能克服困难。可为了证明自己的能力，我所采用的方式就是冲她大倒苦水。幸运的是，她及时让我意识到了这一点。**记住，千万不要为自己做出的选择而去埋怨别人，与其那样，不如加倍努力对你的选择负责。**

## 习惯 14：偏袒拍马屁的下属

迄今为止，我已经评估了超过 100 家大公司的有关领导力的论述文件。这些文件里充斥的大都是一些陈词滥调，讲的也都是企业希望领导者具有怎样的特质，比如“能够清楚地跟员工沟通”“能帮助人们最大限度地发挥自己的潜力”“能从不同的意见当中发掘有价值的地方”，以及“不许偏袒下属”。

虽然大多数公司都充斥着逢迎谄媚的风气，而且这些做法也常常会得到相应的奖赏，可我从来没有见到过任何一份文件上写着“要学会拍管理层的马屁”。与此同时，几乎所有的公司都宣称希望自己的员工能够“挑战当前的体制，畅所欲言地表达自己的观点”。但还是有很多公司始终无法杜绝那些溜须拍马的做法。

事实上，不仅是公司文件上明确表示很讨厌这种卑躬屈膝的做法，就连管理者们也会这样告诉自己的下属。到目前为止，几乎我接触过的所有管理者都告诉我他们从来没有在自己的机构当中鼓励过这种行为。

我相信他们是真诚的，而且从人的本性来说，我们也都十分厌恶喜欢拍马屁的小人。可这就不禁让人想起了一个问题：如果管理者们都不鼓励拍马屁，那么为什么这种行为还是屡禁不止呢？别忘了，那些管理者们可都是洞悉人性的聪明人。他们的主要工作就是了解别人，不断地对别人的行为进行评估。可即便如此，他们还是会成为那些拍马屁高手的手下败将，还是会对自己的下属有所偏袒。

答案非常简单：**当局者迷，旁观者清**。

可能你会想：“大多数管理者都是掌控下属心理的高手，可他们居然没有察觉到自己的这种心态，这简直太让人难以置信了。当然，我可不是这样的管理者。”可能你是对的，你并不是我们所描述的这种管理者。不过你怎么确定呢？

多年以来，每次和客户们谈到这个问题时，我都会带领他们做一个非常有说服力的测试。这时我会问一群管理者：“你们当中有多少人拥有自己的爱犬？”一听到这个问题，这些高管们便会一边微笑，一边举手示意。一谈到自己的爱犬，这些平日总是一本正经的高管们便会满脸放光。然后我会继续问他们：“在家里的时候，你们觉得自己最喜欢向谁表示关爱？是你们的先生、太太、孩子，还是你们的爱犬？”大多数情况下，答案都是“爱犬”。

我又问他们是不是爱一条狗的程度会超过爱自己的家人。所有的人都会告诉我：“不是这样的。”然后我又会问：“那为什么你们总是会把最多的注意力放在自己的爱犬上呢？”

这时他们的回答表现出惊人的一致：“因为我的狗看到我的时候总是显得很开心，而且从来不会顶嘴。”换句话说，爱犬会拍马屁。

当然，我也好不到哪儿去，我也很喜欢我的爱犬波波。我每年至少有 180 天的时间在外地出差，可只要一看到我回家，波波就会兴高采烈地冲上前来。每次刚把车子停好，我的第一反应就是去打开前门看波波，嘴里叫着：“爸爸回来了！”而波波总是不停地跳上跳下，我一边抱住它，一边揉它的脑袋。记得有一天，女儿凯莉从大学回到家里，碰巧看到我在跟波波玩，她一边看着我，一边举起双手，像两只狗爪子一样，然后冲我大叫起来：“汪汪……”

明白我的意思了吧！

我们总是会有意无意地偏爱那些会无条件地对我们仰慕的

人。这会导致怎样的结果呢？答案是：招致更多的溜须拍马。而最终的结果也非常明显：你是在鼓励那些让你感觉良好，但对公司却未必有利的行为。试想一下，如果每个人都在对老板拍马屁，那谁来完成实际的工作呢？而且更加糟糕的是，如果一位上司总是偏袒那些喜欢逢迎拍马的下属，实际上对那些诚实正直、坚持原则的下属是不公平的，所以这种做法所带来的后果通常是很严重的。你不仅是在偏袒某个人，而且你往往偏袒错了对象。

要想停止这种行为，管理者们首先需要做的就是承认我们每个人都会有这样的倾向，即便我们不是故意的。然后我们可以用以下三个标准来衡量自己的直接下属：

- 他们有多喜欢我？（我知道这个问题通常很难找到确定的答案，但真正重要的是你"认为"他们有多喜欢你。拍马屁就像是在表演，而真正的高手通常都是优秀的演员。）
- 他们对我们的公司和客户做出了多大贡献？（换句话说，他们是 A 级选手、B 级选手，还是 C 级选手？）
- 我对他们表示了多少积极的认可和鼓励？

通过这种练习，我们实际上是在比较第一项和第三项之间的关联与第二项和第三项之间的关联哪个更强。如果你足够诚实，就可能会发现，你对下属的认可和表扬在很大程度上取决于你对他们的看法，而不是他们实际的工作表现。这就是我所说的偏袒心理。

所以错误的根源在于我们。虽然我们都很鄙视逢迎讨好的做法，但实际上我们还是会不自觉地鼓励这种行为。我们总是会不自觉地沉浸在空洞的赞扬声中，而这又会反过来让我们变得更加空洞。

当然，这种自我分析并不能从根本上解决问题，但它可以找到问题的症结所在，而这本身就是改变的开始。

## 习惯 15：拒绝道歉

道歉本质上是一种自我洗礼的仪式，就好像人们在教堂里做出忏悔一样。说出“对不起”时，犯错的人感觉顿时就会好起来。至少从理论上来说是这样的。就像很多在理论上可行的事情一样，在现实生活中，人们却很难将其付诸实践。究其原因

- 可能是因为我们觉得道歉会让自己有一种落败的感觉。（而成功人士通常都有一种强烈到近乎非理性的求胜欲。）
- 可能是因为我们感觉承认错误是非常痛苦的事。（我

们很少会因为做对了一件事情而向别人道歉。)

- 可能是因为我们觉得请求别人的原谅是一件非常丢脸的事情。(因为这是一种示弱的信号。)
- 也可能是因为我们觉得道歉会让我们把权力或控制权拱手让人。(虽然事实恰恰相反。)

无论出于什么原因，拒绝道歉都会给职场以及家庭生活带来巨大的烦恼。不妨设想一下，当你的某位朋友做了一件伤害你的事情但又拒绝向你道歉时，你的感觉会有多么糟糕，而且这种感觉将会持续多长时间？

回忆一下生活中那些破碎的关系，我相信其中有很多都是因为你们当中的某一方没有足够的勇气向对方道歉而导致的。

那些在工作当中拒绝道歉的人实际上是在告诉你周围的人：“我才不关心你的感受呢！”

具有讽刺意味的是，那些让我们不愿道歉的恐惧心理，比如害怕失败、害怕承认自己的错误、害怕失去控制权等，都会在你说出“对不起”三个字的时候消失。就在你坦然地跟对方说出“对不起”的那一瞬间，对方立刻就会变成你的盟友，甚至是你的伙伴。

我是在读研究生研究佛教时意识到这一点的。作为一名佛教徒，我坚信“因果报应”这种说法。如果你对一个人微笑，对方就会对你微笑；如果你不把一个人放在眼里，对方就会以同样的态度对待你；而当你把自己的命运放在别人手里的时候，比如把权力交给对方，对方就会以同样的方式回报你。

但我直到 28 岁的时候才真正地体会到这一点。有一次，我独自在纽约曼哈顿东区一家小小的法国餐厅吃饭。我之前从来没有去过这样的餐厅：房间里摆满了鲜花，将餐桌分隔开来，餐具重得像斧子，服务员都打着黑色的领带，操着让人云里雾里的法国口音。我告诉服务员，这些摆设的确让我心惊肉跳，当时我口袋里只有 100 美元，而且我根本读不懂那些手写的法语菜单。

"你能给我来一份 100 美元以内的饭吗？"我问。

一看到服务员端上来的东西有甜点和奶酪盘，服务员还不停地向我的酒杯里续酒，他们的服务非常热情，我就知道，这顿饭至少值 150 美元。我承认我当时确实是个不折不扣的乡巴佬，可那些服务员对我就像是对待帝王一样。

这次经历让我明白了一件事：当你把所有的牌都放到一个人手里的时候，那个人就会更加负责地对待你。我相信，当本杰明·富兰克林说"要想和一个人交朋友，只要让他帮你个忙就可以了"时，他一定对自己的这句话深信不疑。

每当我应邀去帮助那些成功人士变得更成功的时候，我建议他们做的第一件事情就是面对面地向那些愿意帮助他们改进的同事道歉。道歉是所有人类行为中最强大、最能引起共鸣的行为之一，它的威力几乎不亚于示爱。如果示爱是在告诉对方

"我很关心你，很高兴能为你做些什么"的话，那么表示歉意就是在告诉对方："我伤害了你，我为此感到十分难过。"毫无疑问，无论你是向一个人示爱还是向他表示歉意，一旦你做出这种行为，你们之间的关系就会在瞬间发生变化。你的这种做法会把你们的关系推向一个新的、更加美好的方向。

我曾经告诉我的客户，学会道歉之所以重要，是因为它可以让所有人都忘记过去。事实上，当你向一个人表示歉意的时候，你是在告诉对方："我无法改变过去，我唯一能做的就是为我所做的一切表示歉意。非常抱歉，我的做法伤害了你。我不会找任何借口，但我以后一定会有所改进。如果你有什么建议，请直接告诉我。"

我相信，当你向对方做出这一陈述，承认自己的错误，表示歉意，并请求对方帮助的时候，就算是最冷血的人都会为之动容。而且当你把这种做法用到同事身上时，它同样会产生一种奇妙的化学反应，让你和周围人之间的关系在瞬间发生改变。

## 经典案例　道歉的魔力

我的客户贝丝是《财富》100强当中职位最高的女性。不仅上司喜欢她，就连她的下属也很喜欢她。相比之下，最不喜欢她的恐怕就是与她同级的管理者了。

根据我进行的360°反馈结果，我发现，她跟一位名叫哈维的部门经理的关系非常糟糕。贝丝是个非常聪明、无所不知的年轻人，她的上司聘请她来的目的，就是要让她带动公司的整体气氛。而在哈维看来，贝丝却是一个狂妄自大的家伙，根本不尊重公司的历史和传统。这种认识上的分歧使得两个人水火不容，争执不断，这就暴露出了贝丝性格当中最糟糕的一面：她的报复心很强。这也是我们一致认为她需要改进的地方。

我要求贝丝做的第一件事情就是向哈维道歉。我注意到，一听到我的这个建议，贝丝立刻就打了个寒战。于是我告诉她："如果做不到这一点，你就不可能改进自己。还有，我就不干了。因为我不可能帮到你。"一想到要向哈维示弱，贝丝就觉得是一件无法忍受的事，以至于我不得不为她编好台词。我可不想让她在道歉的时候吞吞吐吐，这样只会影响道歉的效果。让我欣慰的是，贝丝表示接受我的建议。

她走到哈维面前，说："你知道，哈维，我收到了很多反馈意见。我想说，我非常同意其中的观点，而且我觉得我可以做得更好。我一直对你、对公司、对公司的传统都表现得不够尊重。请接受我的道歉。我没有任何理由这样做，而且……"

话还没说完，哈维就打断了她。她警觉地看着对方，立刻做好了开战的准备，可让她万万没有想到的是，她居然发现哈维眼睛里充满了泪水。

“你知道，贝丝，不是你的问题，而是我。在对待你的问题上，我的确太没有绅士风度了。我知道，你跟我说这些事情并不容易，而且也不完全是你的问题。我想我们可以一起做得更好。”

这就是道歉的魔力。当你告诉一个人你会依赖对方的时候，对方通常会同意提出帮助。在帮助你改进的过程中，他们自己也会不断地改变自己。这就是道歉的力量所在，它足以帮助一个人实现改变，帮助一个团队做得更好，更能帮助一个部门实现成长，帮助一个公司走向世界。

## 习惯 16：不懂得聆听

在我听到的所有抱怨当中，“不懂得聆听”是最为普遍的一个。人们可以容忍粗鲁，却很难接受不懂得聆听的人，或许因为聆听是一件比较容易做到的事情。毕竟，你只需要竖起耳朵，睁开眼睛看着对方，然后闭上嘴巴，这有什么困难呢？

而反过来说，当你没有聆听对方时，你实际上是在不知不觉中传达了很多信息，比如：

◆ 我根本不在乎你的感受；

- 我不明白你在说什么；
- 你错了；
- 你太笨了；
- 你在浪费我的时间；
- 以上所有。

毫无疑问，对方再也不想和你交谈了。

有趣的是，在大多数情况下，“不去聆听”是一种不动声色的活动。人们很少会注意到你并没有聆听他们。你可能是累了，感觉无聊，走神，或者是在想着自己该如何应对对方，没有人知道你到底在想什么。

只有当你表现得极度缺乏耐心的时候，人们才会发现你并没有在聆听他们。你总是想要他们有话快说，尽快说到重点。人们会注意到这一点，而且他们很少会喜欢你的这种做法，你还不如直接冲他们大吼一句：“你到底想说什么？”

我是在给一群高管们讲课的时候注意到这一点的。他们全都来自世界上最受尊敬的研发机构之一。他们的问题在于：如何留住那些年轻的人才？而他们的缺点则在于：他们的管理层有一些坏习惯，当年轻的下属做演示的时候，管理者们就会不停地看手表，示意演示者尽快进入下文，不断地告诉对方：“下一张，下一张。”当我注意到这一点时，一切问题就都变得很清楚了。

不知道你是否有过这种经历：当你在做演示的时候，你的上司不停地冲着你发牢骚，让你尽快切换到下一张幻灯片？这家公司的年轻研发人才就经常会遇到这种情况。

那么，公司的高级管理层应该怎么做呢？答案是：在年轻研发人才做演示的时候耐心地听对方把话说完。

事实上，我很容易理解这家公司的高级管理层为什么对年轻科学家们缺乏耐心。他们都是非常聪明的人，都从 MIT 和哈佛得到过很高的学位。所以他们感觉自己很难静静地坐在那里听那些比自己资历浅的人把话说完，因为：

- 他们经常感觉自己已经知道对方要讲什么了；
- 他们的大脑转得很快，所以他们只要听上几句就知道对方接下来要说什么了。

当我把这个故事告诉另外一家制药公司的管理者的时候，他难过地说："我的情况更糟糕，我会直接让演示者把幻灯片切换到最后一张。"

这些高管们知道自己必须做出改变，因为如今的世界已经不同了。在此之前，那些大公司里的年轻研发人才往往没有更好的选择，他们只能选择去大公司工作。要么这家，要么那家。

可当高管们一次又一次地看到年轻人走出公司大门的时候，他们开始慢慢意识到，时代已经不同了。今天，这些年轻的专家们完全可以选择进入一家小的新兴公司，甚至可以自己去创业。他们不再是那些穿着白衬衣的奴隶了，他们可以穿着牛仔裤去工作，甚至可以在星期五的晚上在办公室来一场啤酒派对。如果幸运的话，他们完全有可能在年纪轻轻的时候就身价暴涨，成为富豪。

这些管理者们开始意识到：在以前，那些聪明的年轻人或许可以忍受上司的无礼行为；但在未来，他们只会转身就走。

所以，当你发现自己开始用手指敲桌子，无论是在心里想还是真的在敲桌子的时候，一定要立刻停止。千万不要在别人讲话的时候表现得不耐烦。千万不要督促对方："快，下一张！"那样不仅会显得粗鲁无礼，而且肯定会让你的员工们开始考虑寻找下一个老板。

## 习惯 17：不懂得感激

戴尔·卡耐基 (Dale Carnegie) 曾经说过，这个世界上最好听的两个单词就是一个人的名和姓。他相信，如果你能在谈话过程中自由地使用这两个单词，你可以很容易地跟对方成为好朋友，在顷刻之间让他们放松戒备。毕竟，谁不喜欢从别人口里听到自己的名字呢？

我不敢确定戴尔的说法是否正确。但对于我来说，这个世界上最好听的两个字是"谢谢"。它们不仅可以让听到的人放松戒备，身心愉悦，而且还可以帮助我们解决很多问题。从人际关系的角度来说，致谢和道歉一样具有超级魔力。当你感觉没有什么好听的可说的时候，不妨干脆说声“谢谢”，听到这句话的人永远不会感到厌烦。

说声“谢谢”根本没有任何艺术性可言，你所需要做的就是张开嘴巴，放松声带，让两个单词从你的口中流出。就这么简单。

可即便如此，还是有很多人感觉这样做十分困难。每当他们听到一句有用的建议，或者是一句善意的称赞时，他们会感觉手足无措，不知该如何应答。他们感觉自己有太多选择了，比如他们可以对对方的评价表示反对，提出质疑，进行调整，做出澄清，提出批评，或者是把对方的说法夸大一下。事实上，他们什么都想到了，就是没想到说一句最简单的“谢谢”。

你曾经遇到过这种情况吗？比如你参加一个聚会，看到旁边有位女士穿了一件特别漂亮的衣服，于是你告诉她：“你看起来漂亮极了，芭芭拉。这件衣服真漂亮。”

可让你大感意外的是，对方不仅没有表示感谢，反而像个中学生似的扭扭捏捏地反驳道：“你是说这件旧衣服吗？它只不过是我从衣柜里翻出来的旧衣服罢了。”

你一时不知道该说什么好了。可她丝毫没有停的意思，还是絮絮叨叨地说她那件衣服，你一脸茫然地看着对方，不知该如何是好。你刚刚只是出于礼貌夸奖了一句，没想到却引发了一场辩论！事实上，她是在告诉你："如果你觉得这件衣服很漂亮，那你一定是搞错了。跟我衣柜里其他那些真正漂亮的衣服相比，这件衣服根本不算什么。如果你足够聪明的话，你就该知道这件破烂玩意儿根本不能说明我的穿衣品位。"

当然，她并不是要故意伤害你，但对方所造成的实际效果就是如此。你没有想到，一句夸奖居然给自己凭空带来了一件麻烦事。

每次做培训的时候，我总是会告诉人们，如果不知道该如何应答的话，不妨直接说一句"谢谢"。

记得有一次，我观看了高尔夫球手马克·奥米拉 (Mark O' Meara) 跟他的同伴泰格·伍兹 (Tiger Woods) 一起参加的比洞赛 (Skins Game)。比洞赛是一场专为电视转播举行的比赛，每位选手都戴着耳机，所以你可以清楚地听到他们在说什么。

高尔夫是一项十分注重礼节的运动，在整个比赛过程中，只要对方挥出了好杆，另外一位选手就会立刻叫好。几乎每次有人向马克·奥米拉说"真棒"的时候，他都会回答："谢谢你，十分感谢。"在说这两个字的时候，他总是脱口而出，几乎从来没犹豫过。虽然没有仔细统计，但我相信，在那场比赛过程中，他至少说了 50 次"谢谢"。

相信大家不难理解为什么马克·奥米拉总是能从对手那里得到积极的评价了。他还能说什么呢？即便是当别人说一些负面的评价时，比如"这次可不太好，马克！"他还是会做出同样的反应："谢谢你，我下次会努力做得更好。"

我也不确定有多少人会这样做。要想做到这一点，你首先需要放下自我，放下你强烈的求胜欲，放下"事事争第一"的念头，不再凡事都要证明自己是对的。

在这个过程中，你真正需要做的是稍微改变一下自己的观念，学会接受他人的建议。在这一点上，我的朋友，培训专家克里斯·卡比 (Chris Cappy) 有一个非常好的建议，每当有人向他提意见时，他总是会提醒自己要虚心接受："这样并不会让我少学一些东西。"通常情况下，当有人向你提出一些建议的时候，你要么能够多学一些东西，要么学不到新的东西，但无论如何，你都不会"少学一些东西"。听听别人的建议并不会让你变成傻瓜。所以，无论什么时候，只要有人向你提出建议，一定要学会向对方表示感谢。

如果换个角度考虑一下的话，你会发现，除了说声"谢谢"之外，几乎其他任何回答都会给你带来麻烦。无论你是有意还是无意，对方都会感觉你是在故意攻击他。

在所有的应答方式中，最容易引起麻烦的一句话就是"我有些不明白……"。不知道你是否听到有人对你说过这样的话？打个比方，你向你的上司提出了一个非常诚恳的建议："老板，不知你是否考虑过……"

你的上司看了看你，然后说："我不明白你说的到底是什么意思。"

这位上司并不是真的不明白你的意思，他其实是说真正不明白的人是你。换句话说，他觉得你显然是搞错了。

而在我看来，你的上司应该说："谢谢你。我从来没有想到过这个问题。"他是否真的会认真考虑你的建议并不重要，关键是他的态度。说声"谢谢"可以让人们不断地向你敞开心扉，而不懂得表示感谢则只会让他们关上大门。

相信我们都会本能地感觉到这一点。还是在小孩子的时候，我们就被教导要学会说"请""谢谢"，大人们会告诉我们这是最基本的礼貌。正因如此，当我发现很多人都不懂得表示感谢的时候，我就会感觉这真的让人难以置信。

除此之外，我还发现了一个更加让人难以置信的现象：人们总是推迟表示感谢。很多人都觉得要等到一个适当的时机，好像只有等到一个完美的时刻才能让自己的感谢发挥出最大威力一样。可问题是，我们很少能够判断什么时候才是真正完美的时刻。而在我看来，这样的想法毫无意义。

### 经典案例 "为什么不现在就谢谢她呢"

记得有一次，我跟一位客户谈起了如今许多人都已经忘记了该怎样表示感谢。他说自己在这个问题上深有同感。为了证明自己的说法，他跟我讲起了他跟妻子之间的故事。

一直以来，他都想拥有一个自己的家庭图书馆。这件事情他已经说过很多年了，但从来没有时间和精力去完成诸如重新装修之类的烦琐工作。后来还是他的妻子帮他完成了这一切。

她找了一位设计师，聘请了一位建筑承包商，从银行申请了贷款，从当地的建筑委员会办完了所有复杂的改装流程，并监督施工队拆倒旧墙，打好地基，直到完成所有的工作。

“为什么要跟我说这些呢？”我问。

“因为现在改造都快完成了，可我还是没有向她表示感谢。我准备等图书馆建好了之后给她准备一份厚礼，好好谢谢她。”

“你为什么不现在就谢谢她呢？”我问道。

“因为我想等一下。我想等到工程完成之后，那时候表示感谢可能会更有分量。”

“可能是吧，”我说，“可如果你现在表示一下感谢，然后等到工程完成之后再隆重感谢一下的话，你觉得她会怎么想？她会因为你感谢了她两次而生气吗？”

**感谢是一种怎样表现都不为过的技能**。但不知道出于什么原因，我们总是在表达谢意的时候表现得非常吝啬，好像“谢谢”两个字比陈年的波尔多葡萄酒还要珍贵，只能在特殊场合拿出来款待客人。但事实上，感谢并不是一种有限的资源，也不会花费你太多成本。它就像空气一样取之不尽，但遗憾的是，我们当中的大多数人都只懂得接受感谢，但却忘了要向那些帮助自己的人表示感激。

在所有的行为障碍当中，“不懂得感谢”是最容易被克服的一个。找出一件值得感激的事情，走到那些需要感激的人面前，向他或她说声“谢谢”吧！现在就去！

## 习惯 18：惩罚报信人

“惩罚报信人”等于把“不懂得赞赏”“抢占功劳”“推卸责任”“发表破坏性的评论”“不懂得感谢或聆听”等所有行为当中最糟糕的因素综合起来后得到的结果。

“惩罚报信人”可以表现为很多种方式。

它不仅仅表现为我们对那些好心的提醒者发起的不公正的攻击，或是对告诉我们坏消息的员工的一通训斥；也可能是你在遇到不顺心或者令人失望的事情时所做出的小小反应。除非有人能明确地告诉你，否则我们可能根本意识不到自己是如何惩罚报信人的。

它也可能是当助理告诉你老板太忙，暂时无法见你的时候，你的一声冷笑或者是不经意间流露出的厌恶之情。上司不愿见你并不是你的助理的错。但当你做出这些反应的时候，助理就会认为你是在责怪她。

也可能是在开会过程中，当你的某位下属告诉你一笔交易泡汤的时候，你甩手而去。其实你只要平静地问一下："到底出了什么问题？"这样就不会有什么损失。然后你的下属把情况解释清楚，让在场的所有人都能够有所启发。但如果你只是甩手而去，或者大发一通脾气的话，周围的人就会对你的行为有不同的看法了。他们会产生这样的感觉：如果你想让上司发火，最好的方式就是告诉他一些坏消息。

事实上，不止是坏消息，当有人试图给你一些有用的警示的时候，比如告诉你前面是红灯，或者你今天的袜子穿错了，你也可能会大为生气，或者是跟他们争论一番。

如果你的目的是把所有人都拒之门外，那就不妨继续惩罚报信人，但如果你打算改掉这个坏习惯，不妨换一种方式，当有人向你提出任何有效建议时，学会试着向对方说声"谢谢"。

## 经典案例　"谢谢"常挂嘴边

由于工作的关系，我几乎每个星期都要在外地出差，可无论有多忙，我总是坚持回家过周末。正因如此，每个星期天下午或星期一早晨，我通常都会在开车去机场的路上。时间一长，我也养成了一个坏习惯，总会等到最后一分钟才出发。毫不奇怪，几乎每次去机场的时候我都是匆匆忙忙的。记得有一次，我的妻子丽达坐在前排，我的两个孩子，凯莉和布莱恩坐在后座。和平常一样，我快要迟到了，为了赶上飞机，我驾车一路狂奔，根本顾不上周围的一切。突然，丽达（糟糕的是，她还是一位心理学博士）大叫了一声："小心！红灯！"

虽然我是一位经过严格训练的行为学专业人士，每天的主要工作都是告诉别人应当如何与人相处，可我还是忍不住冲她大叫起来："我知道是红灯！难道我瞎了眼吗？别以为只有你一个人会开车！"

到达机场之后，丽达并没有像平时那样和我吻别，她甚至连声告别的话都没说，只是径直走下车，坐到方向盘前，发动汽车，扬长而去。

嗯，我想，她一定是生气了！

在飞往纽约的航班上，我做了一个成本收益分析。我问自己："一句'前面有红灯'的成本是多少呢？"几乎没有。"可潜在收益有多大呢？"

我想到了很多，我的生命、她的生命、孩子们的生命，可能还有一些其他无辜者的生命。

当有人给你一些收益巨大但成本却几乎为零的建议的时候，正确的反应往往只有两个字：谢谢！

当飞机着陆的时候，我的心里充满了悔恨和惭愧。我拨通了丽达的电话，告诉她我所做的成本收益分析。

“下次再出现这种情况的时候，我只会说‘谢谢’。”

“当然！”她顺便讽刺了我一句。

“你看着吧。我一定会做得更好的！”

几个月过去，那件事情早已经被我忘得一干二净了。有一天，我再次驾车冲向机场，突然丽达大叫道：“小心！红灯！”我的脸顿时红得发紫，我开始喘起粗气，可我最终还是冲她做了一个鬼脸，大叫一声：“谢谢！”

我并不是一个完美的人，但我会不断让自己做得更好！

所以下次当有人向你提出建议，或者是试图“帮助你”的时候，千万不要惩罚报信人。无论你当时想说什么，闭上嘴巴，一个字都不要说，除了“谢谢”之外。

## 习惯 19：乱找替罪羊

推卸责任是最为可怕的坏习惯之一。取适量“求胜欲”和“寻找借口”，再加一些“拒绝道歉”和“拒绝认可”，撒上一些“惩罚报信人”和“愤怒管理”，最终你会得到一盘“乱找替罪羊”，明明是自己的过错，可你还是会把责任归到别人头上。

当我们评判自己的上司时，除了关注他的优点，比如智力、勇气等，我们还会考虑他是否会推卸责任。一位不敢承担责任的上司不值得你为之效命。每当发现一个人不敢承担责任时，我们总是会本能地质疑对方的人品、可靠性以及对我们的忠诚度。反过来说，我们也不会对对方抱有任何的忠诚。

跟我们前面谈过的大多数坏习惯不同，“乱找替罪羊”是一种比较明显的坏习惯，就好像当众打嗝一样。当我们乱找替罪羊的时候，所有周围的人都能注意到，而且没有人喜欢这种做法。回想一下，上次有人告诉你“我们觉得你是一个很好的上司，因为我们觉得你乱找替罪羊的技巧实在太了不起了”或者“我本来以为你犯了很多错误，可当我看到你成功地找到替罪羊的时候，我才发现你原来是一位了不起的天才”是在什么时候？

乱找替罪羊可以被看成“抢占功劳”的另一面。只不过这时你不是从别人手中抢走本属于别人的荣耀，而是错误地把自己的过失怪罪到别人头上而已。

跟其他坏习惯相比，乱找替罪羊还有一个最大的特点，那就是它并不需要别人指出来。当我们在为自己的过失寻找替罪羊的时候，我们往往很清楚自己在做什么。我们知道自己必须为自己的失败承担责任，但又缺乏必要的勇气，所以只好找个替罪羊。换句话说，我们知道这种做法不对，但还要去做。

## 经典案例　山姆的“阿喀琉斯之踵”

我曾经有过一位客户，媒体高管山姆。他当时被所在的公司看做是一颗冉冉升起的新星，但这家公司的

CEO告诉我，山姆身上缺乏领导者必备的一些关键能力。而我的工作就是找出人们不愿意追随山姆的原因。

很快，在进行了简单的调查之后，我找到了真正的原因。山姆在发现人才方面非常有一手，而且他非常善于社交，总是能够很容易地帮助公司签下那些高水平的制作人和作者。除此之外，他还很善于协调项目，知道在什么时候该停止某个项目，什么时候该大力推进某个项目。而且他还是一个追求完美的人……无论从哪个角度来看，这样的人似乎都不可能犯错。事实上，他无可挑剔的个人形象使得他有可能很快进入公司的高级管理层。毫无疑问，这样的人前途不可限量。

但另一方面，追求完美的同时也成了山姆的“阿喀琉斯之踵”（阿喀琉斯是古希腊神话中最伟大的英雄之一。他刀枪不入，百毒不侵，只有一点除外，他的脚踵曾经被女神提在手中，未能浸入冥河，于是“阿喀琉斯之踵”就成了这位英雄的唯一弱点。——译者注）。一个不能容忍错误的人通常也很难承认自己犯错。几乎所有的调查者都告诉我，一旦某个项目出了问题，或者是某个创意被否定的时候，山姆总是会不知所措。而且我发现，山姆不仅很善于发现人才，而且很善于寻找替罪羊。

不用说，山姆的这种做法只会让他的下属们对他敬而远之。

最后，当我坐下来和他讨论我所收集的反馈意见的时候，他说："我根本不需要听你的调查结果。我知道结果是什么，他们会说我不善于承担责任。"

"没错，"我说，"人们觉得你喜欢乱找替罪羊，所以你正在失去他们的尊重。如果不能改正这个缺点，无论是在这家公司还是在其他公司，你都很难进入高层。而且，既然你很清楚自己的缺点，为什么还要继续犯这样的错误呢？"

山姆沉默了。即便是在这个时候，当我搜集上来的反馈都说明他的这个缺点时，他还是不愿承认自己的错误。但是由于房间里只有我和他，所以他也没有办法找到其他替罪羊。

我看了看他的办公室，发现里面有很多棒球纪念品，于是就决定缓和一下气氛，和他谈谈棒球。

"这个世界上没有一个人是完美的，"我说，"没有一个人永远不犯错误。就拿棒球比赛来说，在所有的上百万场比赛当中，只有不到30场是真正完美的。就连那些处于黄金时期的最伟大的击球手，比如泰科布（Tycobb，美国传奇棒球外野手。——译者注）或特德·威廉姆斯（Ted Williams，美国著名职业棒球运动员，被认为是美国历史上最伟大的棒球运动员之一。——译者注）都会有失手的时候。你为什么觉得自己一定要比威廉姆斯做得更好呢？"

“我想我需要做到完美，”山姆说，“所以一旦出了问题，我就会怪罪到别人头上。”

然后我们又用了一个小时讨论山姆的完美主义为什么只会让他看起来缺点更多。当山姆觉得自己是在维护自己的声誉的时候，他的同事们却觉得他是在乱找替罪羊，这足以让山姆其他所有的优点都黯然失色。

具有讽刺意味的是，完美本身就是一个很神秘的东西。没有人指望我们能事事完美。当我们出错的时候，周围的人总是希望我们能坦然地承认自己的错误。从这个角度来说，犯错本身就是一个机遇，一个可以让上司和同事们看清我们的机遇。在消费者们判断一家公司的服务质量时，他们通常不会关心这家公司平常的表现，相比之下，他们更关心这家公司在出现问题的时候会怎么做。在工作当中也是如此。你处理失误的方式可能比你接受成功的方式更加引人注目。

一旦山姆明白乱找替罪羊正在危害他的职业生涯时，真正的改变就开始了。要改变自己并不困难，关键是要花时间。首先山姆必须为自己以往的行为向同事们道歉。他承诺自己以后会改正。他要求同事们帮助他完成这一改变，向他提供建议，帮助他变得更好。他请求周围的人监督他，只要一发现他有推脱责任的行为，立刻向他指出来。即便是当他并不确定同事们指出的是否正确时，他仍然要感谢他们的提醒和帮助。

他必须始终如一。我告诉他，一旦出现反复，他的所有努力都将前功尽弃。就这样坚持了一段时间之后，山姆的声誉慢慢有所改善。人们开始不再认为他是一个爱推脱责任的人。18 个月之后，当我再次在他的同事当中展开调查的时候，我发现他在大家眼里已经完全是一个“敢于承担责任的人”了。

如果你也喜欢乱找替罪羊，相信你也意识到自己的这一缺点了。我的目标是让你意识到，当你为自己的过失乱找替罪羊的时候，你的做法其实根本没有瞒过任何人（除非是你自己），而且虽然你是在努力通过寻找替罪羊来保护自己的声誉，但你的做法无疑破坏了自己的形象。

## 习惯 20：过于强调自我

我们每个人都有一套自己的行为方式，我们将其定义为“自己的风格”。无论这套行为方式好还是不好，我们都会觉得那是特定的行为方式，是我们难以改变的风格。

打个比方，如果我们总是忘记回电话，无论是因为缺乏礼貌，还是我们相信如果对方真的有要紧事，他们会再次打过来，我们总是会给自己找一个借口：“嘿，这就是我的风格。没办法。”

要想改变这一点，首先你必须学会直面内心深处那个最真实的自我。

如果你是一位积习难改的拖拉者，总是耽误别人的时间，破坏别人的日程表，你会解释说那就是你的风格，很难改变。

如果你总是直接表达自己的观点，丝毫不考虑到自己的做法会给别人带来怎样的伤害，你会觉得你的风格就是如此，很难改变。

过了一段时间之后，你会很容易地把自己的坏习惯固定化，认为这只是你的个性特点，是你的个人风格，是你成功的因素。这种对自己真实本性的盲目忠诚，这种过于强调个人风格的做法，是行为改变过程中最难以克服的障碍之一。

## 经典案例　成功 = 少些个人风格 + 多些为人着想

几年前，我曾经接触过一位高级高管，他最主要的问题在于：不擅长鼓励身边的人，不会向他们表示积极的认可。

开始跟他讨论这一问题的时候，我说："真是太棒了，你在7个最关键的领域得到了我所见过的最高分，可只有一个领域——表示积极认可——你的得分并不太高。"

"你想让我怎么做？四处表扬那些根本不值得表扬的人？"他说："我可不想做伪君子。"

“你是这么认为的吗？你之所以不愿意表扬别人，是因为你不想做个伪君子吗？”

“是的，我是这么想的。”

我们在这个问题上讨论了一段时间，他拼命为自己的行为辩护。他对周围的人有很高的要求，很少有人能够达到他的要求；他不喜欢随便表扬别人，因为他觉得那样会让他的表扬变得廉价；而且他觉得突出某个人会破坏整个团队的凝聚力。就这样，他开始为自己的做法寻找各种各样的借口。

最后，我打断他说：“不管怎么说，我相信你并不是不可以表扬一下周围的人，而且这也并不是一种伪君子的做法。在我看来，你之所以不愿意表扬别人，真正的问题在于你为自己设定了一个框框。你认为表扬是一种虚伪的做法，当你准备表扬一个人的时候，你会告诉自己：‘这可不是我的风格。’”

所以我问他一个问题：“你为什么不能表扬别人？”

从反馈结果来看，他在很多方面都得到了很高的分数，对此他觉得自己当之无愧。而我的工作就是让他意识到自己还可以做得更好，可以成为一个善于表扬别人的上司。

我问他：“你为什么不能做到这一点呢？是因为你觉得这样做不人道，不道德，或者是违反法律吗？”

“不是。”

“表扬别人会让对方感觉更好一些吗？”

“是的。”

“那些受到表扬的人是否会表现得更好呢？”

“可能会吧。”

“这对他们的职业生涯有帮助吗？”

“可能会吧。”

“那你为什么不愿意表扬他们呢？”

“因为，”他笑道，“我觉得那不是我的风格。”

就在这个时候，我感觉帮助他改变的机会到了。这时他已经意识到自己长久以来坚持的信念其实只不过是一种毫无意义的虚荣心而已。只要能够克服那种“不是我的风格”的心理，他就不会把表扬别人看成是一种虚伪的做法。而只要能够做到这一点，他就可以不再只想着坚持自己的风格，而开始学会用一种有利于别人的方式行事。

可以肯定，当他开始放弃坚持自己风格的时候，所有其他推理都会在一瞬间土崩瓦解。他会开始注意到自己的下属们其实都是一些非常勤奋、非常有天分、值得表扬的人。他开始有意识地表扬别人，一边拍着他们的后背，一边在会议上热情地称赞他们的贡献，在他们的报告上写一个“干得好”，即便是对方的表现并非100%

完美的时候。不仅如此，一旦他学会了表扬，整个团队的士气和业绩都得到大大提高。1 年之内，他的表扬指数迅速赶上了他在其他方面的表现，而这一切都是因为他学会了放弃“自己的风格”。

具有讽刺意味的是，这样做对他并没有任何损失。他越是不那么坚持自己的风格，越是开始考虑下属的感受，情况就对他越有利。他的管理能力开始得到提高，职业地位也稳步上升。

于是我们就得到了一个十分有趣的方程：少一些个人风格，多一些为人着想，就等于个人成功。

当你感觉自己因为坚持一个错误的信念，也就是你的“个人风格”而不愿意改变自己时，一定要记住，成功的根本不在于你如何坚持自己的风格，而在于你周围的人如何看待你。

第 7 章

# 目标综合征：魔鬼习惯中的撒旦

> 在很多情况下，追求完美是一件值得称道的事情。我们很难指责一个想把工作完成得尽善尽美的人。但如果一个人过于关注目标，他很可能距离失败不远了。

我之所以把“目标综合征”单列为一章，是有原因的。从其本身来看，过于关注目标并不是一个缺点。跟我们前面谈过的 20 个习惯不同的是，目标综合征不是交易性的，它并不是一种对待别人的行为，却常常是其他所有坏习惯的根源。

目标综合征是我们在追求成功的过程中必然产生的诸多矛盾之一。这种对于目标的狂热追求往往正是我们克服困难，将自己的工作尽量做到最好的动力所在。

在很多情况下，追求完美是一件值得称道的事情。我们很难指责一个想把工作完成得尽善尽美的人（尤其是当你把他跟那些拖拖拉拉的人相比较的时候）。但如果一个人过于关注目标，他很可能距离失败不远了。

笼统来说，所谓“目标综合征”，就是指一个人过于关注目标，以至于不惜牺牲一些更重要的东西，甚至忘记最高使命。

## 我们为什么会因目标而变脸？

一个人之所以会患上目标综合征，根本原因在于他没有真正理解自己到底想要什么。很多人相信，只要赚到了足够的钱，体重减轻了 30 磅，或者是得到了拐角的那间办公室，自己就会得到真正的幸福。于是我们就不择手段地去追求这些目标。可直到很久之后，我们才意识到自己可能会在赚钱的过程中失去那些真正重要的东西，比如我们的家庭；在拼命减轻体重的过程中，我们可能会对自己的身体造成比肥胖更大的伤害；在谋求更高职位的时候，我们可能会伤害到其他的同事，而他们的支持和忠诚才是我们成功的关键。在经过重重困难而实现目标之后，我们才发现原来自己走错了方向。

导致目标综合征的另一个原因是我们误解了别人想让我们做什么。比如上司要求我们当年实现 10% 的增长率，而我们发现自己很可能无法实现这个目标，这时目标综合征就会迫使我们采取一些有问题的、不是那么诚实的方式来达到这一目标。换句话说，我们有时会为了实现别人为我们设定的目标而不择手段，并且会在这个过程中作弊。可如果你仔细反省一下的话，就会发现自己真正的目的并不是要实现这个 10% 的增长目标，而是要取悦自己的上司。唯一的问题就在于我们要么没有意识到，要么不愿意承认这个问题而已。所以一个患有目标综合征的人很容易混淆自己的价值观。当他过于关注自己的目标时，就很容易混淆是非，颠倒黑白。结果，我们会在拼命追求目标的过程中忘乎所以。

当一个人能够帮助我们实现目标的时候，我们便会对他和颜悦色；而当一个人对我们实现目标没有帮助的时候，我们便会将其拒之门外。于是在这个过程中，我们就会不知不觉地变成自私的阴谋家。

## 经典案例　想成为“超级明星”还是“高效的管理者”

我曾经指导过一位名叫坎黛丝 (Candace) 的高管。无论从哪个角度来说，坎黛丝都是一颗冉冉升起的明星。她 38 岁，婚姻幸福，家里有两个活泼可爱的小淘气。在平日的工作当中，坎黛丝总是精力充沛，闯劲十足，为此公司破天荒地给她配了两位私人助理。她的手下对她的创造力和沉着冷静以及她所取得的成就钦佩不已。她总是能够完成上司布置的任务，所以她的办公室里到处摆满了“年度营销高管”的奖杯，还有各种行业杂志刊登的照片，CEO 坚信坎黛丝就是自己的接班人。

那么，坎黛丝的问题到底出在哪儿呢？答案是她总是很难留住人才。在和她共事一段时间之后，很多人会要求被调到其他部门，甚至干脆辞职。我的工作就是找出人们为什么会这么做。

在和坎黛丝的同事沟通的过程中，我发现没有一个人觉得坎黛丝的雄心勃勃有什么不对。她总是会为自己确立清晰的目标，总是想在自己所在的行业里成为“超级明星”，而且她显然正在朝着这个方向努力。但由于患上了目标综合征，坎黛丝已经变得不再像以前那样充满热情和乐观了。她变得越来越严苛，对待下属也越来越冷酷无情。她的一位下属告诉我，坎黛丝的心甚至可以冰冻半打啤酒。

随着了解的深入，我发现人们对坎黛丝最主要的抱怨就是：她总是想成为焦点，成为所有人关注的对象。坎黛丝并不吝啬称赞别人，一旦她的某位下属做出了成绩，她会立刻不遗余力地大加称赞。可每当向上司报告工作的时候，她一定要成为所有工作的核心，这就是她的缺点。目标综合征使得坎黛丝已经变成了一个过于关注荣誉的人，她甚至会把那些根本不属于自己的功劳据为己有。

我很清楚，只要我能让她意识到成为明星而不是一位高效的管理者并不是真正的关键，所有的问题就都可以迎刃而解。

她就再也不会不择手段地从自己的同事和下属手中抢功劳了，而且她甚至会把下属的成功看成是自己管理能力的体现。

## 小心梦想变成梦魇

我之所以会把“目标综合征”单列一章，原因就在于此。目标综合征本身并不是一个缺点，但它会引发一系列问题。它会让一个人的天才和善意变质，让一个人变得不再受欢迎。追求梦想是一回事，但如果追求的方式错了，你的梦想就很容易变成梦魇。

好莱坞经典电影《桂河大桥》主角尼科尔森上校（Colonel Cholson) 就是一个很好的例子。

在这部影片中，吉尼斯扮演了第二次世界大战中一个身陷缅甸的战俘尼科尔森上校，日本军官命令他带领其他囚犯为日军修建一座大桥。尼科尔森是一位了不起的管理者，凡事都喜欢追求完美，在修建大桥的时候也是如此。很快，桥建好了，他不仅修建了一座大桥，而且创造了一个世界奇迹。在电影即将结束的时候，盟军要求他炸毁大桥，切断日军退路，他居然有些犹豫不决。经过了一番激烈的思想斗争，就在他最终引爆大桥之前，他说出了那句著名的台词：“我到底做了些什么？”

他过于关注自己的目标了，以至于忘记了赢得战争才是更大的目标。这就是我所说的目标综合征。有时过于追求目标甚至可能会伤害我们所在的组织，我们的家人，或者是我们自己。这样的人在华尔街到处可见，他们都是目标综合征的受害者。

我曾经问过一位雄心勃勃的分析师："迈克，你这么拼命到底是为了什么呢？"他回答："你觉得我是为了什么呢？你以为我喜欢这个地方吗？我之所以如此努力地工作，只是为了要多赚些钱而已。"

我接着问道："你真的需要那么多钱吗？"

"现在是的，"迈克做了个鬼脸，"我又离婚了，这已经是第3次了。每个月都要支付3笔赡养费，我都快破产了。"

"为什么总是离婚呢？"我问。

迈克长叹了一口气："她们总是抱怨我把太多时间用在工作上了。她们根本不知道赚钱有多难！"

这是一种典型的目标综合征，如果后果不是这么严重，你可能会觉得这是一种非常可笑的做法。关于目标综合征，最具讽刺意味的例子之一就是著名的"乐善好施者"(Good Samaritan) 研究。

1973年，普林斯顿大学的达利 (Darley) 和巴特森 (Batson) 发起了这项研究。在这项涉及面甚广的研究中，研究者们要求一群神学院的学生穿过校园，去做一场关于"乐善好施"的布道。作为研究的一部分，研究者们告诉某些学生说他们已经迟到了，需要加快脚步，所以这些学生相信已经有很多人在布道场等候他们了。

在穿过校园前往教堂的过程中，两位研究者聘请了一位演员来扮演病人，坐在路上，一边咳嗽，一边呻吟。结果呢？有 90% 的神学院学生都只顾匆匆忙忙地赶往教堂，完全忽视了路边这位真正需要帮助的人。最后的研究结果表明："事实上，在匆忙赶往教堂的过程中，甚至有一位学生直接从病人身上跨了过去！"

我相信，这些学生当中很少有人本来就是"坏人"。和尼科尔森上校一样，他们也都是很有道德感的人，愿意尽自己的力量帮助身边的人。可正是目标综合征影响了他们的判断。

现在让我们反省一下，坎黛丝、尼科尔森上校、迈克，还有神学院的这些学生们到底怎么了？

他们都在努力追求目标，都在承受着巨大的压力！他们都很匆忙，都要在限定时间之前完成工作！他们都在做一些自己认为非常重要的事情，都认为其他人要依靠他们！

他们都很有自制力，渴望实现目标。可他们在设定目标的时候却又是那么目光短浅。

坎黛丝正在向巅峰攀登，但却不小心踩到了同事的肩膀上；尼科尔森上校在修建大桥，但却很可能会因此输掉战争；迈克正在疯狂地赚钱，但却不断地失去自己的家庭；神学院的学生在匆忙赶去布道，却忘记了自己真正的任务是去帮助身边的人。

该怎么办呢？答案非常简单，但做起来却并不容易。你必须退后一步，深吸一口气，注意观察，仔细看清到底是什么让你如此执著于一个错误的目标。

问问你自己，你什么时候感觉压力最大？什么时候感觉非常着急？什么时候感觉自己在做一些别人告诉你十分重要的事情？什么时候感觉别人在依靠着你？

或许你的答案是：总是有这种感觉。不幸的是，这些都是导致目标综合征的典型条件。我们每一天每一分钟都会遇到这些问题，它们永远不会消失。所以我们才应该认真反省自己的工作，把自己眼前的生活与我们想过的生活对比一下，那么再问问自己："我到底在做什么？为什么要做这些？我做的工作真的能帮助我的组织实现目标吗？"

你真的是在赚钱养家吗？或者在你赚钱养家的过程中，你是否早已不知不觉地把自己的家人抛到脑后？

你真的是在布道吗？或者在去布道的路上，你是否忘记了自己真正的目的是帮助周围的人？

在付出所有努力，克服重重困难，却发现自己已经陷入了一个死胡同的时候，你是否会问自己："我都做了些什么？"

第三部分

How We Change for the Better

# 开启习惯改变之旅

蜕变是漫长、痛苦而艰辛的过程，运用正确的方法会达到事半功倍的效果。本章将教给你简单而有效的 7 个步骤，使你循序渐进地改变顽固的破坏性习惯。你所要做的就是坚持练习。

你是不是被我前面所讲的吓到了？你是不是觉得我所描述的职场布满了人际交往的障碍，以至于你开始犹豫明天是否要回到办公室了？

别害怕，情况并没有那么糟糕。

如果你退后一步，仔细观察一下前面谈到的内容就会发现，大多数内容其实都包含两个核心因素：信息和情感。

著名记者兼小说家汤姆·沃尔夫（Tom Wolfe，1931 年出生，主要作品《虚幻的烽火》，其作品被列入“20 世纪百部英文小说”行列。——译者注）曾经提出一个名为“信息冲动”(Information Compulsion) 的理论。在他看来，人们总是会有一种强烈的冲动向你透露一些你所不知道的信息，即便这样做对他们没有任何好处。事实上，如果不是因为每个人都有信息冲动的话，记者们的日子将会很难过，因为那就意味着没有人会为你提供任何新闻线索，也不会愿意接受采访，不会向你透露任何关于他们公司的信息，更不会向你提供任何有趣的话题。

我们的日常生活当中同样充满信息冲动。正因如此，我们才会热衷于参加各种聚会（即便是我们感觉自己并不受欢迎的时候），同事们才会在饮水机前面闲聊（即便是他们知道对方很可能会把自己的话传给那位被议论的同事），朋友们之间才会对彼此的健康状况、爱情生活寻根究底（即便他们根本不关心别人的这些情况）。正因如此，才会有那么多人喜欢唠唠叨叨。我们都需要和别人分享我们所知道的信息，而且我们做这件事情的时候往往乐此不疲。

只要仔细研究一下我们前面说过的20个坏习惯，你就会发现其中至少有一半都是因为信息冲动而引起的。当我们给自己加分，发表点评，做出破坏性评论，宣布“这个我已经知道了”，或者是解释“这个为什么行不通”的时候，我们其实都是在不由自主地跟周围人分享我们所拥有的信息。

我们坚信自己的做法会让对方变得更聪明，能够激发他们做得更好，可现实往往事与愿违。同样，当我们没能表示认可，抢夺一些本不属于自己的功劳，拒绝道歉，或者是不懂得感激的时候，我们总在隐藏某些信息。

分享信息还是隐藏信息，其实是一枚硬币的正反面。

其他习惯的核心则是另一类型的冲动，一种围绕情感形成的冲动。当我们变得愤怒，偏袒下属，或者惩罚报信人的时候，我们实际上是在屈从于自己的情感，并把它展现在世人面前。

信息和情感，我们要么分享它们，要么把它们隐藏起来。

这样做并没有什么不对。如果我们不懂得如何分享或者是隐藏信息，这个世界将会变得更加危险，而且十分枯燥。分享一些能够对别人有所帮助的信息是一种值得鼓励的行为。同样，当某些信息可能会伤害到别人的时候，你也应该设法把它们隐藏起来（所以有时我们需要学会保密）。情感也是如此，有时候你需要分享它，有时则需要掩盖它。

这样说尽管有可能让读者感到烦琐，但我还是想在这里再增加一个层面。在处理信息或者是情感的时候，我们必须考虑我们所分享的信息是否适当。

所谓“适当的信息”，就是指那些能够帮助别人的信息。但如果我们做得有些过头，就有可能会伤害别人，这时我们所传达的信息就会变得不再适当。比如如果你只是想激励下属更加努力地工作，谈谈竞争对手的情况或许是一个很好的办法；但如果你的做法有些过头，甚至开始诋毁竞争对手，那显然就是一种不适当的做法。

指导也是一种分享信息的方式。你可以简单地告诉一个人应该怎样去他想去的地方，也可能会向对方提供完全错误的信息。后者显然就是一种不适当的做法。从某种角度来说，当你提供太多细节信息的时候，你就会变得混乱，情况也会变得更糟。

处理情感也是如此。通常来说，爱是一种十分正面的情感，而愤怒则是负面的。但如果说得太多，或者是选错时机，再多遍的“我爱你”也可能是一种不适当的表达方式；反过来说，只要把握好时机，偶尔发发脾气也可能会带来正面的效果。

所以问题的关键在于，每次分享信息或情感的时候，我们必须学会问自己：这样做是否适当？我们该分享多少信息或情感？当然，要回答这两个问题并不容易，每次回答的时候，我们都必须考虑具体的背景，但我并不是要你剖开自己内心的某个情结。我只是要求你问自己两个最简单、最直接的问题：这样做是否适当？我到底应该分享多少信息或情感？

在阅读后文的过程中，我们将详细讨论这些问题。我将告诉你如何判断自己身上到底有哪些坏习惯，如何判断它们是否会影响到你的个人发展，如何改正这些习惯，让自己变得更加完美，同时让你身边的人注意到你的这一改变。这一点也是非常重要的。

第 8 章

# 发现你的缺陷：360° 反馈

> 我坚信，在更好的反馈系统出现之前，这套 360° 反馈系统是用于帮助成功人士发现自己的人际交往缺陷的最佳方式之一。

反馈由来已久，自从人类第一次跪在湖边喝水，第一次看到自己的影子时，反馈的历史就已经开始了。可真正用于帮助管理者们提高管理效率的反馈制度是从 20 世纪中叶才开始出现的，最初的方式是意见箱。按照我的看法，真正有意义的反馈制度是在 30 年前才真正形成的，我将其称为"360° 反馈"，因为我在征集反馈意见的过程中几乎会面向一个组织中的所有成员。而且我坚信，在更好的反馈系统出现之前，这套 360° 反馈系统是用于帮助成功人士发现自己的人际交往缺陷的最佳方式之一。

一般来说，成功人士在面对负面反馈的时候往往存在两个问题——虽然数量不多，但影响却都非常重大：第一个问题是他们往往不喜欢听到负面的反馈意见；第二个问题在于我们也不愿意向他们提出负面的反馈意见。

我想我们理解第一个问题并不难。成功人士往往非常容易夸大自己所取得的成就。在所有的成功人士当中，有95%的人都感觉自己属于成功阶层中比较优秀的那50%。虽然从统计学的角度来看这种观点十分荒谬，但大多数成功人士在心里都认为事实就是如此。向这些人提供负面反馈意见就意味着证明他们的观点是错误的，而向成功人士证明他们是错误的甚至比说服他们做出改变还要困难。

事实上，即便是通过“对事不对人”的非个人化的反馈方式来进行调查，那些成功人士也很难接受自己不喜欢的结果。从理论上来说，在征集反馈意见的时候，要做到客观公正其实并不困难。但那些成功人士对自己的工作抱有如此深厚的感情，以至于你很难让他们在评判自己生命当中最重要的活动时保持公正。

你可以试着回忆一下，上次你因为提出了一个负面的反馈意见而得到上司的奖励是在什么时候？

基本上来说，我们会接受那些与我们的自我感觉一致的反馈意见，而对那些与自我感觉不一致的反馈意见则会直接拒绝。

相信大家很容易理解人们为什么不愿意提出反馈意见。在大型组织当中，那些比较成功的人士往往能左右我们的命运：我们的薪资水平、职位的提升甚至我们的饭碗。这些人越成功，他们所拥有的权力也就越大。再加上人们在听到负面反馈的时候惯有的“惩罚报信人”心态，所以几乎很少有人会愿意向自己的上司提供负面的反馈意见。

除此之外，在面对面地向一个人提供负面反馈意见的时候，我们还必须面对另一个问题：几乎所有的反馈意见都是针对过去提出的。没有人能够改变过去，但人们却可以改变未来。那些负面的反馈意见只能证明我们以往的做法是错误的（或者至少我们当中的很多人都会这么认为）。很多人会通过提出反馈意见的方式来增强我们内心的那种失败感，或者至少是提醒我们以往的那些失败，相信能真心喜欢这种感觉的人并不太多。

负面的反馈意见往往会让我们把自己封闭起来。我们会缩进自己制造的壳里，把整个世界都拒之门外。毫无疑问，这种做法并不会帮助我们得到任何提升。

但另一方面，尽管提供反馈意见并不是一件容易事，但我并不是说应该对那些消极的反馈意见视而不见。毕竟，反馈是一件非常强大的武器，它可以让你明确自己的位置和处境。如果没有反馈，我根本无法知道周围的人都如何看待我的客户，更无法为其提供任何有意义的指导。同样，没有反馈，我们就不会得到任何结果。我们不可能知道自己是做得越来越好还是越来越糟。就好像推销员需要知道人们对自己产品的看法，管理者需要知道自己在下属心目中的形象一样，我们都需要反馈意见告诉我们自己现在所处的位置，我们需要改进的地方，并帮助我们衡量自己的进步。

所以我们需要真实、有价值的反馈意见。你可能会觉得收集这样的反馈意见并不容易，但我有一个非常简单的方法可以帮助你获得你想要的意见。

## 怎样挑选你的“陪审团”？

在指导一位客户之前，我总是会对他的同事进行一次保密性的反馈调查。最少要对 8 位同事进行采访，最多则是 31 位，平均数量是 15 位。

采访对象的数量取决于客户所在公司的规模以及该客户的具体工作。在开始进行采访之前，我通常会请客户本人帮助确定采访对象的名单。每次采访大约持续一个半小时，主要集中在以下几点：

- 我的客户的做法是否正确；
- 我的客户需要在哪些方面做出改进；
- 我的客户（他们本身已经是成功人士了）怎样才能做得更好。

通常来说，这些客户要么是大公司的 CEO，要么是即将成为 CEO 的人。如果对方是 CEO，我就会让对方决定该采访哪些人；而如果客户不是CEO，我则会请对方的CEO批准我的采访名单（因为我不想让CEO感觉我忽略了某些重要的人物）。我相信，如果有人会觉得我收集的反馈意见不可靠，是因为他们觉得我找错了对象。可当我要求客户本人确定采访名单的时候，他们就很难否认反馈意见的可靠性。

有人曾经问我客户是否会在确定采访名单的时候只挑自己的朋友，却忽视那些可能提供十分关键的反馈意见的人。从理论上来说，这种情况可能出现，但我从来没有遇到过。

在进行采访之前，我希望得到客户所有同事的帮助。我希望他们能够协助而不是破坏我的工作。我会清楚地告诉他们我的工作情况，比如我会告诉他们："在接下来一年左右的时间里，我会和我的客户一起完成一个任务。如果他没有改进，我就得不到任何报酬。而怎样才算改进呢？真正的裁判不是我，也不是我的客户，而是你们。"

一般来说，我的这些话通常会引起比较积极的反响。人们喜欢当客户并且喜欢对某个人掌握生杀大权的感觉。不管怎么说，一旦他们的某位同事能变得更好，对他们来说也有好处的，他们可以得到一个更好的上司，工作环境也会大大改善。

然后我会向该客户的同事提出四项请求，我称之为"四项承诺"。具体来说，我希望他们能够：

◆ 忘掉过去；

- 说出真相；
- 一定要提供支持，提出真正有价值的反馈意见，而不是一味地讽刺或者批评；
- 找出自己也需要改进的地方，这样大家就可以更好地把注意力集中到“改进”而不是“评判”上面。

从我的经历来看，几乎所有的采访对象都会同意这四项要求。只有少数人表示拒绝，因为他们感觉自己无法忘掉我的客户所做的一切，更不愿意帮助我的客户做得更好。换句话说，他们已经在心理上对我的客户不再抱有任何希望。因为所有的采访都是保密的，所以我并不会把这些告诉客户。但我在撰写最终的评估报告时不会征求这些人的意见。既然你不愿意帮助自己的同事，我为什么要让你来评判他呢？

如果你也正在考虑在没有我的帮助下改变自己，我建议你在开始征集反馈意见之前一定要请自己的同事做出以上四项承诺，具体的做法如下：

**承诺1：忘掉过去**。无论你曾经对自己的同事做过什么，它们都已经成为过去，无法再改正了，你不可能抹掉它们。所以在这种情况下，最好的方式就是忘记。这件事说出来容易，但做起来却很困难。大多数人都很难原谅父母在我们童年时候犯下的那些错误；我们很难原谅子女对我们造成的伤害；我们很难原谅丈夫或妻子那些不完美的表现；在很多情况下，我们甚至不会原谅自己偶然犯下的错误。尽管如此，你还是要请同事做出这项承诺。因为如果做不到这一点，你就很难把对方的心态从“批评”转变为“帮助”。就像一位智者所说过的那样：“原谅意味着忘掉那些不尽如人意的过去！”

**承诺2：说出真相**。试想一下，在你认真考虑了对方的反馈意见，并为之做出了整整1年甚至1年半的努力之后，却突然发现对方其实是在和你开玩笑，在敷衍你，他们只是说出一些你想听的话罢了，这时你会有何感受？那样纯粹是在浪费时间。我知道人们有时会撒谎，但如果能够请求（而不是命令）人们给出一些诚实的反馈意见的话，你就肯定不会走错方向。

**承诺3：保持支持的心态，而不是讽刺或批评**。一般来说，在工作当中，人们对上司所抱的态度更多的是尊重和仰慕，而不是怀疑或憎恨。所以在征求反馈之前，你一定要消除他们内心的那种评判冲动。只有这样，对方才更有可能愿意帮助你。而且他们也相信，当你有所改进的时候，他们也会有所收获：至少他们的上司会变得更善良、更温和。

**承诺4：找出一个自己也需要改进的地方**。这是一项非常微妙的承诺，听起来好像你所提出来的要求非常过分，但事实并非如此。其实你只是在寻找一个伙伴，希望和你的同事建立一种盟友关系而已。设想一下，如果有一天，当你走进办公室，大声宣布你准备节食减肥的话，同事们会有什么反应？相信大多数人都会毫无兴趣。因为这只是你的计划，跟他们没有任何关系。但换种方式，如果你在宣布自己的计划的同时要求他们向你提供帮助，比如监督你的饮食搭配，监督你每天的进展，那结果又会如何呢？由于大多数人都喜欢帮助朋友，所以他们很可能会积极地参与进来。最后，如果再加一项条件，问他们："你们自己打算做点儿什么呢？如果需要帮忙的话，我很乐意效劳。"如果能够说出这句话，相信你就可以很容易地得到大家的帮助了。突然之间，你和同事们变成了平等的对象：大家都在积极地寻求某种改变，希望能让自己做得更好。

设想一下这样一幅情景：你和你的妻子（或丈夫）都在为自己的体重发愁，于是你决定减掉这一身赘肉。这时你该怎么办呢？如果你能够得到对方的支持，甚至邀请对方一起加入你的减肥计划，效果难道不会变得更好吗？你们可以一起规划每天的食谱，一起相互监督对方是否严格要求自己，每天都可以称量体重，看看自己距离目标还有多远。这显然要比你一个人坚持减肥，而另一个人每天坐在你身边大嚼美味的感觉要好得多，因为那样你们两个人显然是在奔向不同的方向，双方都会感觉非常难受，你成功的概率也会大大降低。

承诺 4 是在你的改变过程中实现双向沟通的一个关键步骤。一定要确保你的同事能够和你一起完成为期 12～18 个月的转变过程，这一点非常关键。这一点是我在早期指导一位客户的过程中体会到的。那时我正在考虑首先该采访哪些人，当时我认为由客户确定采访名单是一件理所当然的事情。毕竟，只有客户的同事才能告诉我他们觉得自己的上司有哪些地方需要做出改进，而且他们也是最终的裁判，只有他们才能判断自己的上司是否真的实现了转变，所以我必须得到他们的支持，让他们也参与到我的项目中来。

于是我开始与客户的同事们沟通，向他们讲我正在进行的项目，希望能够得到他们的支持。我当时感觉自己的做法非常科学、非常严谨。我请他们帮我填写最初的评估卡，而且在整个项目完成的时候，还会请他们帮我完成一张事后评估卡，从而使得整个过程看起来更加科学、更有说服力。可让我万万没有想到的是，这种方法给我带来了许多意外的收获，尤其是当客户的同事们也答应做出改变的时候。他们的帮助不仅让我的客户得到有效的改进，而且由于在帮助别人的过程中学到了很多东西，他们本身也发生了一些可喜的变化。整个采访过程让他们受益匪浅，这是一个十分微妙的过程，它说明改变并不是一条单行线，它涉及两个方面：一方面是那些致力于做出改变的人，另一方面是那些注意到这些变化的人。

所以你在开始进行自我改进项目之前，千万不要放弃承诺4。一定要对你的自我改变计划以及你周围的评判者给予同样的重视，他们和你处于同样重要的地位。如果得不到大家的支持，你根本不可能在人际交往方面实现任何有效的改进。

在征求对方做出承诺4之后，你就已经为下一步的收集反馈意见做好准备了。

找出一些能够对你的行为提出真实意见的人并不是一件难事，但首先你必须知道去哪里寻找这样的人。

我之所以列出这四项承诺，并不是想吹嘘自己的方法有多么科学、多么严谨，我只是向你提供寻找采访对象时所应该坚持的四项标准而已。

在你的采访对象名单当中，列在第一位的一定是你最好的朋友。每个人在工作中都会有一两个最好的朋友。他们不会跟我们竞争，也不会期望我们能给他们带来任何实际的好处，他们是真正关心我们。单单从定义上就可以看出，这样的人往往会同时满足上面提到的四项承诺：

- 如果他是我们最好的朋友，他肯定不会对我们的过去耿耿于怀，所以他不会抓住过去不放，他也不会总是针对我们；
- 他和我们处于同一个水平，他没有任何理由去撒谎，他会把说出真相看成是一种必要的道德标准；
- 他们也会无条件地支持我们。

当然，这只是我的个人看法，你们不一定要同意。

列个名单，列出所有你在工作中接触过的人，比如你的同事、下属、客户，甚至是你的宿敌，只要他们有机会对你的行为做出客观实际的观察，任何人都行。然后用“4 项承诺”的标准对名单进行筛选。一旦发现某个人能够同时满足这4项承诺，你就可以从他开始进行采访。

在挑选采访对象的时候，不妨假设你是在组织一个“陪审团”，事实上你也正是在这样做。

记住，这个过程（尤其是在刚开始的时候）并不会十分困难。收集反馈意见其实是一件非常容易的事情，真正的困难在于如何面对和处理这些意见。

## 经典案例　每个人犯错时都像个律师

很多年前，有一次我在电梯里遇到了一位年届八十的大律师（他仍然在帮人打官司）。电梯的门开了，一位叼着雪茄的男人走了进来（当时是20世纪80年代初期，美国社会还没有开展大规模的禁烟运动）。那位律师大吃一惊，他对烟雾过敏，所以他拼命向外挤，准备换乘下一班电梯。可惜已经太晚了，电梯的门已经关上了。

“你还好吗？”那位男士问律师。

“你知道，你不应该在电梯里抽烟，”律师告诉那位男士，“这样做是违法的。”

那男士说道：“你是干什么的，律师吗？”看得出来，他不准备道歉，也不打算熄灭雪茄，他显然是想和律师进行一番辩论，以捍卫自己抽烟的权利。

“我简直不敢相信，”律师说，“看你的样子，好像是我做错了，你好像是受害人一样。”

由此可见，无论一个人是对还是错，他们总是想为自己辩护，尤其是当他们犯错误的时候。

每次当别人对我的建议，或者是我的反馈报告表示怀疑时，我总是会想起自己在电梯里遇到的那件事。“我简直不敢相信，”我耳边好像又回想起了律师的那句话，“是你在向我征求意见，可现在你居然对我的说法表示质疑。”

这种现象毫不奇怪，就好像每当有人给我们提供建议，提出反馈意见，或者是试图帮助我们时，我们总是会为自己的行为辩解一样。每当我们希望对方给出反馈意见，但又在对方提出反馈之后表示怀疑时，我们的行为其实和那位抽雪茄的男士没有什么两样。当我们问一位朋友你觉得在这种情况下我应该怎么办时，我们实际上是希望对方给出一个答案，并同时承诺我们会认真考虑对方给出的答案，而且很可能会接受他们的建议。我们并不是挑衅对方，更不是要找个由头和对方辩论一场。

可当我们在征求完对方的反馈意见又表示不同意见的时候，我们的行为其实无异于挑衅（“我不是很同意你的……”）。无论我们说什么，无论我们的表达方式多么微妙，对方都会感觉我们是在为自己的行为辩解。他们认为我们是在表示否定，甚至是表示反对。

千万不要这样做。不妨把对方的每一条建议都当成一件礼物或者是一种赞赏，向对方说声“谢谢”，没有人指望你会完全接受他们的建议。只要你注意聆听，并注意接受那些言之有理的建议，你周围的人就会感动不已。

## 缺乏资源时如何收集有效反馈

毫无疑问，并非所有的人都有条件聘请专业的咨询顾问帮助自己收集反馈意见。

每次在对高管们进行指导之前，我总会先花上几个小时和他们讨论一下如何对待收集上来的反馈意见。我不想让整个过程看起来既复杂又神秘，它其实非常简单。在客户的帮助下，我首先会确定一份采访名单；随后我会用上面谈到的四项承诺的标准判断这些人是否是合格的采访对象；然后我会让他们填写一份领导力问卷。这时候我会根据这家公司的价值观和目标。专门制作一份领导力调查问卷。比如在通用电气，人们非常强调在不同的部门之间进行协作和信息分享，而在另外一些公司，人们则认为最重要的是客户满意度。

我在问卷上列出的问题通常都非常简单，比如这位高管

- 能否清晰地传达一个愿景；
- 是否对人们表示出足够的尊重；
- 是否能够接受不同的观点；

◆ 是否鼓励人们表达自己的意见；

◆ 在开会的时候是否能够聆听别人的发言。

我会让采访对象根据自己的印象给我的客户打分，然后我会得出一份统计报告，这时我通常可以找到客户最需要改进的一两个领域。研究表明，大约有 50% 的美国人会使用类似的方式评估员工的表现和态度。如果由于某种原因，你无法使用这种方式，我已经在本书的前面列出了一份包含有 72 个问题的领导力调查问卷，或许对你有所帮助。

但我并不是要求你成为一位“反馈意见收集专家”。我之所以这样做，是因为对于我的客户所在的公司来说，我是一位新人。我以前与这些客户并没有任何来往，我从来没有和他们共事过。在面见客户之前，我所知道的只有他们的上司所告诉我的内容，所以我没有别的选择，只能通过问卷调查的方式来收集信息。

除此之外，如果你所在的组织足够大，甚至拥有自己的人力资源部，我相信你很可能曾经接触过类似于“360° 反馈”的活动。

即便没有接触过这类活动，我们也都熟悉什么是反馈。

◆ 我们都曾被要求评估上司的表现，那就是反馈；

◆ 我们都填写过薪资意见表，这也是最直接的反馈；

◆ 如果我们从事销售工作，相信大多数人都看到过客户对我们的表现所进行的评估，那也是一种反馈；

◆ 我们曾经参加过季度销售会议，亲眼目睹上司把我们的销售数字和季度计划进行对比，那也是一种反馈。

每天都有人对我们的工作发表意见，而我们之所以愿意接受这些意见，进而采取某种措施改进工作（比如销售额下降时，我们会更加努力地工作，以便达成目标），是因为我们能够接受整个反馈的流程：有一个公认的权威会给我们的表现打分，而我们又会在这个分数的激励下变得更加努力。

相比之下，对人际关系行为的评分则会更加模糊和主观，很难量化，而且很难有一个客观的标准，但这并不是说对人际关系行为进行评分不重要。在我看来，之所以有些人能够取得伟大的成就，而有些人则不能，有些人能够点石成金，而有些人只能止步于一块顽石，关键就在于他的人际交往技能。别忘了，你的地位越高，你就越有可能出现人际交往问题。

所以，当我们既没有必要的技能，又没有资源或机会帮助我们从自己的同事那里收集反馈意见的时候，我们该怎么办呢？也就是说，这时我们已经知道了什么是反馈，却并不知道该如何收集反馈。

基本上来说，一个人收集回来的反馈意见可以被分为三种：

◆ 第一种是邀请式反馈；

◆ 第二种是自发式反馈；

◆ 第三种是观察式反馈。

不同的人所需要的反馈意见可能各有不同，下面我们就对这三种反馈意见进行详细分析，看看哪种最适合你。

## 邀请式反馈：旁观者清

所谓请别人给出反馈意见，就是指你直接询问对方你有哪些地方做得不够好。听起来非常简单，不是吗？我不这么认为。

我并不是说你无法套用我的反馈意见收集方法。你完全可以列出一张名单，然后用四项承诺的标准对名单上的人进行筛选，最后请他们填写问卷，告诉你他们希望你在哪些方面做得更好。

我所担心的问题主要有以下 3 点：(1) 你是否找到了合适的采访对象；(2) 你是否提出了适当的问题；(3) 你是否对答案有了正确的理解，或者说你是否能够接受你所收集上来的反馈意见。这也就引出了我对负面反馈意见的最大担心：我们通常不喜欢听到这样的反馈意见，人们也不愿意给出这样的反馈。

根据我的经验，最好的征求反馈意见的方式是机密反馈 (Confidential Feedback)。这种反馈之所以好，是因为没有人会因此而感到难堪，也不会有人拼命为自己辩解。它不会引发任何抵触情绪，因为你不知道是谁提出的反馈意见，也不知道该

“报复”谁。事实上，如果一切进展顺利的话，你甚至不知道是谁在攻击你。你只是在接受一些开诚布公的评论，而且是你请别人发表的评论，虽然你不知道具体是谁提出的意见，但你可以肯定对方的用意是好的。

只有一个问题：任何人都无法独立完成这项工作。所以要想真正做到机密（从而避免任何抵触情绪），你需要一个完全中立的第三方（比如像我这样的咨询顾问）帮助你完成这项工作。

如果实在找不到这样的人，你必须与采访对象进行一对一的对话。但要做到这点也并不容易。

根据我的经验，人们经常会在征求反馈意见的时候犯下各种各样的错误。我们大多数人都能判断哪些做法是错误的，比如我们通常不会直接问对方：

“你觉得我这个人怎么样？”

“你喜欢我吗？”

“你讨厌我哪一点？”

“你喜欢我哪一点？”

这些都是在进行相遇群体 (Encounter Group，社会学术语，指在特定情景下人们偶然相遇所形成的群体，比如同车或同机旅行的乘客等，在这种情况下人们相互攀谈，发表议论，通过彼此的了解和认识而形成的一种暂时性的人际结合，这就是社会学意义上的相遇群体。——译者注）调查的时候征集反馈的好方式，可问题是我们并不是在进行相遇群体调查。尤其是当一位上司向自己的下属征求反馈意见的时候，这种问题其实是毫无意义的。试想一下，当一位上司问下属“你觉得我这个人怎么样”的时候，下属会怎么想？这时提出问题的一方本身所掌握的权力足以影响对方的回答，因为回答一方所提供的答案往往会带来非常重要的后果。当人们知道自己的回答很可能会给自己带来不利后果的时候，他们通常不会实话实说，尤其是当他们相信自己的真实回答很可能会激怒上司时。

而当你在相遇群体当中提出这些问题时，情况就会非常不同了。因为相遇群体当中的一方不一定要喜欢另一方，他们不会并肩共事，下班之后也不会一起去酒吧，他们只需要好好完成工作。在这种情况下，一方对另一方的“感觉如何”其实并不重要。

想一想你的同事，他们当中有多少人是你的朋友？你可以向他们当中的多少人说出自己的真实感受？你会真正在意他们当中多少人的感受？可能并不会太多。但你仍然会与大多数同事和睦相处，携手并进。这种脱节现象（你可以与大部分同事和睦共事，但却只会与其中的一小部分同事成为好朋友）足以说明一个问题：别人是否喜欢你并不会影响你改进自己。

在征求反馈意见的过程中，唯一一个重要的问题就是：我怎样才能做得更好？

或者你也可以换种说法，比如“我怎样才能成为一名更好的丈夫（或妻子）？”或者“在工作当中，我怎样才能成为一名更受欢迎的同事？”或者，“我怎样才能成为一名更好的领导者？”你可以随着实际情况的不同来选择不同的问题。记住，要想收集到真正有用的反馈意见，你必须学会：

- 征求对方的建议而不是反馈意见；
- 你的问题一定要面向更好的未来，而不是转向过去；
- 一定要让对方意识到你会尊重他们的建议，而且你是真心希望做得更好。

## 自发式反馈：醍醐灌顶

如果足够幸运的话，我们偶尔会因为某件事或者某个人而突然意识到自己的某些缺点。这种情况并不会经常发生，但它一旦发生，我们就会觉得自己非常幸运，而且应该感激对方。

心理学家发明了各种各样的图示帮助我们更好地理解自己。其中一个就是被称为“乔哈利之窗”(Johari Window，以两位心理学家乔和哈利的名字来命名。——译者注）的4格窗口。它根据我们以及周围的人所占有的信息范围把我们的自我意识分为4个部分。

正如你在图3.1中看到的那样，自己知道，对方也知道的信息被称为共有信息；自己知道，但对方不知道的信息被称为私有信息；自己不知道，对方也不知道的信息被称为不可知信息，这部分信息通常是毫无意义的。

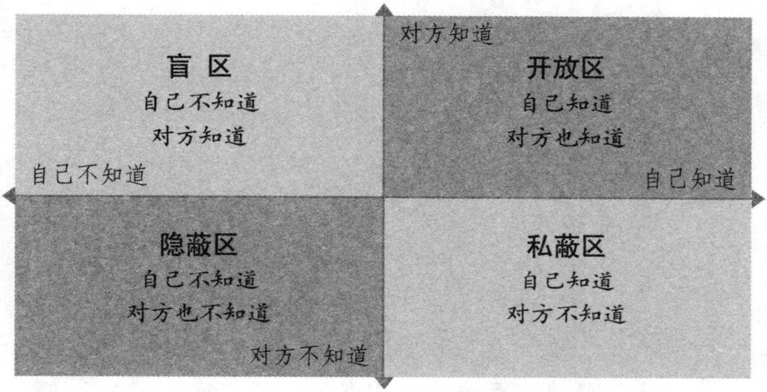


图 3.1 乔哈利之窗

真正有趣的是那些对方知道但自己不知道的信息。一旦我们得到这些信息，便是“通往大马士革之路”(*Road to Damascus*，《圣经》中的一个故事，讲的是一位不信基督的人在前往大马士革的路上遇到了基督，人生从此发生了改变。——译者注）的时刻，巨大的变化即将产生。也正是在这个时候，我们会突然因为别人向我们透露的信息而产生一种醍醐灌顶的感觉，仿佛突然之间发现了一个真实的自己。这些时刻很少出现，但却都是弥足珍贵的。它们很可能会在不经意间伤害我们（真相往往都会让人受到伤害），但也会给我们带来很多有益的启示。

在我的生命当中曾经出现过几次这样的时刻，但给我印象最深，让我永生难忘的是我 28 岁时在 UCLA 攻读心理学博士的时候发生的那件事。

## 经典案例　“他就像是我的上帝”

当时是20世纪60年代，伍德斯托克(Woodstock，著名的摇滚歌手，以1969年创办伍德斯托克音乐节而著称。——译者注)和性解放大行其道，我当时总是感觉自己比周围人都要深刻。我坚信自己更加了解更深层次的人性，更了解人的自我实现心理，更善于发现那些深奥的真理。当时我们的导师是一位非常有智慧的心理学家——鲍勃·坦纳鲍姆博士。坦纳鲍姆博士不仅在UCLA声名赫赫，而且在全世界的心理学界也是大名鼎鼎。他发明了“敏感性训练”(Sensitivity Training)这个术语，并在这个课题上发表了一篇迄今为止最有影响力的论文。他就像是我的上帝。

鲍勃鼓励大家上课的时候讨论任何我们感兴趣的话题。我把这当成一张通行证，开始大肆攻击浅薄无知、物欲膨胀的洛杉矶人。在3个星期的时间里，我不停地发牢骚，大讲周围的那些洛杉矶人是多么混蛋：他们的全部生活就是穿着镶金边的牛仔裤，开着金色的劳斯莱斯，躲在大楼里修剪指甲，“他们只知道向周围的人炫耀，给人们留下深刻的印象，根本不懂得生命中那些深层次的、真正重要的东西”。(对洛杉矶人品头论足对我来说是一件很容易的事，要知道，我可是在肯塔基的一个小镇上长大的。）在忍受了我3个星期的胡言乱语之后，鲍勃问道：“马歇尔，你在和谁说话呢？”

“我在和大家说啊。”我回答道。

“那你是在和大家当中的哪个人说呢？”

“我在和所有人交谈。”我回答，完全不知道鲍勃接下来要说什么。

鲍勃说：“我不知道你是否意识到了，你每次发言的时候，都是在盯着同一个人，所有的人都感觉你只是在和这个人交谈，而你似乎也只对一个人的看法感兴趣。那个人是谁？”

“很有趣。让我想想。”我说，仔细考虑后，我接着说：“你。”

鲍勃说道：“是的，我。教室里有12个人，为什么你对他们不感兴趣呢？”

显然，我给自己挖了个坑。可更加糟糕的是，我接下来的做法让这个坑变得更深。我说：“博士，我想你明白我的意思。我觉得你能真正明白四处炫耀的做法到底有多么愚蠢。我相信你对什么才是生命当中真正重要的事情有更深刻的了解。”

鲍勃问道：“马歇尔，在过去的3个星期当中，你难道不是在试图给我留下与之类似的深刻的印象吗？”

看到鲍勃居然如此浅薄，我不禁感到震惊。“根本不是！”我说，“你根本不明白我在说什么！我一直在努力向你解释炫耀是多么愚蠢。可你根本不明白我在说什么，而且坦白说，我对这个结果感到非常失望。”

他一边盯着我，一边捋了捋自己的胡子，然后说：“不，我想我明白你的意思。”

我向周围看了看，感觉其他 12 个人都在一边摸脸，一边想：“是的，我们明白你的意思。”

这件事情让我对鲍勃·坦纳鲍姆足足恨了 6 个月。我绞尽脑汁地试图找出他的问题，想弄清他到底为什么那么糊涂。经过了半年的怄气，我突然明白了一件事情：真正喜欢炫耀、真正试图给周围的人留下深刻印象的不是鲍勃·坦纳鲍姆，也不是那些“愚蠢”的洛杉矶人，真正有问题的人是我。我照了照镜子，发现自己一点儿都不喜欢镜中的那个人。

直到今天，一想起那些天我做过的蠢事，我还是忍不住浑身起鸡皮疙瘩。但我们都需要这样的经历，只有当我们恍然明白周围的世界到底是怎么看待我们的时候，我们才会努力让自己变得更好。如果没有这种经历的话，我可能永远都不会有动力去改进自己。之所以说这件事让我醍醐灌顶，不仅是因为它暴露了我那浅薄的自以为是，还因为它教会了我两个重要的教训，从根本上为我的职业生涯奠定了基础：

◆ 旁观者清，发现别人身上的问题总是更容易一些，可当同样的问题出在自己身上时，我们却很难发现；

◆ 即便我们不承认问题的存在，可那些观察我们的人还是会很容易地发现它们。

这就是“乔哈利之窗”带给我的一个简单启示：我们自己不知道的事情在别人眼里可能非常清楚，所以我们可以通过别人的眼睛更好地看清自己。

作为一个普通人，我们的自我意识和别人对我们的看法之间总是会有差距。而坦纳鲍姆博士则让我意识到，通过别人的眼睛来看自己，我们往往可以看得更清楚。

这就是自发性反馈的价值所在。很多时候，当我面对面地对客户进行一对一的指导时，我经常会像坦纳鲍姆那样质问他们，让他们感到难堪甚至痛苦。这时我就会向他们打开第 4 扇窗子，让他们透过窗缝看到一些他们自己没有看到，但周围的人都看得很清楚的东西。

只要我们能停下来，注意聆听，仔细考虑一下周围其他人的看法，我们就可以更好地认清自己。我们可以把理想中的自己跟我们向这个世界所展现的形象进行一番对比，然后就可以开始尝试改变自己，缩短我们的价值观和真实行为之间的差距。

虽然鲍勃早已离我们而去，可我还是要对他说：“谢谢你，坦纳鲍姆博士。”

## 观察式反馈：无声之处响惊雷

我的一位客户名叫巴里，他曾经跟我讲过在工作当中最重要的一次经历。在这次经历当中，涉及一位比他级别略高的高管。

巴里当时负责处理 CEO 比较重视的一些客户，正因如此，巴里和 CEO 的交往相当频繁，他经常和 CEO 一起旅行，而且平均每天至少会与 CEO 单独交谈一次。而巴里与 CEO 的密切关系开始让巴里的同事产生怨言。他们感觉巴里一定是经常在 CEO 面前打小报告，甚至拍 CEO 的马屁。事实可能并非如此，巴里从来没有感觉 CEO 对自己有所偏爱，所以同事们的猜测完全是出于一种嫉妒心理，可尽管如此，同事们的这种看法还是影响到了办公室的人际关系。可奇怪的是，在很长一段时间里，巴里一直都没有注意到这一点，他一直感觉同事们都很喜欢自己。直到有一天，发生了一件事，巴里犹如醍醐灌顶。

在一次小组会议中，巴里注意到一位名叫彼得的高管总是刻意地忽略自己。每当巴里发言时，彼得就会看其他地方，似乎巴里的声音会让他感到不安。其他人都没有注意到这一点，但巴里注意到了，于是他开始仔细观察彼得的行为。

果然，巴里注意到，当彼得发言的时候，他几乎会和房间里的所有人进行目光接触，只有巴里例外。即便是当讨论的主题转到巴里的职责范围当中的时候，彼得还是会把目光转向其他地方。总而言之，他的一切言行都给巴里留下了一个印象，那就是彼得希望巴里立刻从自己的眼前消失。

这件事让巴里恍然大悟。“哦，上帝啊，”他想，“这位对我的某些项目握有生杀大权的彼得原来很不喜欢我。”

“在这以前，”巴里告诉我，“我根本没有意识到这一点。我一直以为我们是很好的同事，以为我们共事得非常愉快。”

巴里观察到的这些微妙的信号本身就是非常重要的反馈信息。它们是观察性反馈，这些反馈通常是自发形成的，往往不那么明显，而且很难证明。但这样的反馈往往非常重要，因为它让巴里意识到了自己跟同事之间的关系出现了问题，这一点应当立刻引起自己的注意了。

让我感到高兴的是，巴里立即对这种情况做出了积极反应。他并没有为自己的行为作任何辩解，而很多人在遇到这样的情况的时候往往会拼命为自己辩护，他选择直面这个问题，并愿意积极争取彼得的友谊。

“我有很多选择，”巴里说，“我可以捉弄他、绕过他、忽略他，甚至可以拉拢一些人暗地里反对他，但我却选择告诉他我是他的朋友，而不是敌人，因为我需要他的支持。我想把他变成我的朋友。我会积极地帮助他，我会把所有跟他的工作相关的信息都传递给他，我在完成自己的工作的时候也会征求他的意见和建议；我会向他表示出足够的尊重，只是希望他能不再忽略我的存在。”

巴里足足用了一年时间才做到这一点，但他最终成功地把彼得变成了自己的朋友。当然，两人并没有成为至交好友（那种要求显然也太高了），但彼得已经不再疏远巴里了。而且更为重要的是，两个人在工作当中配合得非常好。

我之所以谈到这个故事，是因为它说明：第一，来自某个人的反馈，虽然可能有些模糊，不是那么清晰，但跟来自一个小组的反馈意见可能同样重要；第二，并非所有的反馈信息都是征集来的。我们很可能通过观察的方式得到一些十分重要的反馈信息，如果你能够接受这些信息，并进而采取切实行动改进自己的话，这些反馈信息的作用就丝毫不亚于你的同事用白纸黑字写下的反馈意见。

## 获取反馈的5种方式

即便是在不经意之间，我们每天也可以接收到大量的反馈意见。

想想看，当你在某次聚会上与一位邻居握手，结果却发现对方并没有注视你的眼睛时，你可以得到怎样的反馈信息？

当你下班回到家里，走进起居室，你12岁的女儿看到你之后，居然立刻站起身来，上楼回到自己的房间时，你可以得到怎样的反馈信息？（嗯……我是不是做了什么让她不高兴的事情了？）

当我们试图联系一位客户，可对方却总是不回电话的时候，你会得到怎样的反馈信息？（嗯……他可能不愿意跟我打交道了。）

每天人们都在通过各种方式向我们提出反馈意见，比如通过他们的身体语言、目光接触、他们的回电时间等。要想理解这种看似不经意的反馈信息并不容易，但它所提供的信息却是非常重要的。

值得庆幸的是，我们经常可以通过各种方式获取这样的反馈信息，只要经过简单操练，我们就可以从中发现一些清晰的模式，并进而发现自己到底需要在哪些方面做出改进，以及该如何进行改进。下面我将讲述 5 种获取反馈信息的方式，以帮助你更好地观察周围的世界，并进而通过观察别人更好地了解自己。

## 方式 1：记录 + 总结

有位专门研究创造力的教授曾经要求学生们做一项有趣的练习。她把学生们派到大街上，要他们仔细观察一个小时，并记下人们在这一个小时当中都在做什么事情。结果，每个学生在这一个小时里都做了超过 150 条记录；然后她再给他们一个小时的时间去观察，但这次只要求他们记录下那些有趣的事情，结果学生们的记录立刻大大缩短了。突然之间，“一位男士正在穿过马路”变得不再那么有趣了，但“一位男士在人行道上乱扔糖果纸”（他在乱扔垃圾）变得非常有趣。通过这种方式，这位教授让学生们意识到了“观察”和“带有判断性的观察”之间的区别。

在我们的生活当中同样如此。我们总是在不停地观察，但在很多情况下，我们在观察的时候并不抱任何目的，也没有对自己看到的现象做出任何评判。

我建议你抽出一天时间，仔细观察你所听到的人们对你的所有评价。比如“哦，这可真是一个好主意啊，马歇尔”。或者，“你迟到了，马歇尔”。或者，“你在听我说话吗，马歇尔”？只要听到任何关于你的行为的评论，哪怕感觉跟你非常遥远，也要把它记录下来。当一天结束时，仔细阅读你的记录，标出哪些评价是正面的，哪些是负面的。在仔细分析所有负面评论时，你可能会从中发现一些明显的模式。可能有些评论总是说你非常愚笨，或者你总是不能集中精力，或者你做事总是虎头蛇尾。你可以把它作为反馈时刻的开始。通过这种方式，你可以开始渐渐了解自己，这也就意味着有些评论的确是客观而真实的。

第二天，继续做同样的记录。

第三天，……

如果你愿意的话，不妨在家里也做同样的记录。

最后，经过一段时间的努力，你就会收集到足够的资料，有些资料甚至是在你的朋友或家人毫无意识的情况下获得的。通过这些信息，你可以确定自己需要改进的领域。

我的一位朋友曾经尝试过这种做法。他连续做了一个星期的记录，最后发现，在这些记录中，出现频率最高的一句话就是："是的，你说过这个。"事实上，人们是在告诉他："这件事你已经说过很多次了。"这说明人们发现他总是不断重复他过去已经说过的事情，这让人感到十分厌烦。

这个习惯很容易改正，但如果他没有做记录，并总结出相关模式，恐怕他永远都不会发现这个问题。如果你有勇气面对真相，你也可以做同样的事情。

## 方式 2：看场无声电影

有时候我会让客户做下面这项练习。当他们几个人组成一个小组，并开始感到厌烦的时候，我就会要求他们假装是在看一部无声电影，他们听不到其他人在说什么。通过这种方式，一个人就会对同事的行为变得更加敏感。他们必须问自己周围到底正在发生什么事。结果他们最先注意到的事情和他们在有声环境中听到的并无二致：每个人都在推销自己。不过只有当大家都闭上嘴巴之后，他们才发现原来每个人都在通过各种方式，包括各种身体语言，来突出自己在整个团队中的地位。比如他们会努力往上司跟前靠，远离那些没有影响力的人，甚至会用手势打断自己不喜欢的人讲话。总而言之，每个人的行为都和有声音的时候没什么差别，只不过在没有声音的时候，他们的做法会变得更加明显罢了。

你也可以做同样的练习。找个时间，关掉声音，观察周围人的身体语言。他们是否会努力把自己的身体向你前倾？他们是否会仔细聆听你讲话，或者不停地用手指敲桌面，好像希望你快点说完？他们是否会尽量给你留下深刻印象，还是好像根本没有意识到你的存在？

这些动作或许并不能向你传达任何具体的信息，却可以让你看出周围人对你的态度。一旦你发现周围人的反馈大多数是负面的，你就会知道自己在同事中的印象并不像你想象中的那样。这时你就知道自己该有所行动了。

或者也可以换种方式，比如你可以在举行小组会议的时候第一个到场，关掉声音，保持沉默，注意观察其他人在进入会议室的时候有何反应。他们的反应通常可以反映出他们对你的看法。观察一下，当他们看到你的时候，是否会冲你微笑，然后找一个靠近你的椅子坐下？还是生硬地打个招呼，然后坐在离你最远的地方？仔细观察每个人对你的反应。如果大多数人都坐得离你很远，那就说明他们对你的反馈意见是负面的，这时你就需要在某些方面做出改进了。

“关掉声音”的练习并不会告诉你太多具体的信息，但它至少可以让你开始思考：“我怎样才能做得更好？”如果你需要收集反馈意见的话，不妨首先从身边的人开始。

## 方式 3：填空练习

著名心理学家纳撒尼尔·布兰登 (Nathaniel Brandon) 曾经向我传授过他发明的填空练习，它不仅能够帮助人们进行创造性思维练习，而且可以有效地帮助人们实现改进。

找出一个你希望有所改进的习惯，任何对你有意义的事情都行，比如保持身材，得到更多认可，或者是提高高尔夫水平；然后列出实现这些目标可以给你带来哪些好处，比如“我想保持更好的身材，要是能做到这一点，我就可以……”，然后你来填完这个句子。

这是一项非常简单的练习。“如果我能保持身材，我就可以活得更长久。”这是一个收益，接着填下去。“如果能保持身材，我的自我感觉就会变得更好。”“如果能保持身材，我就可以为我的家人和我的朋友们树立更好的榜样。”就这样，你可以一直列下去。

在进行填空练习的时候，非常有趣的一点就是：你所列出的收益越多，它们就会变得越个人化，慢慢就与你的公司没有太大关系了。比如刚开始的时候你可能会说：“如果我能够更好地管理自己，公司就可以赚更多钱……我的团队就可以变得更加高效……其他人就会更喜欢自己的工作……”到了最后，你填的内容就会变成：“如果我能够让自己更有条理，我就可以成为一名更好的家长……一个更好的爱人……一个更好的人。”

我曾在指导一位美国海军将军的时候使用过这一技巧。他是一个非常固执的家伙，刚开始的时候说什么也不肯做这个练习，我也不知道具体的原因，但最终他表示同意。在刚开始练习时，我可以清楚地感觉到他还是有一种强烈的抵触心理。比如他填的第一个句子是："如果我能变得不那么咄咄逼人，我在与总部的那些混蛋打交道的时候就不会有那么多麻烦。"第二个句子同样充满讽刺。第三个句子就不那么具有讽刺意味了。等到填完第六个句子，我甚至可以看到他眼睛里的泪水。"如果我能变得不那么咄咄逼人，"他说道，"或许我的孩子们就会愿意继续跟我沟通。"

这听起来可能有些像自我暗示的老套路。你首先提出目标，然后确定那些重要的步骤，但它的确很有效。随着你所列出的收益越来越个人化，越来越出乎你的意料，你就会越来越意识到你其实是在向自己提出非常重要的反馈意见，你就会发现一些自己非常需要的人际交往技能。只有到了这个时候，你才会找到自己真正需要改进的地方。

## 方式 4：自贬性言论

我并不想过于深入地讨论心理学，但我相信大多数人都曾经听到过某些朋友吹嘘自己多么守时："相信我，我这人一向守时"。可你心里非常清楚，你的这位朋友绝对不是这样的人。

你是否听某位朋友吹嘘自己如何有条理（实际上他连被子都不会整理）？或者是否有人对你说他做事多么有始有终（实

际上每个人都觉得他是在开玩笑）？

这的确是一种非常奇怪的心理：**人们经常会在自己最不擅长的问题上大加吹嘘**。每个人都会遇到类似的问题，很少有人能够避免。如果我们的朋友出过这样的洋相，那我们也可能会犯同样的错误。

注意自己说过的话。你经常如何夸奖自己？你很可能和你的朋友一样，你拼命吹嘘的东西其实正是自己的弱点。从某种角度来说，你的表现恰恰就是一种最真实的反馈信息。

我并不想把这本书变成一本心理学教科书，但我发现，从心理学的角度来说，当一个人谦虚地贬损自己的时候，他也会运用同样的模式。

比如开会的时候，如果一位同事发言："或许我并不是一位库存管理专家……"我们几乎可以肯定地讲，他接下来的发言一定是在证明自己其实对库存管理很有研究。

当一个人在开始讨论的时候说："我可能并没有听清楚……"我相信，他接下来的发言十有八九是在证明自己听得非常清楚。

每当我听到有人说"我并不是为了自己……"的时候，我立刻就知道，这个人一定是在为自己的利益争辩。

这种虚伪的"自贬性言论"（典型的口是心非）每天都在发生，它其实是一种最常见的辩论技巧，其目的是帮助我们在一开始辩论的时候就占据上风，这样做并没有什么不对。如果你以前并没有接触过此类办公室斗争的话，建议你在听到这种自贬性言论的时候一定要保持警惕。每当有人用这样的话描述自己的时候，他们内心的真实想法往往相反。

每个人都是如此。每当我们说出一些自贬性言论时，一定要保持警惕了，因为我们很可能会从中吸取到一些反馈性信息。比如当我们听到自己随口说“我并不懂得该怎样向人表示感谢”时，我们很可能并不是这么认为的。

当然，我们也有可能的确不懂得如何表示感谢，但当你坦白地承认这一点的时候，说明你根本不愿意改掉这个坏习惯。

正像我说过的那样，我并不是要让你对自己听到的每一句话都仔细分析一遍。但我的确认为，那些自贬性言论，无论是真是假，都可能为我们提供最真实的反馈信息。所以下次听到自己说出一些自贬的话时，不妨告诉自己：“小心了，这句话很可能带给我一些启示。”

## 方式 5：征询家人的意见

还记得电影《华尔街》(*Wall Street*) 当中的那位戈登·盖柯 (Gordon Gekko) 吗？迈克尔·道格拉斯 (Michael Douglas) 成功地塑造了这样一个心狠手辣、冷酷无情的资本家形象，他就是凭借这个角色赢得了当年的奥斯卡最佳男演员奖。我在现实生活中曾经也遇到过一位真人版的戈登·盖柯。

这位客户名叫迈克，他并没有像戈登·盖柯那样冷酷无情，但我可以清楚地感觉到他的内心充满强烈的求胜欲，这种欲望使得他像对待人行道上的小石子那样对待身边的人。他把身边的人当成小石子，而他就是一辆越野车。在为迈克做完 360° 反馈调查之后，我吃惊地发现，他在“尊重别人”一栏得分居然是 0.01 分，也就是说，即便是在 1 000 个管理者当中，迈克也要排到最后一位。

但迈克在业绩方面的排名却是惊人的出色。他为自己的公司带来了滚滚财源，以至于 CEO 很快就提拔他进入了公司的管理委员会。对于年轻的迈克来说，这似乎可以看成是他职业生涯的一个顶峰，但另一方面，这也暴露出了迈克的很多缺点。在此以前，公司的管理者并没有直接感受到迈克在管理方面的缺陷，但在迈克进入管理委员会之后，他们可以清楚地感受到迈克的粗暴作风。在管理委员会的会议上，公司的管理者发现迈克总是口不择言，他的这种风格让所有人感到不快，他甚至会对 CEO（也是他最大的支持者）说粗话。就这样，会议结束之后，这家公司的 CEO 给我打来电话，希望我能帮他“修理一下”迈克。

第一次见到迈克时，我能清楚地感觉到他正为自己的成功狂喜不已。他当时的年收入高达 400 万美元，毫无疑问，让这样一位“成功人士”承认自己的不足并加以改进并非易事。所以在请他坐下来之后，我对他说的第 1 句话就是：“我并不能帮你赚更多钱，你赚得已经够多了，但我可以帮你看清一个问题。

你在家时是怎么对待家人的？”

他说自己在家时的表现完全不同，他是个好丈夫，好父亲。“我不会把工作带回家，”他告诉我，“我在华尔街是一名战士，在家是只小猫。”

“很有意思，”我说，“你妻子现在在家吗？”

“是的。”他回答。

“我们给她打个电话，看看她是怎么评价你的，好吗？”

于是我们拨通了他妻子的电话。当她听说迈克认为自己在家就像是只小猫时，忍不住狂笑起来。“他在家的时候也是个混蛋。”她告诉我。然后我们又请他的两个孩子来听电话，他们的看法和妈妈一样。

我说：“我好像有些明白了。正像我告诉你的那样，我并不会帮你赚更多钱，但我可以让你看清一个问题：你难道真的想四面树敌，以至于那些参加你葬礼的人只是想看看你是否真的死了吗？基本上来说，你现在正朝着这个方向发展。”

突然，迈克似乎感到了一种震撼：“他们想让我滚蛋，是吗？”

“不只是他们想请你离开，我相信，一旦你被开除，公司里所有的人都会高兴得跳起来！”

迈克想了一会儿，然后说：“我一定要改变自己，不是为了钱，也不是为了公司。我是为了我的两个孩子，如果他们在以后的20年里一直不愿意改变对我的看法，那我会非常惭愧的。”

在以后的1年里，迈克在“尊重别人”上的得分开始大幅升高，他现在的得分已经超过了 50 分，也就是说，他已经超出了公司的要求。在我看来，他的得分本应该更高，因为他几乎是从最低点起步的。除此之外，他的收入也增加了 1 倍，当然，我不能肯定这完全是我的功劳。

从这件事情上我们学到的教训是：**你在工作中的那些坏习惯并不会在你跨入家门的那一刻消失。**

每个人都可以改变，但前提是你愿意做出改变，有时可以通过你的家人告诉你这一点，而不一定是同事。

管理者（以及跟随者）的行动计划：如果你真的想知道自己的行为会对客户和同事产生怎样的影响，不妨仔细照照镜子，学会欣赏自己。让你的同事举着镜子，并告诉你他们看到了什么。如果你不相信他们，不妨直接问你的家人。找到你爱的人和你的朋友，或者任何在你的生命中最为重要，而且发自内心希望你成功的人，征求一下他们的意见。每个人都想知道真相，这就是最好的方法。

下面我将这 5 种获取反馈信息方式的功用进行归纳，希望能够帮助你更好地观察外部的世界。

- 当你列出人们对你的评价，并按照从正面到负面的顺序进行排列时，你其实是在用两种新式武器来瞄准这个世界：判断和目的；
- 当你关掉声音的时候，你其实是在通过消除听觉的方式学习更加敏感地观察周围的世界；

- 当你在做填空练习时，你其实是在进行一种逆向分析：你首先瞄准自己想要的结果，然后寻找获得这一结果所需要的技能；
- 当你质疑吹嘘之言时，你其实是在颠覆自己的整个世界，并且发现自己其实和其他人没有什么不同；
- 当你分析自己在家庭中的行为时，你会意识到自己不仅需要改进，而且这种改进是相当必要的。

之所以要做这些练习，其背后的逻辑非常简单：**当你能够学会用一种新方式看待这个世界时，你也就学会了用一种崭新的方式看待自己。**

虽然我们用了大量篇幅讨论反馈的重要性，以及各种收集反馈意见的方法，但一定要记住，这只是我们所有活动的基础。换句话说，我们只是刚刚开始。

如果说我是一名外科整形专家，那反馈就像是一次核磁共振。只有在进行核磁共振之后，我才能看清深层次的问题，才能找出问题的症结。但确定症结只是开始，我仍然需要给病人动手术，而病人也需要长时间的休整才能康复。

如果说我是一名广告公司高管，那反馈就像是一次市场分析。我需要知道消费者是哪些人，他们为什么购买，竞争对手所占的市场份额是多少，但这些分析并不能让我的广告设计取得成功，我仍然需要设计出自己的广告。

如果说我是一位正准备参加竞选的政治家，那反馈就像是一次民意调查，它可以帮助我看清选民们都在想些什么。但我必须自己参加竞选，我仍然需要说服选民，让他们相信我才是真正合适的人选。我仍然需要通过自己的努力赢得选票。仅仅有反馈无法帮我做到这一点。

反馈只能告诉我们该改变哪些地方，它并不能告诉我该如何改变。但当你知道该改变什么时，通常就已经做好了改变的准备。这时你就可以直接进入下一步了：**向你身边的人道歉**。

第 9 章

# 除了道歉，别做任何辩解

> 道歉并不会花费你太多成本，你甚至不需要放下你那虚幻的自尊，但所带来的回报却足以让沃伦·巴菲特嫉妒，而且它会在一瞬间改变你的生活，就像施了魔法一般。

在我看来，道歉是所有人类活动中最具魔力、最具修复性的举动之一，它也是我在指导客户时最为核心的工作内容。因为如果不懂得道歉，他们就不可能意识到自己所犯的错误，就不可能告诉他人自己准备做出怎样的改进，而且最为重要的是，他们也就不可能和自己关心的人达成任何情感协议，**向一个人道歉的意义不亚于一纸血书。**

在《哈维·佩尼克的红宝书》(*Harvey Penick's Little Red Book*，1992 年出版，著名高尔夫教练哈维·佩尼克花 60 年时间用他的红皮小册子记录高尔夫球场上的点点滴滴。——译者注）中，有一个名叫“魔力之举”的小故事。佩尼克在文中描述了高尔夫挥杆技术中最核心的一个动作：在收回球杆的时候将身体的重心从左脚转到右脚，然后在沉肘挥杆击球的时候再把重心转移回左脚。如果你能学会这一点，佩尼克就会说：“你可以像拥有魔力一般击中那个白色小球。”

在我看来，道歉也是一个魔力之举。它看起来非常简单，但就像承认自己的错误或是说声“谢谢”一样，对于某些人来说，说声“对不起”并不是一件容易的事。

## 经典案例　应该被载入史册的道歉

关于道歉的力量，我能想到的最好的例子莫过于理查德·克拉克（Richard Clarke，美国白宫反恐怖活动专家，曾经在“9·11”事件当中因督促美国政府向人民认错而名噪一时。——译者注）在“9·11”委员会面前的讲话了。克拉克用了几个小时的时间对委员会大谈恐怖主义的问题，但几乎他所有的证词（大部分都颇有争议）都抵不上一句话，他面对所有遇难者的家人，告诉他们：“你们的政府让你们失望了，那些本应该保护你们的人并没有做到这一点，我让你们失望了。”《纽约时报》的弗兰克·里奇（Frank Rich）认为这句话应该被载入史册，它可以和约瑟夫·韦尔奇（Joseph Welch，美国历史上著名的律师，曾经因主动站出来阻止“麦卡锡主义”而闻名。——译者注）的那句“先生们，你们难道一点儿都不知道什么叫体面吗？”齐名。

也有人觉得克拉克的做法显然是在哗众取宠，或者说他根本没有资格道歉，或者说他在听证的过程中表现得过于感性了。但我非常赞同他的做法，因为在我看来，克拉克其实是在做一件整个美国都迫切需要的事情。事实上，他是在告诉大家："最糟糕的事情已经发生了，我们不可能改变过去，但我还是要向你们道歉。"一句道歉让他和他所面对的人感受到了一种解脱，不管这种解脱感有多么渺茫，它毕竟代表了一个总结，而只有告别过去，人们才能更好地面向未来。

克拉克的道歉被反复播放了许多天。我怀疑人们是否为他的道歉当中所蕴藏的情感感到震惊，这正是我要求我的客户所做的事情。当然，有时候对方要花很长时间才能真正理解我所要传达的信息。

20 世纪 90 年代末，我在指导一位名叫泰德的高级经理的过程中，就有过类似的经历。泰德是一个典型的成功人士：聪明、温和、勤奋，总能够按时完成任务，深受上司的器重、同事的钦佩和下属的爱戴。美中不足的是，他非常不善于跟进。很多年之后，当他发现自己与人交往总是虎头蛇尾时，他才意识到自己的这一问题。他总是不经意地疏远那些离自己最近的人。当然，这并不是出于恶意，也不是因为自大，只是不小心忽略了对方。他总是忘记回电话，即便偶尔打一次电话，他也只是询问对方的工作进展如何。这个问题只有在过了很长时间之后才会渐渐浮出水面，因为只有在与周围的人长时间没有沟通之后人们才会注意到这个问题。这个问题在泰德身上总是挥之不去。非常明显，他必须学会如何发自内心地关心身边的人，无论与对方有没有业务往来，他必须学会让对方感觉到有位朋友在关心他们。

毫无疑问，我们帮泰德做出了一些改变，让他学会了道歉，做出公开承诺，并且学会跟进，但我在这里并不是要谈这一点。

泰德和我一直保持联系（当然，大部分时候都是我主动联系他），但 2004 年 3 月的一天，他突然给我打来电话，非常激动地告诉我一个好消息。

“马歇尔，”他说，“你一定会为我感到自豪。我彻底伤害了一位最亲密的朋友。”

“嗯，”我回答，“我为什么要为此感到自豪呢？”

“因为我向他道歉了，挽救了我们的友谊。”他说。

原来事情是这样的：

泰德有一位好朋友名叫文西，他不仅和泰德交往了 20 年，而且如今还是他的邻居。在过去的两个星期里，文西一共给泰德打了 5 次电话，可泰德从来没有回过一次电话。显然，泰德还没有把自己在工作中学到的道歉技巧应用到生活中，而文西是一名典型的西西里人，总是把忠诚和友谊放在第一位，所以他感觉这件事情让自己很受伤害，于是决定不再和泰德交往。泰德也意识到了这一点，但他并没有采取任何措施进行补救。他们的妻子决定帮忙化解此事：她们认为应该由泰德给文西写封道歉信。但泰德并没有做到这一点，他由于出差，一连几个星期都没有给文西发去道歉信。最后，还是文西不计前嫌，给泰德写了一封信，详细说明泰德的一些做法是如何影响了两人的友谊，比如不回电话、在宴会上忽略文西、从来不主动联系文西等。（这听起来有些像肥皂剧，但请耐心读下去。）

这封信极大地震撼了泰德，于是他立即给文西写了一封回信。考虑到这封信具有典型的代表意义，我把全文转载如下：

亲爱的文西：

正像维托·科里昂 (Vito Corleone，电影《教父》中的主人公。——译者注) 和五大家族 (Five Families) 聊天时所说的那样："怎么会这样啊？"

我几分钟前刚刚读完你的信，为了立刻做出改变，尽快对你的信做出回应，我决定马上给你写信。在我看来，你在信中给我指出了 3 个错误：

第一，没有给你回电。你说的完全正确。这样做很不礼貌，好朋友（即便是一位为人可靠的公民）不应该如此，我应该做得更好。我的这种做法会让你感觉我并不关心你。当然，事实并非如此。如果能够让你感觉好一些的话，我可以告诉你我并不是只忘记回复你的电话。事实上，我很少给我的妈妈、弟弟，还有岳父、岳母回电，甚至包括我的妻子。这并不是什么值得吹嘘的事情，我只是想告诉你，我并非不把你放在心上，也没有把你放在我的回电名单的最后一名。很明显，我的心里根本没有任何回电名单。我对每个人都是一样，也可以说，我对每个人都是那么没礼貌。我为此向你道歉，我一定要改掉这个坏习惯。

第二，你认为当你来我家参加宴会的时候，我并没有很好地招待你。我绝对没有故意冷落你的意思。当然，我的感觉并不重要，真正重要的是你的感受，尤其是当你来到我家参加宴会的时候，我更应该考虑你的感受。就好像波士顿凯尔特人队教练里德·奥尔巴赫 (Red Auerbach，1917 年出生，被认为是 NBA 历史上最伟大的篮球教练，率领波士顿凯尔特人队获得八连冠，人称“红衣主教”。——译者注) 曾经对他的球员说过的那样：“重要的不是你说了什么，而是他们听到了什么。”那天晚上你显然过得并不开心，我为此向你道歉。我希望能成为一位体贴、细心、大方的主人，我会接受你的建议，努力改进自己。

第三，你认为我从来不主动给朋友打电话。你说得对。正如你信上所说，有人懂得如何经营友谊，而有人不懂。在你所提出的所有抱怨当中，第 3 个是最让我痛苦的，因为你说得很对，而且这些问题又都非常容易改正。你并不是第一个指出我这些坏习惯的人。我想这可能和我小时候的经历有关，但一味埋怨过去显然是一种非常愚蠢的行为。我现在已经52岁了，我不想再责备我的妈妈，或者是我在成长过程中的某些经历了（比如我在小学3年级时得到的那个难吃的金枪鱼三明治）。我所能做的，就是接受你的建议，像一位真正的好朋友那样，一步一步地开始修正自己的行为。希望我能从今天开始改正自己的坏习惯。

毫无疑问，我真的非常珍视我们的友谊，非常珍视！我们在一起经历了那么多欢乐，一起做了那么多年邻居，一起真诚地关怀对方，千万不要因为我的一些愚蠢习惯而破坏了这份美好的情感。希望你能原谅我。如果你愿意原谅我的话，我相信我们一定能一起做得更好。我真心希望我们能结成最理想的友谊，就像你在信中所描述的那样，成为最好的朋友。

等我出差回来，还是让我们来瓶红酒，好好讨论一下这件事情吧，好吗？

写得很棒，不是吗？但如果没有人读，这封信将毫无意义。文西把信原封不动地退回来了，他根本没有打开。他们的妻子再次介入，希望文西能够读读这封信。当他最终同意打开信的时候，两人之间的友谊开始慢慢修复，因为很少有人能够不被这种发自内心的道歉所打动。

我总是在想，那些像之前的泰德那样不愿意承认错误、不懂得道歉的人，如何在这个世界上生存？他们如何维持和别人之间的关系？他们如何向别人袒露自己的心声？如果不首先道歉的话，他们又是如何告诉别人自己愿意“改过自新”呢？

当我为泰德处理这件事情的方式而向他表示祝贺的时候，他说：“你知道，要不是在工作中有过类似的经历，我是不会向文西道歉的。”

“那你现在为什么能做到这一点呢？”我问。

“因为我知道它非常有效。”

这听起来的确能说明我们为什么应当学会道歉，但关于道歉，最诱人的一点还在于：它做起来非常容易。你只需要说一句话就可以：“对不起，我下次会做得更好。”

不妨试试看。它并不会花费你太多成本，你甚至不需要放下你那虚幻的自尊，所带来的回报却足以让沃伦·巴菲特嫉妒，而且它会在一瞬间改变你的生活，就像施了魔法一般。

## 如何道歉

你在克拉克和泰德的例子当中发现了什么共同点吗？从你说出“对不起”三个字的那一刻起，修复的过程就已经开始了。

我们做过什么以及为什么而道歉并不重要。你道歉的原因可能是因为伤害了某人而自责不已，可能是因为不小心忽略了某个人而感到内疚，也可能是因为某件错事失去了某个人的真情而伤心不已。自责、内疚、伤心，这些都是非常强大的情感，强大到足以让一个铁石心肠的人去向别人道歉，但关键并不在此。仅仅是情感并不足以打动人心。

真正重要的是道歉，无论出于什么原因。

准备好道歉了吗？如果你已经准备好了，不妨参照下面的具体步骤：

首先告诉对方："对不起。"然后有可能的话，再加上一句："我今后一定改进。"在我看来，这句话最好还是加上，因为它不仅能够帮助别人忘掉过去，而且还可以展示出一幅更加美好的未来。最后，闭上嘴巴，**保持沉默**。

千万不要辩解，不要让问题变得复杂，什么都不要说。这时你说的任何一句话都会让道歉的效果大打折扣。

## 经典案例　一次失败的道歉

我还记得2001年当摩根士丹利因为公司分析师在撰写报告时偏袒那些和自身有业务往来的公司而不得不支付5 000万美元罚金时的情形。那5 000万美元本意是帮助摩根士丹利摆脱丑闻，面向一个更加美好的未来。

要想达到这一目的，摩根士丹利公司在支付罚金的时候一定要让公众感觉到它是在道歉。可公司的 CEO 菲尔·波塞尔 (Phil Purcell) 第二天的一场演讲彻底摧毁了这笔罚金的效果：他居然在演讲当中为这笔罚金进行辩解，宣称他的公司之所以支付这笔罚金，只是想尽快了结此事，他宣称摩根士丹利并没有做错什么事情，和其他公司相比，摩根士丹利公司的做法根本不算过分。听起来好像他们公司支付的只是最小额的罚金，这就犹如一名 3 年刑满释放的囚犯在对着那些即将入狱 10 年的狱友吹嘘一样。媒体、证券交易委员会以及纽约司法部长立刻对波塞尔提出批评。

无论你的公司有多少钱，当你签下 5 000 万美元罚款单的时候，你的行为本身就是在道歉。你不可能一边道歉一边冲着公众眨眼睛。你只能说声“对不起”，然后闭上嘴巴。

如果就连一位经验丰富的 CEO 都会在缴纳了 5 000 万美元的罚金之后多嘴出错的话，想象一下，我们其他人在道歉之后会因为多嘴而产生怎样的后果啊！

最后，关于道歉艺术最重要的一点就是，一定要尽快进入，尽快结束。要想真正改正自己的行为，前面还有很多事情要做。越早结束道歉，你就会越早开始下面的工作。

第 10 章

# 像政客一样宣传自己即将改变

> 如果你能告诉人们你准备改变自己，情况立刻就会变得不同。如果你还能告诉人们你是在多么努力地改变自己，并且不停地重复这些信息的话，你的胜算就会大大提高。

在道完歉之后，你必须告知别人你具体准备做些什么。仅仅告诉所有人你准备改进自己是远远不够的，你还必须告诉他们你准备在哪些领域做得更好。

我告诉我的客户 ：“改变别人对你的行为的看法要比仅仅改变你自己的行为困难得多。事实上，根据我的计算，要想在同事心目中提高 10 分，你首先必须做出 100 分的努力。”

之所以这么说，原因就正如我在第 1 章中所谈到的那样，在于人们心中的认知失调。简单来说，一个人在看待另一个人的时候总会受到心目中成见的影响。打个比方，如果我认为你是一个自大的混蛋，那么我会把你所做的一切都看成是混蛋行为 ；即便你的确做了一件值得称道的事情，我也会觉得那只是例外罢了，你仍然是一个自大的混蛋。

只要不打破这个框架，无论你付出了多么大的努力，在我心目中的印象都不可能有所改变。

但如果你能告诉人们你准备改变自己，情况立刻就会变得不同。这时他们就会留意你的一举一动。在这个过程中，你也就有机会慢慢改变自己在他们心目中的形象了。

如果你还能告诉人们你是在多么努力地改变自己，并且不停地重复这些信息的话，你的胜算就会大大提高。而如果你能请求对方帮助你实现改进，那么你的胜算就会进一步提高。当你的同事开始在你身上投入精力的时候，他们就会更加注意你的举动，留意你是否真的接受了他们的建议。

最后，你的所有做法就会在人们内心沉淀下来，人们开始考虑接受一个全新的你。这就像是森林中倒下的一棵大树一样，如果没有人听到声音的话，它所发出的声音又有什么意义呢？道歉和告知就像是一台扩音器，可以让所有的人都把注意力转向那棵大树。

## 迎接即将到来的“哑巴期”

做过市场营销的人都知道，如果不能把产品信息传递给购买人群，开发出再好的新产品也毫无意义。你必须告诉人们“嘿，我来了”，然后给他们一个关注你的理由。

同理，当你准备启动一项重大项目时也应该遵循同样的逻辑。别忘了，你是在创造一个全新的自我。如果不发起一轮宣传攻势，你觉得同事们会买账吗？

仅仅让人们知道你准备做什么是不够的。你并不是在做“清仓大处理”，你是在努力进行一场持久性的变革。你必须不遗余力地让所有人都知道这一点，必须做好打持久战的准备。你必须不断地将自己的信息传达给你的同事，就像节拍器一样，因为你的同事对你的个人目标可能并不是那么关心。他们的大脑里还有很多其他事情；他们需要面对自己的目标和挑战。你的目标可能并不会立即得到他们的认可，所以你必须做好准备，迎接即将到来的“哑巴期”。

### 经典案例　等待苏醒的红酒

我是在一位品酒专家的家庭宴会上第一次听到这种说法的。其中一位客人从一家具有传奇色彩的法国庄园带来了一瓶12年的红酒。我们都想尝一尝，但主人认为当时可能不是最恰当的时机。要知道，那瓶酒已经等待了12年，我们觉得是时候打开它了。于是我们打开瓶盖，把它倒进玻璃杯里，轻轻摇晃了几下，闻了闻味道，然后迫不及待地尝了一口。

品完之后，我们放下酒杯，往四周看了看。大家心里都在想着同一件事情：这酒的味道实在太平淡了。

我们又尝了一口，还是没发现什么特别的地方，酒的味道很淡。

最后，这位真正的专家告诉我们，有些真正的好酒往往能陈上几十年，而且越陈越香，但在陈了几年之后，这种酒通常会经历一段“哑巴期”，在这段时间里，酒好像睡着了一样，只有当它再次醒来时，它的味道才会骤然升级，而在整个睡眠过程中，它的味道会一直保持平淡无奇。这段时间通常是在陈了6到18年之间。我们眼前的那瓶酒当时仍然处于“哑巴期”，所以就像他所说的那样，“我们应该耐心地等上一段时间”。

在生活当中启动任何项目时，无论是个人提高，还是启动某个能够改变公司命运的项目，都是如此。最好的创意就像一瓶好酒，越陈越香。但在真正沉淀之前，它们需要经过一段时间的哑巴期。

## 不要犯“1、2、3、7”的错误

不知你是否有过以下类似的经历？你的上司给你布置任务，要求你解决公司内部的某个问题。于是你立刻开始像一位经过严格训练的 MBA 那样开展工作。你仔细研究了当前的形势，找出了问题所在，把你的发现和解决方案推荐给上司，列出一套可行的新方案，然后找到适当的人选负责执行。

1 个月过去了，什么事情都没有发生；又 1 个月过去了，还是没有任何进展；6 个月之后，问题还是没有得到解决。

问题到底出在哪儿呢？

答案非常简单：你犯了“1、2、3、7”的错误。

你没有意识到，所有成功的项目都必须经过 7 个阶段：第 1 个阶段是**评估**，第 2 个阶段是**找出问题**，第 3 个阶段是**制订方案**。但这些只是前 3 个阶段，而实施方案是在第 7 个阶段，所以在具体实施之前，你还必须经过 3 个阶段。

不幸的是，许多人都没有注意到第 4、第 5 和第 6 个阶段，也就是说服同事们接受你的新方案。在第 4 个阶段，你的主要工作是**说服上司**，要得到上司的支持；在第 5 个阶段，你的工作是**说服同级**，征得同级同事的支持；在第 6 个阶段，你的工作是**说服下属**，得到他们的支持。这 3 个阶段是具体实施的前提，只有在完成了这 3 个阶段之后，你才能真正地落实自己的工作。你不可能跳过这 3 个阶段，它们的重要性至少不亚于第 7 个阶段。如果你没有考虑这 3 个阶段的话，就好像是把自己封闭起来一样，没有人知道你在想什么，没有人能够看到你、听到你，甚至感觉到你的存在，最终就会导致“1，2，3，7”的结果。

在解决个人问题的时候同样如此。要想引起别人的关注，你首先必须投入大量的时间和精力去说服别人。你可以想象自己正在进行一场广告宣传，你的目标就是争取上司、同级和下属们的注意。否则，你就是在犯“1，2，3，7”的错误。你不可能从 1 直接跳到 7，中间哪怕少 1 个阶段都不行。

## 做自己的新闻发言人

试想一下，如果我们每个人都有自己的新闻发言人回答那些难以对付的问题，同时不停地发布信息应付我们的对手，这个世界难道不会变得更好吗？（答案是肯定的，但我并不确定我们是否愿意生活在这样一个世界里。）

说到这里，我想我们每个人都能从政治家身上学到一些东西。其中最主要的就是掌控信息。也就是说，知道自己该说什么，并且会通过几近“无耻”的方式不断重复这些信息，直到它最终沉淀进听众的内心深处。如果说我们能从这个喧闹的媒体时代学到些什么的话，那就是：**只有简单纯粹的信息才能冲破重重障碍，直达听众的内心**。（我并不是说这一定是件好事情，但事实就是如此。我们只能接受。）

正如政治家们会为了推动立法大肆制造头条新闻一样，如果想要在工作当中启动任何一项新计划，你首先也需要通过一种戏剧性的方式（里根教会我们的）来告知周围的世界。而要想制造戏剧性效果，道歉恐怕就是最好的方式了。还有什么比直接为自己的行为道歉，并表示自己一定会改进，尤其是当周围所有人都觉得你不可能改进的时候，更有戏剧性呢？

你需要一次接一次地道歉，之后不断地重复，直到所有人都接受你所传达的信息。

事实上，那些政治家们在参加大选的时候之所以会不断地重复播放相同的广告，原因就在于此。要想让信息在人们的大脑中沉淀下来，最有效的方式就是重复，不断重复同一条信息。

当然，我并不是要求每个人都像新闻发言人那样在回答问题时闪烁其词，避重就轻（那种做法通常只适合于政治家）。我想说的是，你不可能指望别人都能读懂你的心思，或者是主动记录下你的行为。有些变化可能对你而言非常明显，但对于其他人来说，他们可能要用上几个星期，甚至更长的时间才会注意到你身上所发生的变化。这就使得掌控你所要传达的信息变得至关重要。那么，到底怎样才能成为你自己的新闻发言人呢？下面是一些具体的做法：

- 把每一天都当成一场新闻发布会。你的同事就是最挑剔的记者群，他们总是在迫不及待地等你发布一些新的消息。一旦知道人们在关注你，你就会变得非常警觉，并不断告诉自己要时刻保持高度警惕。
- 把每一天都当成是打动你的目标受众的机会。你要不断提醒人们你正在努力。把每一次错过这样的机会都看成是自己的失败。

◆ 把每一天都当成是征服同事的机会。总有一些人希望你失败，无论是私下里还是公开的，所以一定要保持警觉。一旦你注意到了那些希望你失败的人，你就会知道该怎样对付他们了。

◆ 把整个过程看成是一场选举。记住，你不可能用自己的选票把自己评为“新版本的你”，只有你的同事才有这个权力。他们是你的选民。如果没有他们的支持，你永远也不可能实现自己的目标。

◆ 用星期和月，而不是以天为单位来预测整个过程。最好的新闻发言人不仅是最好的消防员，而且还知道该如何把握长远利益。你也一样。无论你的短期目标是什么，从长远来看，你都应该设法让人们感觉到你是在解决一个人际交往问题，直到把问题解决。如果你能做到这一点，那就无异于在自己的身边培养了一个“媒体兵团”。

第 11 章

# 把每一次都当成第一次去聆听

> 我们和那些超级成功人士之间的差别就在于：那些完美人士总能时刻做到这一点（积极聆听），而且这已经成为他们的本能反应，已经成为了他们的习惯。

美国有史以来最杰出的高尔夫运动员杰克·尼克劳斯 (Jack Nicklaus) 说过，80% 的成功挥杆都取决于球手握杆的姿势以及站姿。换句话说，在你挥杆之前，成败就已经决定了。

在聆听的问题上也是如此：你从别人那里得到的东西有 80% 取决于你的聆听技能。也就是说，在你还没有采取任何行动之前，成败就已经决定了。

## 高级聆听者的三件法宝

关于聆听，大多数人都没有意识到的一点：他们总是认为聆听是一种消极的活动，你不用做任何事情，只要坐在那里，听对方把话说完就可以了。事实并非如此。优秀的聆听者总会把聆听看成是一种非常积极的活动，他们几乎要调动全身每一块肌肉，尤其是大脑。

基本上来说，优秀的聆听者通常会做三件事情：

- 他们会在开口说话之前仔细思考；
- 他们会带着尊敬之情聆听对方；
- 他们总是会在做出任何反应之前问自己一个问题："这样做值得吗？"

下面让我们仔细分析一下这三个问题，看看它是否可以帮助我们提高自己的聆听水平。

## 开口之前必三思

在聆听的过程中，你首先必须学会在开口之前仔细思考。你不可能一边说一边听，所以在聆听的时候，紧闭双唇是一种积极的选择。（而且我们知道，对有些人来说，要他们闭上嘴巴甚至比减掉200斤体重还要困难。）

**经典案例** **积极的聆听者，往往也是出色的领导者**

在这个方面，我觉得没有人能比弗朗西斯·赫塞尔本(Frances Hesselbein，德鲁克基金会董事长，《同心圆领导力》作者，被认为是“最有成就的美国女性管理者之一”。——译者注)做得更好了。弗朗西斯一直是我最崇拜的偶像之一，我不仅尊重她，仰慕她，甚至像爱我的家人一样爱她。她曾经在“美国女童军”执行主管的位置上一坐就是13年，在整个组织陷入困境的时候力挽狂澜，使组织起死回生，报名人数大大增加，资金开始变得充裕，财政也最终实现平衡。弗朗西斯先后获得了17个荣誉学位，并于1998年获得总统自由勋章(作为美国公民所能获得的最高荣誉。——译者注)。彼得·德鲁克称其为他见到过的“最出色的高管”。

弗朗西斯·赫塞尔本做了许多事情，但在所有的事情当中，有一件是她最擅长的，她总是会在开口说话之前仔细思考，因此她成为了一名世界级的聆听者。如果你问她聆听是不是一种消极的活动，她会告诉你聆听需要极大的自制力，尤其是当你听到一些让自己反感的东西的时候更是如此。别忘了，大多数人在愤怒的时候会做些什么？答案是：口不择言(而且不会考虑自己说话的方式和语气)。

当我们感到愤怒时通常会做什么？说话。而当我们迷惑、惊讶，或者是震惊的时候，我们会做什么？还是说话。

正因如此，所以对方相信，一旦他说出了任何让我们感到迷惑、惊讶，或者是震惊的事情，我们几乎会本能地做出一些不假思索的反应。但弗朗西斯·赫塞尔本并不是这样。就算你告诉她世界末日就要到了，她还是会在开口之前仔细思考一下，她不仅会考虑该说些什么，而且会考虑具体该怎么说。

大多数人都认为聆听只不过是在我们不说话的时候所做的事情，但在弗朗西斯·赫塞尔本看来，聆听是一种可以被分为两部分的活动：一部分是听，还有一部分是说。说也是聆听的一个重要组成部分，因为只有通过说，我们才能让对方相信我们的确是在仔细聆听，所以听和说其实是一枚硬币的两面。

你或许会觉得这根本不是什么积极的活动，但事实上，告诉你的大脑和嘴巴不要做什么和告诉它们要做什么之间并没有什么区别。

只要能够掌握这一点，你就可以成为一名积极的聆听者。

## 带着尊敬之情聆听

要想从对方那里学到东西，你必须学会带着尊敬之情聆听。当然，要做到这一点并没有想象中的那么容易，它同样要求你做出积极的努力。

不知你是否有过类似的经历？你正在读一本书、看电视，或者是在翻报纸，这时你的爱人在旁边和你讲话。突然之间，你听到对方说：“你没有听我讲话。”

你抬起头来，说："不，我在听。"然后你平静地重复一遍对方刚刚说过的话，以此来证明你的确是在聆听对方讲话，而你的爱人的判断是错的。

通过这种方式，你向对方展示了自己可以一心二用的本领，可你的这种做法会给对方留下怎样的印象呢？对方会觉得你很聪明吗？不。会觉得你很了不起吗？不。你的这种做法会给对方留下深刻的印象吗？恐怕很难。

在你辩解的过程中，对方大脑中唯一可能会想的是："天哪，我本来以为他根本没有听我讲话，可我现在发现问题比我想象的还要糟糕。他完全是个彻头彻尾的大混蛋！"

当你没有对谈话对象表现出足够的尊重时，就会发生这样的一幕。在聆听对方的过程中，仅仅竖起耳朵是不够的，你还要让对方感觉到你是在全心全意地聆听。

比尔·克林顿在这方面可谓是真正的行家。我曾经有几次在公共论坛上见到过他。不管你是一位州长还是一名普通人，当你和克林顿交谈的时候，他会表现得好像房间里只有你一个人。你能清楚地感觉到他的每一根神经，他的目光和身体语言，都在为你而存在，你会感觉到他整个人完全锁定在和你的谈话上了。他的一举一动都让你感觉到你才是这个房间里最重要的人，而不是他。

如果你并不觉得这样做是一种积极的精神和身体活动，有机会不妨尝试一下，接待500个人，把所有人当成是你最重要的客人，和他们每个人都交谈上几分钟，你就会明白为什么聆听是一项积极的活动了。

## 问自己："这样做值得吗？"

聆听要求我们在开口讲话之前问自己一个问题："这样做值得吗？"

对于我们当中的许多人来说，聆听的一个主要问题在于：我们会一边聆听对方说话，一边在心里盘算自己该说些什么。

这种做法之所以不可取是因为：你不仅没有听清对方在说什么，而且你的反应可能会让对方非常反感。之所以会让对方非常反感，一方面可能是因为你根本没有说到要点，另一方面可能是你的发言毫无价值，而且最糟糕的是，你很可能会不经意间插入一句别人意想不到的评论。

如果你一如既往，相信你很快就不用再担心聆听的问题了，因为根本不会有人再跟你交谈了。

当别人告诉你一件事情时，我们通常有很多种反应方式可供选择。有些方式非常聪明，有些方式则非常愚蠢；有些方式能够鼓励对方接着说下去，而有些方式则会让对方立刻闭嘴；有些会让对方有一种被欣赏的感觉，而有些则不会让对方产生这种感觉。

在开口之前问问自己"这样做到底值不值得"，可以迫使你考虑对方在听到你的反应之后有何感受，它会迫使你至少提前考虑两步。能做到这一点的人并不多。大多数人都是相互交谈，就像刚刚学会下象棋的新手那样，只考虑眼前这步棋，根本不考虑以后。这是最低级的下棋方式，同时它也是最低级的聆听方式。问一句“这样做值不值得”可以让你考虑这么几个问题：

◆ 对方会怎么看你；

◆ 对方接下来会怎么做；

◆ 对方下次和你交谈的时候会有什么表现。

一句“这样做值不值得”可以带来许多意想不到的好处。

想想看，上次你在会议上提出一个想法，结果被你的上司中途打断，你有何感想？至于你的想法是否愚蠢，或者说打断你的人是否聪明，这些问题并不重要。你只要回忆一下自己当时的感受就可以了。你会觉得那位打断你的人很了不起吗？你会因此而赞赏对方那无与伦比的聆听技能吗？这次经历会让你精神饱满地重新投入工作吗？你下次和对方开会的时候还会如此积极地发言吗？我想答案恐怕是：不，不，不。

当你不假思索地做出反应的时候，就会出现这种情况。人们不仅会觉得你并没有聆听他们，而且你的这种做法会引发3个连锁反应：

◆ 他们会感觉自己受到了伤害；

◆ 他们会对那个伤害自己的人心存芥蒂甚至怀恨在心；
◆ 几乎可以肯定的是，他们下次遇到同样的情形时不会再重复相同的行为了。也就是说，他们下次不会再积极地发言了。

如果你坚持不改，结果就会是这样的：所有人都会觉得你是一个混蛋。（纯属个人看法，不一定会给你造成任何伤害，但这种感觉显然对你没有好处。）他们不会为了你而去努力表现（这会影响你作为一名管理者的声誉），而且他们不会再向你提供任何建议（这会减少你的信息来源）。这显然不是一名成功管理者的做法。

我的一位客户是一家资产达几十亿美元的公司的首席运营官（他现在已经是这家公司的 CEO 了）。他的目标是要成为一名更好的聆听者，而且他希望自己能被周围的人看成是一名开明的上司。在和他共事了 18 个月之后，我问他从这段时间的经历当中学到的最主要的教训是什么。他说："在开口之前，我会深吸一口气，然后问我自己一个问题：'这样做到底值不值得？'我发现，在 50% 的情况下，我所要表达的内容都没有错，但问题是，我根本没有必要把它们说出来。"

他终于掌握了弗朗西斯·赫塞尔本的心得，人们对我们的聆听能力的判断在很大程度上取决于我们在"这样做值不值得"这个问题上的回答。我们是要开口说话还是要闭上嘴巴呢？我们是要争辩一番，还是简单说一句“谢谢你”呢？我们是要毫无意义地评论一番，还是保持沉默呢？我们是要对对方的发言点评一番，还是称赞一下呢？

我并不能告诉你在开会时该说些什么。我想要说的是，在开口之前，你应该仔细考虑一下这样做到底值不值得，如果你的答案是肯定的，不妨畅所欲言。

这就是我的那位客户所学到的。他的聆听能力大大提高，他在同事心目中也成了一位开明的管理者，现在他成了这家公司的 CEO。

“这样做值不值得”所带来的影响是深远的，而且它所影响的不仅仅是你的聆听能力。事实上，当你向自己提出这个问题时，你是在把人类最古老的问题“这样做对我有什么好处”又向前推进了一步，你是在问 ：“这样做对他有什么好处？”这一步可是意义深远，突然之间，你学会从一个更高的角度考虑问题了。

正如我不断强调的那样，要做到这一点看似非常简单，但其实并不容易。只要你能做到这一点，一切都会从此改观。反观一下我们在工作中所遇到的那些人际关系障碍，大致的模式都是如此 ：你说了一些让我不高兴的话，我开始反击，于是我们之间突然出现了矛盾（或者说是一场较量）。有可能我们是在讨论全球变暖，也可能是在讨论人员招聘，具体讨论什么并不重要，重要的是我们的这种行为很容易导致工作中的摩擦，而我们本来可以很容易地避免这些摩擦。正因如此，一些简单的自律，比如在开口之前仔细思考，带着尊敬之情聆听，以及在开口之前问自己“这样做值不值得”等才会变得如此重要。它们并不需要你付出太大努力，只要直接去做就可以了。

## 近乎完美的人与完美的人差在哪?

两位律师在纽约斯巴克牛排店 (Spark’s Steakhouse) 聊天。一位是我的好朋友汤姆，另一位是他的伙伴戴夫。他们边喝边聊，等着服务员上菜。他们看起来并不着急。斯巴克是那种很多人都愿意去消磨时间的地方。它是一栋标志性的建筑，有着宽大的餐厅和世界级的酒水单，一到晚上，纽约城的各界名流云集于此。那里也曾经因为纽约黑帮大亨保罗·卡斯特利亚诺 (Paul Castellano，著名的纽约黑帮大亨，曾经因为自己在卧室被联邦调查局窃听而险些被送上法庭。为了堵住他的嘴巴，卡斯特利亚诺家族的另外一个重要人物约翰·戈蒂派人将其暗杀。——译者注) 被约翰·戈蒂 (John Gotti) 被派去的刺客枪杀而出名。但今天晚上，我们要讨论的真正主角是一位名叫戴维·伯伊斯的超级明星律师。他刚一走进来，就立刻上前和戴夫打招呼 ( 他们曾经有过交往 )，然后伯伊斯与汤姆和戴夫一起喝了一杯。几分钟过后，戴夫起身到外面接了个电话，结果用了很长时间。

伯伊斯留在那里和我的朋友汤姆聊天，两个人足足谈了 45 分钟。

至于两位律师都讨论了什么，这一点并不重要，重要的是汤姆对这次聊天的回忆。

“我以前从来没见过伯伊斯，”汤姆说，“他也没有必要和我交谈。而且我要声明的是，我也并没有被他的智慧、他尖锐的提问，或者是他所讲的那些有趣的故事而打动。真正打动我的，是每次提出问题之后，他都会认真地等待我回答。他不仅在听我讲话，而且会全神贯注，仿佛当时房间里只有我一个人。”

我想说的是，汤姆所说的最后一句话正是一位接近完美的人和完美的人之间的差别所在。

我的朋友汤姆并不是一位很容易对某个人感到印象深刻的人。他是纽约一家拥有 300 名律师的律师事务所的副主席，他的伙伴戴夫也是一位非常有能力的诉讼专家。当然，伯伊斯也很了不起，他是一位名副其实的超级明星，美国政府曾经在反比尔·盖茨的“微软垄断案”中起用过他，2000 年阿尔·戈尔（Al Gore，克林顿时期的美国副总统。——译者注）在美国最高法院进行的那场申诉也邀请了他。

下面我们详细描述一下当时发生的事情：汤姆坐在那里，戴夫不知由于什么原因，一个人跑到外面打电话，伯伊斯则在这段时间里给汤姆留下了永生难忘的印象。

他根本没有理由把汤姆当成新好友。两位律师完全处于不同的领域；他们未来的职业道路有所交叉的概率微乎其微。换句话说，汤姆对于伯伊斯的未来根本不会有任何影响。可即便如此，他还是让我的朋友汤姆感觉自己是那个房间里最重要的人。无论是在表示出对汤姆的兴趣，提出问题，还是在等待汤姆的回答的时候，伯伊斯总是全神贯注，而这一习惯也在很大程度上帮助他取得了无可争议的成功。

能够让你的谈话对象感觉他是这个房间里最重要的（而且也是唯一的）人物是一项非常重要的技能，也是完美的人和接近完美的人之间的区别所在。

我的朋友告诉我，许多了不起的电视访谈节目主持人，比如奥普拉·温弗瑞、NBC 当家女主播凯蒂·库里克 (Katie Couric)、ABC 当家女主播黛安娜·索耶 (Diane Sawyer) 等，都是这方面的高手。当她们在和你交谈的时候，无论面前的摄像机有没有打开，你都会感觉对方只关心你自己。

## 经典案例 吸引美女的秘诀

我的一位英国朋友告诉我，他经常可以看到一位上了年纪的高管在伦敦的餐厅里和那些世界上最漂亮的女士就餐，并不是因为他的长相或者是任何外形上的吸引力，他是个矮个子，长着双下巴，体重严重超标，头发都快掉光了，而且已经 70 多岁了。但当我的朋友问一位跟他交谈过的女士为什么喜欢和这个人交往时，她回答："他的眼睛一直注视着我，给我一种即使英国女王走进来，他也不会把头转过去的感觉，这真是让人难以抗拒。”

正如我说过的那样，比尔·克林顿也是这方面的高手。无论你是在公开场合第一次见到他，还是在私下里和他进行一对一交谈，克林顿总是会首先了解一些你的成就，虽然并不会刻意地夸赞你一番，但他会告诉你他的确很了解你。事实上，他是当着你的面吹嘘你。（设想一下，当你还没有说出自己的成就的时候，对方就会主动告诉你你有多么了不起，而且会让旁边所有的人都听到，那是一种怎样的感觉？这会让人感觉很不错，不是吗？你难道不会喜欢上这个人吗？）再加上他那种像聚光灯一样把全部注意力都集中到你身上的本领，我想你就很容易理解为什么克林顿可以从阿肯色州的一个偏远小镇一步步入主白宫了。

我并不确定为什么许多人不会发挥这项技能。但毫无疑问，一旦到了真正重要的时候，我们每个人都能够做到这一点。

比如当我们第一次和一个自己很喜欢的男孩或女孩约会的时候，我们就会表现得全神贯注。我们会不遗余力地提出许多适当的问题，并且会对对方的回答表示出极大的兴趣，这时我们的注意力就会高度集中，就好像外科医生给病人动手术一样。如果我们真的很聪明，我们还会在谈话的过程中不断地做出调整，确保我们讲话不会太多。

或者当我们在和上司会谈的时候，我们会仔细聆听，根本不会打断他。我们会仔细观察他的声音变化，揣摩一些他有意无意间流露出来的信息。我们会紧紧盯着上司的眼睛和嘴巴，观察他的表情变化，仿佛它们都能对我们的职业前景产生重要的影响一样。一般来说，我们在和上司交谈的时候会把他（她）当成是房间里最重要的人（因为事实就是如此）。

同样，当我们在和一位会影响到我们销售业绩的潜在客户交谈时，情况也是如此。我们会在事前做好准备，详细了解对方的一切：我们会提出一些让对方比较感兴趣的问题；我们还会仔细观察对方的表情，看看他是否真的迫切需要我们的产品。一句话，在和这样的人物打交道时，我们都会全神贯注。

我们和那些超级成功人士（接近完美的和完美的人士）之间的差别就在于：那些完美人士总能时刻做到这一点，这已经成为他们的本能反应，已经成为了他们的习惯。对于他们来说，在“关心理解别人，表示尊重”的问题上，根本没有开关键。它总是开着的，时时刻刻都处于工作状态。他们并不会把一个人的重要性划分成 A 级、B 级和 C 级。他们会平等地对待每一个人，最终每个人都会注意到这一点。

在这个问题上，非常奇怪的一点是：我们所有人，无论他目前已经取得了多大的成就，都很清楚这一点。我曾经直接问我的客户：“在你们见过的所有成功人士身上，你们感觉他们最重要的人际交往技能是什么？”虽然具体的答案有所不同，但他们总是会告诉我：“让对方感觉自己非常与众不同。”

所以，我在这里所讲的并不是什么新奇或者是让人难以接受的东西，我所谈的，都是我们本来就已经意识到的问题。

可问题是：我们为什么不去做呢？

答案是：我们忘记了；我们会走神；或者说我们并没有在精神上保持足够的自律。

简单来说，就是如此。

毫无疑问，聆听是非常重要的，它要求一定程度的自律：能够保持精神高度集中。为此我发明了一套简单的测试客户聆听能力的练习。练习非常简单，就好像要求人们用手触摸脚趾来测量身体柔韧性一样：我请他们闭上眼睛，慢慢数到 50。在这个过程中，我的要求只有 1 个：在数数的时候千万不要让任何其他念头打断你的思路，你必须把全部精神都用来数数。

还有什么比这更简单的呢？试试吧。

让人难以置信的是，超过一半的客户都做不到这一点。每当数到 20 或者 30 的时候，一些烦人的念头便会偷偷溜进来，他们会想一些工作上的事，想自己的孩子，或者是自己前天晚上吃了多少东西。

这事实上是在练习你的聆听能力。毕竟，如果你不能在数到 50 的过程中聆听自己（相信大多数人都喜欢自己，也尊重自己），你怎么会注意聆听别人呢？

和所有练习一样，这项训练同样会暴露你的某些不足，并进而帮助你改进。如果我让你摸摸你的脚趾，但你却做不到，这说明你的肌肉太僵硬了。如果你能够每天都练习触摸一下脚趾，你最终就会变得灵活了。

这就是这项练习的意义所在：它可以让我们看到自己在听人讲话的时候是多么容易走神，但也能帮助我们培养我们集中注意力的能力。继续练习，很快你就可以不间断地数到 50 了，而这种新发现的集中注意力的能力会让你的聆听能力大大提高。

放下书，找个人演练一下：他可以是你的配偶、同事，甚至一位陌生人。尽量用到我们在本章当中讲过的所有技能：

- 聆听；
- 不要打断对方；
- 不要试图完成对方没有说完的话；
- 千万不要说“我已经知道这个了”；
- 不要表示你同意对方的话（即便是对方表扬你的时候，只要说一句“谢谢”就可以了）；
- 不要使用像“不”“但是”和“不过”之类的字眼；
- 不要走神，不要在对方讲话的时候让你的眼睛或者注意力转移到别的事情上；
- 在对方谈话的间歇提出一些聪明的问题，让对方感觉你一直在听他讲话，将双方的谈话推向前进，同时请对方继续说下去（同时你在聆听）；
- 千万不要试图让对方感觉你有多聪明或者多幽默。记住，你唯一的目标就是让对方感觉他很聪明，很幽默。

如果能够做到这些，你将会惊喜地发现：**你越是克制那种表现自己的冲动，你在对方眼里就会变得越了不起**。这种情况我见过多次，经常会出现很有喜剧效果的一幕。我曾经看见两个人讨论一件事情，一个人不停地夸夸其谈，而另一个人则一直在耐心地倾听、提问。双方交谈完毕之后，我问那位夸夸其谈的人感觉对方怎么样，结果发现他既不会感觉对方无聊，也不会觉得他无知或是无趣。相反，他认为对方是一个“非常了不起的家伙”！

当一个人让你感觉非常良好，让你觉得自己是房间里最重要的人的时候，你也可能会感觉对方非常了不起。

切记，这次演练并不是要教你任何新的技能，也不是教你如何引诱别人，更不是告诉你该如何使用身体语言去说服别人，你只是在练习积极地聆听。之所以说它是“积极的”，是因为你在聆听的时候有着明确的目标。如果你的目标是让对方感觉他在你面前十分重要，你就成功了。

你已经知道该怎么做了：你第一次约会的时候，在你参加一次销售会议的时候，或者是在你跟上司交谈的时候，你都是这么做的。所以从现在开始，你需要做的就是：保持这种状态。

# 第12章
# 感谢也是一种能力

> 关于“谢谢”，最让人高兴的一点就是，它可以让那些本可能引发无穷争论的讨论戛然而止。当别人向你说声“谢谢”之后，你还能做什么呢？你唯一能做的就是说“没关系”。

感谢之所以是一种有效的行为，是因为它表达了我们人类最基本的情感需求之一：感激。

感激并不是一个抽象的概念。它是一种真实的情感，无法强求，也无法苛求。你要么感觉到别人的感激之情，要么没有感觉到。一旦有人做了一些对你友好的事情，他们总是希望你能够感激他（或她），而你一旦没有去表达这种情感，你在他们心目中的地位就会大大贬值。

回想一下你上次送人礼物时的情形，如果对方忘记向你表示感谢，你会怎么看？你会觉得他们是朋友吗？还是会把他们看成是不知好歹的混账东西？

感激是一种十分复杂的情感，所以表示感激并不是一件简单的事情。它经常被理解成一种顺从的行为，甚至让人感觉有些屈辱。或许正因如此，许多家长才会不断地提醒孩子要学会说“谢谢”。而对于那些叛逆的孩子来说，这恐怕是最难教的事情之一。

还有，说声“谢谢”是一种非常重要而且非常基本的礼节。和大多数礼节一样，它可能非常程式化，而且不一定非常真诚。我们每天都会不假思索地说“谢谢”，甚至会不自觉地把它当成谈话过程中的一个停顿语。

比如很多人会在电话结束的时候向对方说声“谢谢”，这时我们甚至不会意识到这里的“谢谢”其实就是“就这样吧，不要再说了”的同义语。但这声“谢谢”的力量是如此强大，以至于经常会令对方表示服从。

关于“谢谢”，最让人高兴的一点就是，它可以让那些本可能引发无穷争论的讨论戛然而止。当别人向你说声“谢谢”之后，你还能做什么呢？你不可能跟他们大吵一番，也不可能拼命证明对方错了。

你也不可能因此勃然大怒或者是不理睬对方。你唯一能做的，就是说出这世界上最动听、最优雅的 3 个字：“没关系”。相信任何人都不会讨厌听到“谢谢”二字的。

一定要学会经常说“谢谢”，因为你在接下来的最后两个步骤——“跟进”和“前馈”当中都会用到它们。首先，让我们做几个练习吧。

## 感激他人 = 为自己积累资产

记得有一次，我乘飞机前往加利福尼亚州的圣塔芭芭拉市。快到机场时，飞机突然猛烈地颠簸了一下，是那种非常剧烈的颠簸，许多人都吓得赶紧一把抓住呕吐袋，还有很多人立刻想到了死。飞行员打开广播系统，用他特有的查克·叶格 (Chuck Yeager，退休美国空军准将，持有“王牌”称号的空战英雄，美国空军与 NASA 试飞员，第一个突破音障的人类，被认为是 20 世纪人类航空史上最重要的传奇人物之一。——译者注）口音平静地告诉大家飞机刚刚出了点“小问题”。起落架出了问题，飞机必须在机场上空盘旋几圈，直到飞机的燃料用尽，这样才能平稳着陆。要知道，在空中盘旋等待燃料耗尽并不是一件让人高兴的事情。这个时候，当你开始告诉自己“我可能会死”的时候，你会开始反思自己的人生。你会问自己：“我还有什么遗憾呢？”

至少我是这么想的。我想到了很多人一直都对我很好，可我从来没有认真地感谢过他们。

我告诉自己：“一旦飞机着陆，我会立刻向这些人表示感谢。”这种想法并不奇怪。相信许多人都有过这样的经历，在参加父母丧礼的时候，许多人内心最遗憾的事情就是没能在父母生前对他们表示感谢，没能感谢他们多年来为自己所做的一切。

最终，飞机安全着陆。我当时立刻向飞行员和机组人员表示了感谢。到达酒店房间之后，我所做的第一件事就是立刻给那些帮助过我的人写感谢信，至少写了 50 封。

也就是从那时开始，我变成了“致谢高手”。多年以来，我总是会通过电子邮件、信件还有研讨班的方式感谢人们。每次打电话的时候，我所说的最后一句话不是“再见”，而是“谢谢你”，这是我的真心话。在“学会感激”这个问题上，我是个不折不扣的原教旨主义 (Fundamentalist，原教旨主义是一种宗教运动，强调《圣经》的正确无误，以及《圣经》拥有最高权威。——译者注）者。我甚至列出了一张名单，上面写了我生命当中最应该感谢的 25 个人。我还把他们的名字用金字刻下来，为他们专门定做了证书，上面写道：“谢谢你。你是我生命中最应该感谢的 25 个人之一。”

我意识到这种做法可能有些极端，但并没有觉得它有什么不妥。我在很多方面都做得不够，但在感激别人的问题上却是不遗余力。我把感激看成一笔资产，而一个人不懂得感激将是一项非常严重的人际障碍，所以在“感激”这门功课上，我给自己打了个 A+。

这也应该是你的目标。

## 感激度练习

你可以从下面的练习开始。值得高兴的是，你并不需要像我那样感受一下大难临头时肾上腺素奔涌的经历。

无论你的人生已经走了多远，都不妨反思一下自己的职业生涯。谁对你的成功帮助最大？写下你想到的 25 个名字。问问自己：“我是否已经向他们表示了足够的感谢？”

在采取任何行动（包括开始阅读本书的下一章）之前，给所有这些人写一封感谢信。

这并不只是一个让你和其他人感觉良好的练习，写封短信可以强迫你意识到你并不是单靠自己的力量取得眼前的成就的。在这一路当中，你一直都在得到别人的帮助。

而且更加重要的是，它可以迫使你更好地意识到自己的长项和不足。毕竟，当你向某个人表示感谢的时候，你首先必须承认自己的确需要帮助，这也正是一个指出你不足的方式。如果没有在某个领域有所不足，你就不需要别人的帮助。不妨把这看成是撰写感谢信时的一个副产品，它可以帮助你看清楚自己的弱点。

就在写下这些文字的过程中，我突然意识到：告诉人们学会感激其实是一件非常平常的事情，甚至让人感觉有些像陈词滥调。但让人难以置信的是，我们当中的绝大部分人都已经忘记该做这件事情了。

最终，你会发现表示感激是一种天分，一种不亚于智慧、自我认识和成熟的天分。

## 经典案例　迟到 20 年的“谢谢”，来得恰到好处

我的一位律师朋友有一次在一个州最高法院打官司，他最后并没有赢，但那位法官却把他拉到一边，表扬他的辩护状写得非常好。

“虽然它们最终并没有说服我，”法官说道，“但你的辩护状读起来让人愉快。”

我的朋友向法官表示感谢，并解释说这一切都应该归功于自己在巴黎读书时的那位英文教授。那位教授曾经多次把他留下来，强迫他把文章写得更加简洁一些。

“你感谢过他吗？”富有智慧的法官问。

“没有，”我的朋友说，“我已经 20 年没和他联系了。”

“或许你应该谢谢他。”法官说。

就在当天晚上，这位朋友给那位仍然在圣母大学教书的教授写了封感谢信，并把整个故事告诉了他。

一个星期之后，教授回信了，在信中称这位朋友的感谢信写得非常及时。此前教授一直在挣扎着批阅几十篇学期论文，他一边批改，一边开始为学生的论文水平唏嘘不已，甚至开始怀疑自己花费那么多时间去阅读和修改这些论文到底值不值得。

“你的信，”教授写道，“让我意识到了，我做的一切都是值得的。”

这就是一封感谢信的优雅和美妙之处。如果你能给自己感谢他人的能力打个 A+，绝对不会产生任何不利的结果，这样做只有好处。

第 13 章

# 重要的事情说三遍：跟进、跟进、跟进

> 如果没有跟进，你根本不可能真正地改进自己。跟进是一个人在改进的过程中最为漫长的一个环节，它总共需要持续 12 ～ 18 个月，但真正导致最终结果的，也就是这 12 ～ 18 个月。

掌握了道歉、聆听、感谢等技巧之后，接下来你要做的事情就是跟进，不遗余力地跟进，否则过去你所做的所有努力都将付诸东流。

我要求我的客户每个月都要和他们的同事沟通，征求一下后者的意见和建议。比如我所遇到的第 1 个在“分享”方面有待改进的客户这样告诉自己的同事：“上个月，我跟你说我希望能够更包容一些。你给我提了一些建议，我想知道你觉得我做得怎样。”这个问题使他的同事不得不停下手头的工作，再次回想一下我的这位客户在上个月所做的一切，在心里估量着他的改进，并开始认真琢磨着他这段时间所取得的进步。

如果你每个月都这样做，你的同事最终就会意识到你的确在不断地改进，而且这并不是因为你在这么说，而是因为他们也的确这样认为。当我告诉你“我要做得更好”的时候，说明我相信自己可以做得更好。而当我问你“我在做得更好吗”，你给我肯定答复的时候，那说明你也开始相信我的确有所改进了。

20 世纪 70 年代末至 80 年代初，纽约市长埃德·科克 (Ed Koch) 经常走在纽约 5 个区的大街上征求路人的意见：“我做得怎样？”对于不明就里的人来说，科克的这个问题好像是一种狂妄自大的表现，一种典型的“唯我 10 年”(Me Decade，以自我为中心的 10 年，指 20 世纪 70 年代，在这 10 年中人们似乎十分专注于自己的个人幸福以及自我满足。——译者注）的表现。可科克知道事实并非如此。作为一名一流的政治家，他清楚地了解周围的人群以及他们的视角。事实上，科克的这种方式是在制造变革的过程中所必需的一种跟进策略。通过这种策略，他不仅可以改变自己所在的城市，而且可以改变人们对这位市长的看法。

通过询问人们“我做得怎样”，他可以让更多的人知道自己的确在竭尽全力，而且他十分关心大家的感受；

通过以提问（而不是肯定）的方式来传达信息，他实际上是在邀请市民们参与，让市民们感觉到城市的命运原来掌握在自己手里；

通过不断地重复这个问题，直到“我做得怎样”变成了一种个人口号，科克开始把自己所做的一切刻进市民们的大脑，让他们意识到纽约城的改造将需要持续不断的努力，绝对不可能一蹴而就。（这也从一个侧面说明了为什么科克能成为最后一个连任 3 届的纽约市长。）

最为重要的是，“我做得怎样”使得科克不得不时刻注意兑现自己的诺言。当他提出一个问题，而对方回答“不太好”时，他就必须努力改变现状，这样当他下次再问别人“我做得怎样”的时候，就不会得到同样的答案。

跟进是一个人在改进的过程中最为漫长的一个环节，它总共需要持续 12 ~ 18 个月，但真正导致最终结果的，也就是这 12 ~ 18 个月。

- 通过不断跟进，你可以不停地衡量自己的进步；
- 通过不断跟进，你可以不停地提醒人们你在努力改进，所以需要得到他们的帮助；
- 通过不断跟进，你所做的一切最终都会刻进同事们的大脑；
- 通过不断跟进，你可以消除人们对你的诚意的怀疑；
- 通过不断跟进，你实际上是在表明，改进是一个持续不断的过程，而不是像转换宗教信仰那样可以一锤定音的事；
- 只有通过不断跟进，你才能取得想要的结果。它可以给我们一种巨大的精神动力，甚至是勇气，让我们把自己所学到的理念付诸实施，因为从根本上来说，跟进的过程本身就是一个不断改变的过程。

## 我如何发现跟进的重要性

首先我要承认一点：我并不是一开始就理解了跟进的重要性。许多年前，有一次我正在为一家《财富》100 强公司准备一次培训，可能是因为考虑到培训的成本因素，这家公司的执行副主席向我提出了一个绝对合理的问题："参加这些领导力开发项目的人真的能得到改进吗？"

我想了又想，然后支支吾吾地告诉他："说实话……我也不清楚……"

在那之前，我已经培训了成千上万人，学员对我的课程大加赞赏。（虽然我知道，这些评论只能说明学员对我的课程的看法，并不能证明它的真正价值。）我还收到过学员发来的几十封感谢信，他们告诉我他们的确发生了很大的变化（但我也意识到这并不代表他们身边的人的看法）。我曾经为这个世界上最好的几家公司提供过培训，从来没有人提出过这个问题。而且，更加糟糕的是，在那以前也从来没有人提出过这个问题。

这件事改变了我的一生。在那以前，我一直是 360° 反馈的顶尖高手，我成功地利用这个理念让员工加入到对他们的管理者进行评估的行列中来。从个人方面来说，我发明了"360 度反馈"

的概念。我所开发的问卷足以帮助客户回答这样一个问题："怎样才能让我这个组织中的管理者取得成功？"虽然我很喜欢和数字打交道，却从来没有回访过任何一家公司，看看我的培训是否真的有效，那些学员是否真的会像他们所承诺的那样坚持实施自己的改进计划。我相信，他们一旦理解并听从了我这位聪明而讲求实际的导师的建议，他们就会按照我说的去做。

在这位副主席的问题的激励下，我开始展开了一场为期两年的调查。我搜集了所有的研究资料，并对所有的客户进行了回访，只希望能够解决一个问题："人们真的发生变化了吗？"

慢慢地，我从 8 家大公司那里收集的这些资料开始堆成一摞。这些大公司每年都会投入数百万美元对员工进行领导力开发培训。换句话说，他们的确把培养管理者当成一件非常严肃的事情。就这样，在对 8.6 万名过去的学员进行回访之后，我得出了以下 4 个结论：

**结论 1：并不是所有人都实现了预期的目标，至少没有完全达到他们组织的要求**。有些人可以通过训练得到改变，有些人则做不到这一点，这也不是因为他们不想改进自己。在我所回访的 8 家公司当中，有数百位管理者都接受了我的领导力开发培训，每次培训结束的时候，我都会问他们是否会坚持实践在培训过程中所学到的东西，所有人的答案都是 YES。1 年之后，当我再向这些管理者的下属们展开调查的时候，大约有 70% 的人说他们的上司的确有所改变，而 30% 的人则告诉我他们的上司没有任何变化。所有这 8 家公司的反馈结果都表现出了惊人的一致，无论这些管理者是来自美国、欧洲，还是亚洲，答案都是如此。换句话说，这项结果所反映的是一种人的本性，与这些人的文化背景毫无关系。

接下来我又对这些数据进行深入研究，希望能够找出那些在培训时承诺会坚持实践的高管们却没有兑现诺言背后的真实原因，我所得到的答案同样极其平淡。他们之所以没能做到这一点，原因非常简单：他们太忙了。培训结束之后，他们回到办公室，结果发现电话里有上百条留言要回复，有堆成山的报告要审阅批示，还有数不清的客户需要致电，这个时候他们很容易把培训时学到的那些东西忘得一干二净。

**结论 2：理解一件事情和具体做一件事情之间是有差距的。**大多数领导力开发都是围绕着一个错误观念进行的：一旦人们理解了某个理念，他们就会将其付诸实践，但事实并非如此。大多数人都能理解，但却未必都能做得到。打个比方，我们都知道肥胖不利于健康，但却并非所有人都愿意不遗余力地减肥。

这些结论并不能真正回答我的问题。它只能说明有 70% 的理解了我的理念的人会将其付诸实践，却并没有证明将这些理念付诸实践真的能帮助他们变得更好。

正是在思考这个问题的过程中，我意识到“跟进”才是那缺失的一环，无论是对于我的培训，还是对于人们的实际改进来说，都是如此。我只是告诉我的学员们，要想真正实现改进，就要学会不停地跟进，不停地去问自己的同事："我做得怎样？"但我自己却从来没有跟进了解自己的培训对客户所产生的实际影响。于是我修改了自己的目标，开始更好地关注我的学员们，不仅关注他们是否能变得更好，而且还想知道真正的原因。直觉告诉我，"跟进"是决定成败的一个关键环节。结果证明我是对的。

我跟踪了8家公司中的5家，对这5家公司高管的跟进程度进行了追踪。根据我的定义，"跟进"就是指"那些未来的准管理者们跟他们的同事之间进行的互动，其目的在于确定自己是否真的在按照预期计划实现改进"。在对跟进程度进行打分的时候，我列出了5个级别，最高是"经常性的互动"，最低是"很少或没有"。

结果表现出了惊人的一致。当那些管理者们很少或者根本不跟下属们进行跟进的时候，他们几乎没有实现任何改进。而在另一端，当管理者们真的做到不断跟进的时候，他们的改进就变得极其明显。

**结论3：如果不进行跟进，人们就不会真正实现改进。**回想起来，这些结论其实并不难理解，就像彼得·德鲁克曾经预测过的那样："未来的管理者将会是那些知道该如何提问的人。"至少我的研究说明了一个问题：那些经常从同事或下属那里征集反馈意见的管理者们能够有效实现改进。当然，那些没有跟进的管理者不一定是不好的管理者，也可能只是下属们没有意识到他们的改进罢了。

从某种角度来说，我们的工作印证了 80 多年前哈佛大学教授艾尔顿·梅奥 (Elton Mayo) 在西屋电气霍桑工厂所进行的一场试验中提出的著名的“霍桑效应理论”。霍桑效应指出，当工人们相信自己的上司对自己的工作表示出极大的兴趣和参与程度的时候，他们的生产效率就会大大提高。用最简单的话来说，当工人们意识到上司在注视着自己的时候，他们就会变得更加警觉。正因如此，当工人们感觉到上司真正在关心自己时，他们的士气往往会变得更高。

在领导力开发的过程中同样如此。当你不断跟进的时候，你周围的人都会感觉到你的确希望自己能够得到改进。当你向同事们寻求建议的时候，这说明你很关心他们的看法。当你不断跟进，比如每个月都要征求一次建议时，这说明你在认真地对待这件事情，而且你也非常在意同事们的反馈意见。这一点是非常重要的。毕竟，当一位管理者先是从下属那里征求建议，然后又忽略它们的时候，下属们就会认为管理者其实并没有真的打算改进自己。

**结论 4：成为一名更好的管理者（或者是一个更完善的人）是一个过程，而不是一次事件。**大多数高管培训都是集中到一次事件上。比如开展一个培训项目，发表一场极富煽动性的演讲，或者是进行一次集中性的反思。而跟 8 家公司打交道的经历则告诉我：真正的领导力开发培训是一个要占用一定时间的过程，它并不会一蹴而就，你也不可能通过吞下一颗魔法药丸在一瞬间让自己变形。

这个过程更像是一项体育锻炼。想象一下，一群体重严重超标的人坐在房间里，听完了一场关于锻炼的重要性的讲座，看了一些关于如何锻炼的录像带，然后可能又花了几分钟时间模仿了一下录像带里的动作。如果1年之后，这些人的体重仍然没有发生任何变化的话，你会感到奇怪吗？保持身材的秘诀并不在于弄清该如何进行锻炼，而是要坚持不懈地进行锻炼。

要想达到目的，他们必须反复实践自己在培训过程中学到的东西,而实践过程本身就需要不断跟进。“跟进”可以把“改进”变成一个持续不断的过程。不仅是对你，而且是对你身边所有参与到你的跟进活动中的人。当你邀请其他人加入到你不断改进的过程中时，你实际上就是在保证自己能够不断进步。毕竟，如果你在节食的时候知道有些对你非常重要的人每个月都会检查一下你的体重，你就更容易坚持下去。

## 如何进行有效跟进

下面让我来说明一下我是如何跟进自己的。

我有一位教练，他的名字叫吉姆·莫尔，他是一位专业教练，也是我的好朋友。无论我在哪里，每天晚上吉姆都会给我打来电话，问我一些问题，主要是一些关于体育锻炼方面的问题。每天晚上的问题都一样，但我知道他每天晚上都会打来电话，而且我也必须诚实地回答他的问题，所以我每天坚持锻炼，努力让自己变得更加健康。他的第一个问题通常是："你过得开心吗？"因为对我来说，最重要的事情就是开心，否则其他一切都将毫无意义。在问完这个问题之后，他接着会问：

- 你今天走了多远的路？
- 做了多少次俯卧撑？
- 做了多少个仰卧起坐？
- 是否吃了高脂肪食物？
- 今天喝了多少酒？
- 昨天睡了几个小时？
- 今天花了多长时间看电视或者上网？
- 今天花了多长时间写作？
- 今天是否说了让丽达（我妻子）高兴的话，或者做了让她高兴的事？
- 今天是否说了让凯莉和布莱恩（我的孩子们）高兴的话，或者做了让他们高兴的事？
- 今天有多少次毫无必要地证明自己是对的？
- 今天用了多少分钟讨论那些根本不重要或者我根本无法掌控的话题？

就是这些。我知道这些问题听起来可能有些浅薄，但我并不需要那些高深的问题。我每天都在花时间谈论人际关系，帮助我的客户改善那些对他们非常重要的关系。对我来说，“高深的问题”已经讨论得够多了。

但我的生活方式却是极其有损健康的。1 年当中，我有 200 天在路上、机场、汽车、会议中心，或者是酒店的房间里度过。如果我的妻子不提醒，多数情况下我甚至都不知道自己位于哪个时区。我根本不可能每天在家吃 3 顿饭，每天晚上睡在自己的床上，每天按时进行体育锻炼。对我来说，这是一件相当奢侈的事情。我根本不可能有固定的生活，对我来说，唯一固定的生活就是每天都在路上奔波。

所以吉姆每天晚上提出的问题我是很难办到的，这要求我有相当强的自制力。对于我来说，这些问题并不浅薄，相反它们都非常重要。因为这些电话本质上就是一种强制性的跟进。(顺便说一句，在回答了吉姆的问题之后，我还会向他提出同样的问题！)

这种方法真的非常奏效。如今我在写作的时候已经变得十分自律了(这本书就是一个很好的证明)，我的体重、消耗咖啡因的数量，还有看电视的时间都减少了很多，而且我的体型也比几十年以前更好看。

由于我已经非常了解“跟进”的重要性，所以我对这些结果并不感到意外。在这个过程中，一个关键点就是，有一个人一直在身旁支持我。对我来说，每天晚上面对同样的问题并不是我所指的“跟进”，它更像是在记日记，而且这种做法往往并不能帮助一个人走向成功。

但随着吉姆的加入（我并不想让自己的好朋友感到失望，而且他反过来也经常给我带来许多鼓励和建议），我觉得自己更有可能取得成功了。这可以帮助我不断衡量自己的进步，也可以不断告诉人们我正在努力改进。反过来说，这也会让我不断意识到自己的确在进步。当你邀请其他人加入的时候，就像是给自己树立了一面镜子，这时你就会努力在镜子里面展现出一个你喜欢看到的形象。

你也可以做到这一点。你可以为自己找一位“吉姆·莫尔”。你可能会觉得找个人每天晚上给你打电话，同时也不用付钱给他们，并不是一件容易的事，很少有人会有这样的耐心和自制力坚持每天晚上给我们打来电话。

真的是这样的吗？事实上，我们当中的许多人每天都在做类似的事。我认识很多人，他们也很忙，但无论走到哪儿，他们都会给父母打电话，问候一下他们当天过得好不好。我所在的社区有一群忙碌的母亲，她们组成了一个马拉松和10公里长跑小组，每天晚上，她们都会相互通电话，沟通确定第2天的训练情况，并彼此激励。

还有一群同事组成的瑜伽爱好者小组。他们每天的工作也都十分繁忙，但无论有多忙，他们每个星期总能抽出时间聚聚，并且会在瑜伽课程结束之后谈论各自的生活。

我们之所以能够做到这一点，是因为我们关心我们的父母，关心马拉松，希望自己能够做到更好，或者说我们很喜欢瑜伽给我们的生活带来的变化，所以我们在这些问题上很容易变得非常有自制力。这种热情同样可以延伸到我们的生活中。毕竟，改进我们的行为和人际关系难道不是和关心父母或者保持体型同样重要的事吗？

生活中几乎任何人都可以充当你的教练，比如你的配偶、你的兄弟姐妹、你的子女、同事，或者是你最好的朋友，甚至你的父母：当你还是个小孩子的时候，他们就开始在你身边念叨了，不是吗？所以我相信，他们肯定很高兴能再次念叨你，不过这次是在你的允许之下。

在选择教练的时候，我建议你参照的标准包括：

- 对方能够很容易和你保持联系。双方都不应该以技术问题为理由而影响跟进工作。
- 你的教练应当是一个对你的生活感兴趣的人，他应该非常关心你的个人利益，你可不想找一个一边给你打电话，一边打哈欠的人当自己的教练吧。比如吉姆是我的好朋友，而且也是我在肯塔基的老乡，我们都很喜欢和对方聊天，所以对于我们来说，通个电话并不是什么负担。
- 你的教练只能问那些双方事先沟通好的问题；他或她

不能对你的回答说三道四。（警告：如果你选择配偶或父母做教练，他们通常很难做到这一点。）

总的来说，这是一个非常简单的过程。仔细想想自己的生活，找出一个你希望有所改进的领域，列出一张每日需要做的具体小任务的清单，而不是那些繁重到要占用你一整天时间的事情，便帮助你最终实现改进。然后邀请你的“吉姆·莫尔”每天晚上给你打个电话，向你提出这些问题。就这么简单。

和所有练习一样，你不会立刻看到结果，但如果能够坚持下去，不断跟进，最终你就会把任务清单上的工作当成生活中的一部分。一段时间后，结果就会显现出来。你会发生变化，你会变得更加开心，而你周围的人也会注意到这一点。

第 14 章

# 前馈，在你动手改变自己之前

> 前馈的最大价值在于，它可以提供一些值得你借鉴的信息，从而使你做出真正有利于自己未来的改变。

你已经找出了妨碍自己前进的人际交往习惯。你已经就自己的错误行为向身边那些比较重要的人道了歉。你告诉他们：“对不起，我会尽量改进。”他们也对你的道歉表示接受。

你不断告诉周围的人你准备改变自己的做事方式。你一直在和身边比较重要的人进行沟通，不断提醒他们你在努力做得更好。你会不断重复自己的目标，然后直接问对方：“现在我做得怎样？”

你还掌握了一些必要的聆听技能和致谢技能。你可以平静地聆听，在这个过程中，你不会作任何点评，不会打断和反驳，也不会否认。你双唇紧闭，最多只是说一句“谢谢你”。

你还学会了如何更加积极地跟进自己的变化，日复一日地坚持自己的改进计划，不断从周围人那里获取反馈意见，看看自己是否在取得进步，同时不断提醒周围的人你一直都在不断地改进，不断努力做得更好。掌握了这些技能之后，你现在可以准备进行前馈练习了。

## 前馈的四个步骤

事实上，“前馈”是一个非常简单的概念，简单到我都不好意思用一个专门的单词来定义它。但一些最简单的概念往往也是最有效的，而且既然它们如此简单，你也就没有理由不去尝试一下。

一般来说，前馈主要包括以下 4 个简单的步骤：

**步骤 1：挑出某个你准备改进的行为习惯**。举个例子：我想要成为一个更好的聆听者。

**步骤 2：找个你认识的人，一对一地向对方描述你的目标**。这个人可以是你的妻子、上司、你最好的朋友，或者是你的同事，他甚至可以是一位陌生人。选择谁并不重要，他或她并不一定是这方面的权威。打个比方，你告诉对方：“我想要成为一名更好的聆听者。”几乎任何人都知道你所指的是什么，你并不一定需要一位“聆听问题专家”。同样，你所挑选的对象也不一定是一位聆听方面的专家。

如果你曾在长途飞行的时候与邻座的陌生人进行过一场真诚而坦白的对话，你就明白我的意思了。有时候一些最真实的建议恰恰是来自那些陌生人的。我们都是普通人，都有着人类共通的情感。我们知道什么是真实的，而且当有人向我们提出了一条真正有用的建议时，我们并不会真正关心提出建议的人是谁。（仔细想一想，一位根本不了解我们的过去，也不会对你以往的做法耿耿于怀的陌生人可能恰恰是我们进行前馈的理想对象。）

**步骤 3：请对方给你提出两条建议。比如建议你如何成为一名更好的聆听者。**当你选择的谈话对象是自己的家人、同事或朋友的时候，一定要记住，千万不要提及以前的事。所有的谈话都要面向未来。打个比方，你告诉对方："我想成为一名更好的聆听者。你能给我两条建议，告诉我如何达成这个目标吗？"对方的建议很可能是：第一，在听对方讲话的时候一定要全神贯注，集中全部精力。要选择正确的"聆听"姿势，比如坐到椅子上，身体倾向谈话对象；第二，无论你多么不同意对方的说法，千万不要打断对方。这两条建议就是我所说的"前馈"。

**步骤 4：注意聆听对方的建议。如果愿意的话，你可以做些笔记。**在这个过程中，一个最基本的原则是：千万不要做出任何判断、评价，或者批评。你甚至不应该做出任何表扬，比如"这真是个好主意"等，你唯一应当说的是"谢谢"。就这么简单。要求对方提出两条建议，注意聆听，向对方表示感谢，然后换个对象，重复整个过程。

在寻求前馈的过程中，你的对象并非只局限于一个。这就像在收集反馈意见（告诉你应该在哪些领域做出改进）的过程中不可能将反馈对象局限于一个人一样，那样只会限制你的视角，让你无法完整地了解自己的缺点。在收集前馈时，你可以尽量扩大对象范围。一旦找到可能向你提供有用建议的人，你就可以向对方征求前馈。

## 如果反馈是过去式，前馈就是将来完成式

上面我所列出的，只是收集前馈的一些基本法则，你可以在自己的工作当中随时收集前馈建议。但事实上，在我们的工作当中，这样的对话很少发生。之所以会出现这种情况，原因就在于我们并不会遵守这些限制条件：征求建议，聆听，然后致谢。即便是考虑到工作当中的礼貌，我们也会觉得自己应该保持坦诚。出于某种原因，在工作时，人们经常会在对话过程中因为要保持坦诚而引发争论。每个人都喜欢赢，我们也坚信自己一定会赢得争论。为了达到这一目的，我们甚至会不惜一切代价，用尽所有技巧，包括揭对方的伤疤来赢得“胜利”。

正因如此，即便双方在友好的氛围中展开讨论，最终也会引起许多不必要的伤害、误解以及破坏性的怨恨心理。

通过前馈的方式就可以解决这些问题。

在我看来，前馈是对反馈的极大改进。我是在 20 世纪 90 年代跟乔恩·卡岑巴赫讨论问题的时候偶然想起这种方式的。我们当时正在为“如何改进公司中的反馈机制”而一筹莫展，在当时的大多数组织当中，类似问卷调查这样的反馈机制通常只能让人们不断地重复过去，而同事之间的讨论又往往会引发“谁在什么时候犯了什么错误”之类的让人头疼的争吵。

正像我在第 3 章中简单介绍反馈历史时所说的那样，反馈有它的可取之处。它可以帮助我们确定以往到底发生了什么事，帮助我们更好地了解自己所在的组织的现状。收集反馈的过程就像读一本历史书，它可以让我们看清自己是如何走到今时今日的。阅读历史书的时候也有局限性，它只能帮助我们更好地了解过去，但却未必能让我们看清未来。

另外，前馈跟反馈却正好相反。如果说反馈，无论是正面还是负面的，可以告诉你以往的表现，前馈则可以提供一些你以后有所借鉴的信息；如果说反馈是过去式，那么前馈就是将来完成式。

关于前馈，最好的一点还在于，它可以帮助我们克服收集负面反馈意见的时候经常会遇到的两个最大障碍：第一，成功人士通常都不喜欢听到负面的意见（不管怎么说，人们总是更喜欢听到表扬而不是批评）；第二，他们的下属们很少会愿意向上司提供负面的反馈意见（无论一个人有多么真诚，指出上司的问题都不会是一个明智的举动）。

前馈可以将讨论带入一种非常亲密的氛围。如果说我前面没有说清楚（或者说我们中的某个人没有表示出足够的重视）的话，我需要在这里再强调一下，本书和它所阐述的改进流程是建立在一个不变的概念之上的。即：觉得你应该有所改进的不是我，也不是你，而是他们。他们是谁呢？你身边的每一个人，每一个认识你、关心你、牵挂你的人。

比如你想要提高自己的聆听能力，你请了一位教练来告诉你具体该怎么做。他所提供的建议可能的确非常有效，让人无可辩驳，但这些建议通常只是泛泛而谈。所以你最好还是问问你身边的人："你觉得我该怎么做呢？"这时他们就会从自己的角度给你一些特别具体的建议，毕竟他们的看法才是最重要的。他们可能并不是聆听方面的专家，但从现实情况来看，他们比这个世界上的任何人都清楚你有哪些地方需要改进。

除非你能得到所有会受到你行为影响或者是愿意努力帮助你改进的人的帮助，否则你就没有开始自己的改进。

前馈的重要性就在于此。

前馈可以消除传统的反馈伴随而来的许多障碍。

这种方法之所以有效，是因为成功人士一般都不喜欢听到批评意见（也就是负面的反馈意见），但他们都喜欢聆听对于未来的想法。如果感觉改变某种行为对自己非常重要，他们就会接受任何可能会有利于改进这一行为的建议。不仅如此，他们还会非常感激那些提出这些建议的人。成功人士需要高度的自主权，所以他们总是倾向于接受那些自己主动接受的想法，拒绝那些被强加到自己身上的建议。

前馈之所以奏效，是因为我们不可能改变过去，但却能够改变未来。而且前馈所讨论的并不是愿望、梦想，或者是其他不可能的事情。除此之外，人们做到“正确”要比证明他们是“错误”的更加容易。反馈主要讨论的是一个人的错误和缺点，而前馈则集中于解决方案，而不是发现问题。

从一个最基本的层面来说，前馈之所以奏效，因为人们并不会像对待反馈那样把前馈看成是一种比较个人化的事情。前馈并不会被看成是一种侮辱或是贬损。当别人提出一个意在帮助你改进的建议的时候（尤其是当你并没有被迫实施这些建议的时候），你很少会为此感到不快。

从纯技术角度来说，前馈之所以奏效，是因为在接受前馈建议的时候，我们所要做的只是聆听。我们可以专心致志地聆听，而丝毫不用考虑该如何回应。当你只需要说声“谢谢”的时候，你通常不会担心该如何做出聪明的回应。而且你还不能打断别人，这就使得你在聆听的时候会变得更加耐心。

在征集前馈建议时，我们通常需要在别人说话时闭上嘴巴，专心聆听。但前馈一方面可以保护提出建议的人，另一方面也可以帮助提建议的人最大限度地发挥自己的潜能。

毕竟，谁不喜欢应邀提出一些有用的建议呢？关键在于“应邀”。要想更好地征集前馈建议，我们首先必须提出邀请，在这个过程中，我们可以不断接触更多能够提出有用建议的人。除此之外，你的邀请同时也给了对方一张“回答许可证”，这张“许可证”的价值被高估多少都不为过。我坚信，我们每个人的周围都拥有一些聪明善良的好朋友，他们对我们的了解甚至超过了我们自己。我相信他们都愿意帮助我们，不过大多数人都没有选择这么做。究其原因，是因为他们觉得在没有得到别人邀请的情况下帮助别人是一种非常粗鲁的做法。但当你主动请求对方提供建议的时候，这个问题自然就可以迎刃而解。

当我主动请你提出一些建议时，你只会得到我的感激，而不是怨恨、争辩，或者是惩罚。而且你的建议甚至不一定是正确的，你也没有必要去证明自己的建议是好的，因为我并不会去判断它们，我只会选择接受或者忽略它们。这种做法可以有效地解除提出建议者的恐惧和自卫心理，不是吗？

最为重要的是，前馈可以建立一种我很喜欢在职场中看到的双向沟通。同事之间相互帮助，而不是上司对下属指手画脚，那种情景是相当感人的。它会让我们深切地感受到，当我们在帮助别人的时候，其实也就是在帮助自己。

## 征求前馈时，你可以完全抛开过去

如果我在上面提到的前馈听起来像是你在晚间电视上看到的宣称可以通过加快新陈代谢来减肥的饮食技巧的话，我要向你道歉。前馈并不会让你变得更苗条，但它可以让你更加快乐；前馈并不会让你毫无意义地念叨那些根本无法改变的过去，它只会鼓励你把时间用来征求一些面向未来的建议。它最重要的作用在于：在征求前馈的时候，你可以完全抛开过去。

这一点非常重要。反思一下，你的组织每年要花多长时间来批评员工的失误，反复提及以往的那些失误会给我们带来多大的心理压力？而一句“请问我们今后怎样才能做得更好”所起到的作用则截然相反。

一则古老的佛教寓言说明了抛开过去的意义所在。

## 经典案例　“把姑娘背到庙里”的和尚

两个和尚沿小溪而行返回寺庙，突然，他们看见一位年轻的姑娘正坐在小溪边轻声啜泣。这位新娘打扮的姑娘一边看着水流，一边任由大颗的泪珠从脸上滑落。她正要赶去举办自己的婚礼，可又害怕河水弄脏了她漂亮的衣服。

要知道，佛教徒是不允许接触女性的。但其中一位和尚对这位姑娘表示出了极大的同情。只见他背起这位姑娘趟过了小溪。然后，姑娘一边微笑，一边向这位和尚鞠了一躬，表示感谢。而和尚则转过身去，趟过小溪，回到了同伴身旁。另一位和尚则气得脸色发青。“你怎能这么做呢？”他怒斥道，“你知道我们是不能近女色的，更别说背着一位姑娘到处乱走了。”

就这样，在返回寺庙的路上，第一位和尚一直沉默不语，听着同伴的训斥。他一边感受着温暖的阳光，一边倾听着鸟儿的鸣唱。返回寺庙之后，他倒头便睡，一连睡了几个时辰。正在酣睡的时候，他突然被人摇醒了。

“你怎能背那位姑娘呢？”他的同伴不安地大叫，“可以让其他人帮助她过河啊，你不是一个好和尚。”

“什么姑娘？”睡意正浓的和尚问。

“你居然不记得了吗？就是那个被你背过河的姑娘。”同伴叫嚷。

“哦，是她啊，”睡意正浓的和尚大笑着说，“我只是把她背过了小溪，可你却一直把她背到了庙里。”

这则寓言给我们的启示是：**与其“背着”过去的缺点不放，不如把它留在小溪边。**

我并不是说我们要忘记过去。你需要收集反馈意见才能更好地了解过去，找出需要改进的地方，但你不可能改变过去。要想真正有所改变，你需要做的是更好地面向未来。

所有的赛车选手都曾经被告知：“要看路，不要看墙。”

这就是前馈的价值所在。它不仅可以帮助你赢得比赛，而且还会让你更好地享受自己的旅程。

第四部分

Pulling Out the Stops

# 向前一步，尽善尽美

做任何事情只有走好最后一步才会有一个完美的结局，改变自己也一样。

你已经为克服自己顽固的破坏性习惯作出了不懈努力，千万不要功亏一篑。作为你的教练，我会善始善终地带你走好最后一步，让你由内至外焕然一新。

## 第 15 章

# 选出最有利于你获胜的“牌”

> 随着一个人生活阅历的不断丰富，你就会发现，那些成功者最典型的特点之一就是：他们总能选到最有利于自己的牌面，而且他们并不觉得这是一件丢人的事。

如果一定要我按照在最短的时间里改进的程度给客户打分，得分最高的应该是一家大型制造公司的部门经理哈伦。

### 经典案例 找到合适的人，一切都没问题

哈伦掌管着一个极为庞大的部门，手下有 40 000 名员工，尽管如此，他的工作非常出色。在他的直接下属们心目中，哈伦是一位了不起的上司。而哈伦的上司，也就是这家公司的 CEO，迫切地想要哈伦把眼光放到整个公司上，以便能够在不远的将来担负起领导整个公司的重任。

我指导哈伦完成了整个过程，一起下决心做出改进，向所有提出反馈意见的人道歉，告诉他们自己准备做出改进，并且坚持跟进，了解自己在他们眼里做得怎样。我之所以认为哈伦是我最好的客户，其中一个原因就在于他完成整个过程的速度。他完全理解了我所讲述的一切，并迅速将其付诸实施。一般来说，我觉得完成整个过程大约需要18个月的时间，可就在12个月之后，我的反馈调查表明，哈伦已经提前完成了任务。事实上，他是我见过的在最短的时间里进步最大的人。

我乘飞机到达哈伦所在公司的总部，走进他的办公室，告诉他："好了。我们已经完成了。你的得分是我见过最高的。"

"什么意思？我们才刚刚开始啊！"

"哦，我刚刚花了很多时间从你的同事那里收集反馈意见。没错，我们在一起的时间并不长。但通过我所收集的资料表明，你和同事之间在去年出现的问题如今已经彻底解决了。他们现在觉得你已经能够放开眼界，学会从整个公司的利益考虑问题了。千万别忘了，如今你每年可以赚数百万美元。你的时间非常珍贵，比我的还要珍贵。你觉得CEO希望你把时间用在什么地方？为公司赚钱，还是和我闲聊？我想我们都知道答案。我的工作并不是计时收费，我只是想帮助人们做得更好。现在我们已经做到这一点了。”

哈伦表示同意。我对自己感到非常满意(说实话,我甚至还有那么一点点的自满),所以我又浪费了他一点儿宝贵的时间,问道:“你觉得自己从整个过程中学到了什么呢?”

他的回答让我大吃一惊。“我发现,马歇尔,对于你的工作来说,最关键的是客户选择。你只选择那些几乎不可能失败的客户,你的牌面完全是按照有利于自己的方式排列的。”

他的回答之所以让我感到吃惊,是因为他并没有在谈自己,他把焦点转向了我。然后他又说了一些非常有意思的话:“我非常钦佩你的这种选择能力,因为这也正是我在这家公司的主要工作。只要能够找到合适的人,一切都没问题。但如果我找到了错误的人选,那就连上帝也没办法了。”

我想这也正是我认为哈伦是最好的客户的另外一个原因。我的方法虽然看起来非常简单,但哈伦却能看透我的用意,并且能够从我的方法当中得到有利于自己的启示。没错,我的确是在让事情变得更容易,我不会选择那些不利于自己的赌局。在选择客户的时候,我只会选择那些非常有潜力取得成功的客户。为什么不这样做呢?

杰克·韦尔奇曾经告诉《时尚先生》(*Esquire*) 杂志，他小时候在玩沙地垒球 (Sandlot Baseball) 的时候发现了一个真理："当你还是小孩子时，你总是最后一个被选入球队，并且在适当的时候被派上场。许多年过去了，如今轮到你来选择球员出场了。随着年龄的增长，我逐渐意识到，只要能选到最好的球员，你就能赢得比赛。"

随着一个人生活阅历的不断丰富，你会开始思考到底是什么让一个人成功，会开始考虑为什么有些人能够成功，而有些人却总是失败。这时你就会发现，那些成功者最典型的特点之一就是：他们总能选到最有利于自己的牌面，而且他们并不觉得这是一件丢人的事。

比如他们会在招聘员工的时候选择最优秀的应聘者，而不是那些普通的候选人；他们会想尽办法留住最有价值的员工，而不是把他们拱手让给自己的竞争对手；他们会在谈判之前做好充分的准备，而不是草草上场。

如果仔细研究一下那些成功人士，你会发现，帮助他们走向成功的，并不是他们在一路上克服了多少艰难险阻，而是避免了多少高风险、低回报的投资，并竭尽全力提高自己的胜算。

打个比方，不知道你是否想过这样一个问题，在你的组织当中，那些最成功的人为什么总是会拥有最棒的私人助理呢？答案非常简单：成功的高管们都非常清楚，一个好的助理可以帮他们规避很多让自己分心的琐事，这样他们就可以专心致志地做那些最重要的工作。如果你以为高管们纯粹是因为运气好才选到最好的助理，那就说明你需要多了解一下怎样掌控自己的牌面。

对于成功人士而言，这种策略是如此明显，以至于我都不好意思在这里提到它，好像它会引来读者的一片嘘声。但让人感到吃惊的是，许多人似乎并没有想到这一点。

在谈到人际交往行为的时候，许多人似乎失去自己的常识。他们看不清自己在生活中的真正使命，不知道该如何找出或接受那些让他们止步不前的行为。他们不知道该如何选择合适的策略解决这个问题，而且他们常常会选择错误的目标。换句话说，他们很可能在不经意间选出对自己不利的牌面。

接下来的 8 条法则将帮你更好地解决这个问题。只要能够遵循这些法则，你就会布置出最利于自己的牌面。

## 法则 1：改变行为不能解决一切问题

几年前，曾经有一家大型制药公司的 CEO 邀请我担任他的教练。经过初步的调查，我发现他的反馈报告非常出色，他的同事和下属都很喜欢他，所有跟他有过接触的人都给了他非常正面的评价。我从来没见过这么完美的反馈报告。

我问自己：“到底怎么回事？我为什么要来这里？”这位 CEO 告诉我他对当前正在改变整个公司的技术革新一头雾水，

发现自己根本没有办法跟一些下属进行沟通。

“你是个很棒的高管，”我说，“我很希望能跟你共事。可问题是，你所面临的问题不是我所能解决的，你真正需要的是一位技术专家，你并不需要我。”他有点儿像是一名胸腔疼痛的患者，以为自己得了肺癌，可实际上只不过是肌肉拉伤罢了。

有时候我们会把人际关系问题跟其他问题混淆，比如这家制药公司。但在有些情况下，行为缺陷和技术不足之间的界限并不是那么明显。

## 经典案例 “你需要的是一位媒体教练，而不是我”

还有一次，我被邀请去为一家大型投资银行的CFO(首席财务官)作指导。我们习惯叫他戴维。戴维是一个非常有趣的家伙：年轻、野心勃勃、勤奋、干劲十足，而且总是能够完成任务，更为人称道的是，他并没有因此而狂妄自大，自以为无所不知。事实上，几乎所有的人都很喜欢他。如果说生活是一场扑克牌比赛的话，戴维手里的牌是4个A和1张9。(他并不是毫无缺点，但也已经非常接近完美了。)你只要从周围的人谈论他的方式中就可以看出这一点。办公室里的女士们总是喜欢围在他身边，他的下属们对他充满了崇拜，来自其他部门的同事们也都很喜欢跟他打交道，把他当成自己最好的朋友。戴维似乎生活在一个完美的世界里，周围的一切都是那么协调有序。

我不禁问自己：“我为什么要来这里？”

我在反复研究了戴维的反馈资料之后，问题终于浮出水面了。戴维所面临的并不是任何人际关系上的问题。除了大家一致认为他可能在聆听方面需要有所改进之外，几乎所有的人都觉得他并没有什么不足的地方。

但这并不会影响人们对戴维的好印象。许多能够激起下属忠诚感的高管都是很好的聆听者，这本身就是他们人际交往技巧当中的一个重要组成部分。

可当我再次进行深入分析之后，一幅更为复杂的画面出现了。原来戴维一直是他所在公司的媒体发言人，他每个季度都要向媒体通报公司的业绩。一段时间以来，这家公司也遭遇了本世纪初几家大公司出现过的道德问题。可问题是，同样遇到类似问题的其他公司都得到了媒体善意的对待，但戴维的公司却似乎成了众矢之的，每天报纸都会用头版头条来诋毁公司的声誉，戴维为此承受了巨大压力。

公司的人开始怀疑戴维向媒体通报的信息是否正确：“我们做得很好，可我们的业绩并没有得到认可。戴维负责向公众公开信息，可他显然没有做好自己的工作。由此可见，戴维并没有认真听取我们的意见。”

如果你是他的下属，你也会觉得这种想法非常符合逻辑。但戴维并不这么认为。

戴维的问题并不是他没有聆听别人。作为这家公司的CFO，他比任何人都更清楚公司的业绩状况。戴维的问题在于他不善于向媒体发布信息。

这并不是一个行为问题，而是一个技术问题。戴维的确需要一名教练，但他所需要的是一名媒体教练，而不是我。

在收集反馈意见的时候，一定要小心。如果方式得当，反馈意见并不会欺骗你。它可以让你看清身边的人都在想些什么。但人们对于反馈意见的解释可能会出现偏差（你只看到自己想要看到的东西），或者这些反馈资料会被误读（你会看到一些根本不存在的问题）。

一定要记住这一点。有时反馈所反映的只是症状，而不是疾病。症状犹如头痛，只要过一段时间，它自然就会消失。但如果你得的是脑瘤，问题就变得严重了，你需要立刻接受治疗。我曾经在那些业绩暂时下滑的公司当中看过这一幕，当这些公司出现一些负面反馈信息的时候，其实只是公司的员工在乱找替罪羊罢了。

有时候，就像戴维的情况一样，反馈所表现出来的并不是真正的问题，这时就一定要小心了，因为你很可能是在试图修理一个根本没有破损，或者不需要修理，抑或是根本无法修理的东西。

## 法则2：区别“错想”和“错选”

在跟客户打交道的时候，我首先必须考虑的问题之一就是帮助客户区别“错想”和“错选”之间的差别。这一差别十分微妙，但的确存在。

这一区别是心理学家们在研究购物科学的时候发现的。打个比方，我们想买一件毛衣，然后根据自己的爱好选择了一件毛衣。人们选择一件毛衣的时候可以有很多原因，比如是为了保暖，可能是因为喜欢它的手感，也可能是喜欢它的款式，或者因为它是世界上最好的毛衣，也可能是最昂贵的（或是最便宜的），或是最时尚的。总而言之，人们选择一件毛衣的原因几乎是无穷无尽的。但基本上来说，人们之所以想要一件毛衣，就是因为它能让自己更开心。所以，当我们发现自己想要的东西并没有让自己更开心的时候，那就说明我们“错想”了。

而选择则稍有不同。一旦我们决定了自己想要什么毛衣，我们就必须从各种各样的选择当中确定自己想要的那件。是那件标着阿玛尼商标，要价 1 000 美元的蓝色羊绒毛衣，还是那件从 Land's End 挑选的标价 49 美元的蓝色羊毛衣呢？两件都具有很好的保暖性能，而且都很时尚（如果这是我们的一个选择标准的话），但如果我们手头的预算有限的话，后者显然是一个更好的选择。

人们在决定该如何改进自己的时候也会遇到同样的情况，所以在接触一位客户时，最主要的任务之一就是首先帮助他们弄清自己的目标和实现目标的方式之间的区别。二者之间的区别跟“想”和“选”之间的区别类似。我并不会干涉客户“想”的那一部分，这跟我毫无关系。评价一个人的人生目标就像是在判断他活在这个世界上的价值，我不会那样做（而且我也不想听到别人评判我的人生目标）。所以这也就是我为什么要强调“保持中立”的原因所在。

可当谈到“如何实现自己的目标”这一问题的时候，我就会开始发表自己的意见和建议。在这个问题上我不会继续保持中立。毕竟，一旦做出了错误的选择，他们就会失败，而这就意味着我也会失败，而这显然不是我的人生目标。所以我会很认真地跟我的客户进行讨论，帮助他们确定自己到底希望在哪些领域做出改变。

首先，我们会一起总结一下他们有哪些地方做得对，有哪些地方需要改进。毫无疑问，成功人士之所以成功，就是因为他们做对了很多事情。这点是不容置疑的。

其次，我们会把目标范围进一步缩小。并非所有的问题都需要得到解决。即便是在说服客户下定决心改进之后，我也很难让他们接受“并非所有方面都需要改进”这一原则。成功人士总是喜欢过度承诺。如果你列出了 7 个坏习惯，他们会想要一次全部改正。这也正是他们取得成功的一个原因。所以人们常说：“如果你想要完成一件工作，最好的办法就是把它交给一个忙人。”所以我的第一项任务就是告诉他们“千万不要过度承诺”，并且让他们接受这一点。

除此之外，我心里非常清楚，给别人太多选择只会让他们陷入混乱。在面对太多选择的时候，人们往往会在不同的选择之间反复斟酌，希望能够让自己的选择得到最大回报。成功人士回避错误的欲望甚至比追求正确的欲望还要强烈，当他们开始无休止地追求最佳选择的时候，他们最终很可能不会作任何决定。

所以我总是让他们首先确定一个需要修改的项目。在大多数情况下，我会把这个过程当成一个纯粹的数字游戏。比如你来请我作培训。我们首先列出了 5 个需要改进的领域：在你的同事中有 10% 的人认为你不会聆听；10% 的人认为你没有分享信息；20% 的人认为你非常不善于按时完成工作；40% 的人认为你太喜欢传播流言了；80% 的人认为你太容易发脾气。

在这种情况下，我们应该先集中精力解决哪一个问题呢？客观来说，回答这个问题根本不需要动脑筋。你最大的问题就是太容易发脾气，每 5 位同事中就有 4 位认为你脾气太大了。我们首先就需要解决这个问题。

你可能会觉得这太简单了。可一个有趣的现象是，我所共事的许多人总是会刻意忽略那些迫在眉睫的问题，而把注意力转向其他并不太重要的问题。我也不清楚为什么会这样。可能这是一种拒绝心理。（虽然这时我的客户们往往已经下决心要做出改进，似乎不应该再有什么拒绝心理了。）可能我们会本能地选择那些阻力最小的道路，想要先从最容易的工作开始。

不管由于什么原因，作为一名教练，我的工作就是让你意识到你必须学会更好地控制自己的情绪，其他问题暂时都不重要。你的同事当中，甚至有超过一半的人根本没有提到你所说的问题，所以你应该首先选择最重要的问题加以解决。

从某种角度来说，我也能理解为什么人们总是不容易选定需要改进的领域。

比如在打高尔夫球的时候，几乎所有人都知道，在 70% 的情况下都是在 30 米之内击球得分的，这也就是所谓的“短打”，短打主要包括短切球、高抛球、沙坑球以及推球等。如果你想取得好成绩，就一定要擅长短打。毕竟，它代表着 70% 的得分。但如果你去参加高尔夫培训的话，你会发现，很少有人愿意练习短打，他们都喜欢用加大杆面的球杆进行长距离击球练习。

从统计数据上来说，这种做法并不合理，因为几乎在所有的 18 个洞当中，他们通常只会做出 14 次长距离击球，而至少要做出 50 次短打。从体育运动的角度来说，他们的这种做法毫无意义。短打要求的是一些比较微妙的肌肉运动，所以短打通常要比长距离击球时的剧烈的肌肉运动更容易掌握。从竞技的角度来说，这种做法也毫无意义。因为只有提高短打技能，你才能有效地提高自己的分数，并最终打败对手。

数据不会撒谎，即便是最狂热的高尔夫爱好者都会故意逃避真相,拒绝面对那些自己真正需要解决的问题。（直觉告诉我，沙坑起球并不比开球更加有趣。但谁知道呢？）如果高尔夫球手真的想要提高自己的技术，他每天用来练习短打的时间应该是练习长打的 3 倍，可很少有人会这样做。事实上，要想让他们专心练习短打，很可能需要专门请一位严厉的教练。

如果即便是在打高尔夫球这种十分有趣而且完全在人们的控制之下的游戏中都会出现这种情况的话，可想而知，让人们直面工作当中的问题该有多困难了。毕竟，虽然工作中的改进会给人们带来更大的收益，但这种改进的结果往往并不是人们可以控制的。这也正是我如此慎重地对待这一问题的原因。

当人们决心要有所改进的时候，他们往往会选择一些比较困难，比较能体现出英雄气概的领域。事实上，我总是会在客户们改进流程的开始而不是结束时，为他们鼓掌叫好。一旦他们下定决心，并认真接受我的建议，他们的成功几乎是不容置疑的，而我并不需要为一个既成的事实大声叫好。

## 法则 3：不要在选择改进领域时欺骗自己

我曾经受邀为一位名叫马特的 CFO 提供指导。他是一位非常合格的CFO，熟练财务报表，在金融方面比银行家还要在行，而且总是能够让自己的公司在财务上保持稳健。他的主要问题也出现在人际交往技能上。事实上，作为掌管公司现金流动的重要人物，马特手中掌握的权力甚至超过了公司历史上的任何一位CFO。如果你想要了解任何关于成本的问题，首先最应该拜访的地方就是马特的办公室。马特几乎掌握着任何一个项目的生杀大权，在这个问题上，他的影响力丝毫不亚于公司的CEO。

但问题就在于此。马特已经形成了一种自以为是的心态，所以他经常会在跟人交往的时候冷言冷语，而且就连他的直接下属也感觉越来越难接近他。

我就是在这种情况下来到马特身边的。

“马特，我们需要做出一些改进。”我说。

马特立刻打断了我：“我觉得我应该先去减掉10公斤，让我的身体更健硕一些，这才是我真正应该做的。”

“真的吗？”我本来以为他会拒绝改变自己的管理风格，可没想到他居然跟我讨论起了减肥。

“是的，”他说，“我非常认真。”

“你觉得体型比改进工作还要重要吗？”我问。

“我的体型才是让我不开心的原因，”他说，“所以我才会变得如此暴躁。只要能够解决这个问题，说不定所有的问题都可以迎刃而解了。”

不得不承认，我十分赞赏他的坦诚，而不是他的逻辑。情况跟我收集到的反馈信息一样，他是一个非常自以为是的家伙，甚至到了虚荣的地步。他认为自己无所不知，而这也正是他需要改进的地方。

当然，我知道，如果一个人失去健康，其他一切都会变得不重要，所以或许马特说的是对的。或许当他对自己的外表、健康状况感到满意之后，其他一切问题都会迎刃而解。

所以我决定继续讨论下去。

我说："看，我的反馈报告上说你需要变得更平易近人一些，不要太焦躁，不要那么自以为是。可是你却觉得真正的问题在于如何减掉腹部的赘肉。你觉得哪个更容易？是提高人际交往能力，还是减肥？"

"当然是减肥，"他说，"这个很容易，只要能够控制住自己，按照一定的流程并坚持下去就可以了。"

"嗯……"我想，"这个说法并没有什么不对。只要能够遵循一定的流程，坚持下去，你就会得到自己想要的结果。"

可只有一个问题：要做到这一点并不容易，要想坚持下去就更难了。

但马特显然并没有看到这一点。

在过去的 20 年里，我至少有 3 000 个夜晚是在酒店里度过的，由于时差原因，我经常躺在床上无法入睡，这时陪伴我的只有身边的电视广告了。换句话说，我对那些叫卖"最新减肥方案”的晚间广告是再熟悉不过的了，所以我非常清楚广告商惯用的伎俩。

“你愿意为这样的体型付多少钱？”

“1 星期见效。”

“感觉好极了。太简单了！”

“每天只需 18 分钟，平坦你的小腹，带给你梦寐以求的完美身材。”

所以我很清楚马特为什么会觉得塑造体型要比改进人际交往技能更加容易。他的脑子里整天想的都是媒体上的那些空头承诺，相信任何人都可以轻轻松松地拥有世界一流的身材。

我并不是在质疑马特的目标，我只是担心他是否真的理解了人们是如何确定目标、实现目标的。

作为一名心理学家，我曾经对人们确立目标和实现目标的心理进行过专门的研究。我发现很多人都把减肥当成自己的目标，原因在于：1. 很多人都对这一目标非常感兴趣；2. 体重是一个非常容易衡量的指标；3. 美国人的肥胖是出了名的，而且美国人减肥失败的记录也一直居高不下。根据我的研究，美国人之所以很难实现减肥的目标，主要是因为他们错误地估计了 5 个因素：

- 时间：减肥所花费的时间通常比人们想象的更长，他们对此根本没有做好充分的心理准备。

◆ 努力：减肥比他们想象的还要困难，有时他们甚至会感觉根本不值得付出那么多努力。

◆ 干扰：他们没有预料到会有一些“突发事件”来打断自己，使得自己经常不得不放弃既定计划。

◆ 回报：即便是在取得一些实际的改进之后，他们也很难得到预期的反馈意见。周围的人可能并没有注意到他们的变化，甚至并不喜欢他们改变后的样子。

◆ 维持：一旦实现目标之后，人们就会发现保持身材比他们想象的要困难得多。由于并没有打算把减肥时的做法维持一生，所以他们很快就会恢复以前的样子，或者干脆放弃。

以上就是我在马特的办公室里告诉他的话。我并不是在劝说他不要减肥。如果那能让他感到快乐，我非常乐意接受。我只是在尽量让他认清自己的做法。

毫无疑问，塑造体型是一个可行的目标，很多人都已经成功地做到了这一点。但问题是，对马特而言，它做起来并不容易。首先，它会占用他大量的工作时间。事实上，它真正需要的时间和精力可能比所有的电视广告、健身书以及健身房里的健身教练所建议的都要多。而且他在公司的工作和家里的事情很可能会迫使他不得不中途放弃。更为重要的是，即便是实现了自己的目标，马特也不一定就会变得不那么暴躁。相反，更好的体型可能会让他变得更加虚荣、更加自满、更加让人难以忍受，而且也没有人能够保证同事们一定会喜欢他的新体型（他们甚至可能感到厌恶）。

我能够清楚地感觉到，我所说的最后一点打动了马特。他跟同事之间的关系已经出现了问题，改变体型有可能会让这种关系变得更加糟糕，这点是他从来没有想到过的。但事实可能的确如此，因为塑造体型的过程完全排斥了周围的同事，这只会让人们更清楚地认识到，他是一个多么喜欢以自我为中心的家伙。

我的建议虽然没有彻底改变马特的想法，但这次会谈也达到了预期的效果，因为人们在制定健康或健身计划时所犯的错误是非常典型的，几乎适用于所有的目标设定过程。如果你想成功地为自己设定目标，首先你必须在开始设定目标之前面对这样一个现实：快速实现的目标可能并不能维持长久，而且你想要的目标可能并没有你想象的那么有意义。要想维持长久，你需要花费大量的时间，大量辛勤的努力，甚至要做出很多个人牺牲。而且即便是你做到了这一切，最终的结果也可能并不像你想象的那样。

这听起来有点危言耸听，但我相信，对于想要实现真正改进的人来说，这些建议都是有用的。

“好了，”我问马特，“我们现在可以讨论一下你的同事们是怎么看待你的吗？”

## 法则 4：不要回避你需要知道的真相

我现在已经快 60 岁了。对于一个像我这样年龄的人来说，他所需要的最重要的反馈就是一年一次的体检。从某种角度来说，这可是事关生死的重要信息。可尽管如此，在过去 7 年里，我还是会想尽办法来刻意躲避体检。想要连续 7 年做到这一点并不容易，但我总是会告诉自己："等我开始采用'健康食谱'之后就去做一次体检。等开始健康练习之后，我就去做体检。等身材变好之后，我就去做体检。"

我到底在蒙谁呢？医生？我的家人？还是我自己？

不知道你是否有过类似的经历？反正在我指导过的高管当中，有一半人都为自己找过类似的借口。

去看牙医怎么样？在拖延到不能再拖延的地步之后，你是否还会在去看牙医之前疯狂地折腾自己的牙齿？

必须承认，在这些疯狂的行为背后，隐藏的是我们要赢的欲望。我们想要在医生或者是牙医的"测试"中取得好成绩，所以我们会不遗余力地进行大量的准备。

除此之外，我们之所以这样做，一个更大的原因在于我们总是想回避真相，而且往往是那些我们已经知道的真相。我们知道自己需要去看医生或牙医，但我们还是不想去，因为我们害怕听到真相。我们相信，只要不去看医生或牙医，就不会有什么坏消息。

我们在自己的个人生活当中也会有同样的行为。打个比方，我给一家大型销售组织提供培训的时候，曾经对他们的销售人员进行过一次现场测验。

“你们的公司是否举行过客户反馈培训？”

大家纷纷说 YES（是）。

“这种培训是否有效？它是否告诉你具体需要怎么做？”

又是一阵 YES。

然后我又问在场的男士 ：“你们在家里征求过多少次反馈？比如你们是否会问自己的妻子 ：‘我要怎样做才能成为一位更好的丈夫？’”

没有人说 YES 了。一阵沉默。

“你们真的相信反馈的作用吗？”我问道。

又是一阵 YES。“当然！”大家异口同声地说。

“好吧，我想你们的妻子一定比你们的客户更重要吧？”

大家纷纷点头。

“那么你们为什么不收集一下妻子的反馈呢？”

我可以很明显地感觉到在场男士的大脑在飞速运转，这时他们也开始明白了一件事情 ：他们害怕听到答案。可能是因为他们不敢知道真相，而且更加糟糕的是，他们可能在知道真相后必须有所行动。在关于人际交往技巧的问题上，我们也会犯同样的错误。我们相信，只要不去请别人来评判我们的行为，就不会有人说出批评的话。

这种想法显然不符合逻辑，必须停止。毕竟，找出真相总比一味躲避更理智。

## 法则5：世界上没有完美的行为模式

确立标准——为他人和组织寻找理想的模式，是人们在改进过程中遇到的最大难题。模仿榜样并非对我们没有帮助，但是如果应用不当，它所带来的危害往往更大。有时人们想要变得“完美”的欲望会让他们连变得“更好”的机会都没有。

在我的职业生涯中，我接触过许多成功的行为模式，但它们都来自于不同的人。这个世界上根本不存在完美的人，就好像同样不存在完美的组织一样。这可能会跟许多人的想法有所不同，许多人都相信自己可以找到完美的高管，而自己可以把他们当成理想的榜样。

你不可能，也没有必要做到事事完美。如果说一位模范高管应该具有39个成功特质的话，你通常并不需要同时具备这39个特质，你只需要拥有其中几个就可以了。即使你可能并没有体现出太多的成功特质，但真正重要的在于，你的问题到底有多严重？是否已经严重到需要修整的地步了？如果不是，你就根本不用担心它，一切正常。

对很多人来说，迈克尔·乔丹(Michael Jordan)无疑是人类历史上迄今为止最出色的篮球运动员，可他的棒球水平却极为一般，如果说是打高尔夫的话，他的水平甚至比不上我在圣迭戈的住所周围 250 米以内的大部分打过高尔夫的人。如果说迈克尔·乔丹这位天生的超级运动员（事实上，他已经成了所有其他篮球运动员的榜样）都只能在一项运动中取得突出成绩的话，你凭什么相信自己能够事事做到完美呢？

这个道理不仅仅存在于体育运动当中。由于工作的关系，我接触过许多金融服务行业的人。每当了解这些公司的行业排名时，我发现往往都是一家公司在投资银行领域排名第一，另一家公司在并购领域排名第一，而在固定收益证券领域排名第一的又是另外一家公司，这样的情况可谓不计其数。没有一家公司能够在所有领域都做到第一，甚至很少有公司能够同时在两个领域做到第一。

当所有的公司都配备了来自顶级商学院的顶尖专家的时候，它们所面临的竞争必将更加激烈，所以在这种情况下，很难有任何一家公司能够在所有领域里占据主导地位。

在职场上也是如此。看看你的同事，有人是最好的销售员，有人是最好的会计，还有人是最好的经理，但很少有人能够在所有领域都做到最好。

当然，我并不是在鼓励大家都甘于平庸。事实就是如此。所以你必须学会取舍，选择一个最需要改进的领域，而不是幻想着能够在所有领域都齐头并进。

即便是在选定了高管培训这个狭窄的行业之后，我还是进一步缩小了自己的职业目标：帮助人们实现长期的积极的行为变革。我不会去做战略咨询，我不会去革新，我不会去做信息技术、媒体关系，或者是工业心理方面的咨询。我不会做的东西有很多很多，列出来的名单足以做成几十本书。我可以接受这一点，因为我只要能在自己选定的狭窄领域里做到最好就可以了。只要我能在这样一个狭窄的领域里做到最好，其他的一切就都变得不那么重要了。

在行为变革的过程中也是如此。选择一个对你来说最重要的领域，立刻开始对其发动“攻击”，直到最终解决问题。如果你需要提高自己的聆听技巧，不妨把你的目标确定为“成为一名更好的聆听者”，而不是要成为世界上最优秀的聆听者。如果你不擅长分享信息，不妨把目标定位为“提高自己的信息分享水平”。但需要注意的是，你不可能在所有人眼里都做到完美，而且也没有必要做到这一点。

在谈到长期的积极变革的时候，我们通常只有一把枪，一发子弹。在这种情况下，你所能击中的目标也只有一个。

另外，忽略榜样还有其他好处。通常情况下，人们会担心一旦自己在某个方面做到最好，自己在其他方面的表现就会受到影响。事实并非如此。从统计学的角度来看，当你在一个领域变得更好的时候，它往往会帮助你在其他领域也变得更好。迄今为止，我所收到的超过两万份反馈报告都说明了这一点。如果你想要提高自己的聆听能力，那么以后人们就会觉得你在对待他们的时候更加懂得尊重他们。一旦学会了尊重对方，你可能就会开始更好地聆听他们的想法。而你一旦真正向别人敞开心扉，好的建议自然就会源源不绝。这反过来又会让你变成一位更加专注、更加开放的管理者，整个团队的士气也会因此得到提高，从而你的业绩也会大大提高。就这样，一个变化最终会带来一连串的积极反应。大量统计数据都说明了这一点。

## 法则6：制订可量化的目标

大多数商务人士每天都会花大量的时间用来计算。比如会计要算销售额、利润、增长率、投资回报率、收入开销比例等。在很多情况下，要想成为一名有效的管理者，你必须学会建立一套可以对一切工作进行量化的系统。只有这样，你才能知道自己当前的进展如何。

既然我们对计算如此着迷，为什么不考虑计算一下工作场所当中的那些“软性值”呢？计算一下，你对人们态度粗鲁的频率是多少？你在会议上征求人们建议的频率是多少？你在听完别人的建议之后闭上嘴巴（而不是发出一些无谓的贬损之词）的频率又是多少？

这些软性值往往很难量化，但从人际交往的角度来说，它们的意义丝毫不亚于任何硬性指标。如果你想要改变自己的行为，就一定要注重这些软性值。

## 经典案例 与家人待在一起的时间也应该量化

大约10年前，我决定要成为一名更加关心孩子的父亲，于是我问女儿："我怎样才能成为一名更好的父亲呢？"

她说："爸爸，你经常在外出差，但我并不介意这一点。真正让我感到难以接受的是你在家里的样子。你总是在打电话，看体育比赛，根本不会花多少时间跟我在一起。记得有一个周末，当时你刚刚出差两个星期回到家里，我的朋友们正在举办一场聚会。我想去，可妈妈不让我去。她说我应该待在家里陪你，所以我只好待在家里，可你根本不理我。这样做是不对的。"

听到女儿的话，我一方面感到难过，一方面又感到震惊。她说得没错，作为一名父亲，我的确是一个经常伤害自己女儿的笨家伙。相信我，这个世界上再没有比那种感觉更糟糕的了。没有一位父亲喜欢看到自己的孩子痛苦，而且你更不想带给孩子任何痛苦。

我很快就恢复过来，跟孩子说了一句我会向所有客户建议的话。

我说："谢谢你。爸爸会改进的。"

从那一刻起，我开始仔细记录我一年当中会跟家人在一起多少天（每天至少跟家人在一起相处4个小时，不看电视，不看电影、足球，也不打电话）。我的进步是非常明显的。第1年我跟家里人在一起的时间是92天，第2年是110天，第3年是131天，第4年是135天。

从跟女儿的那次谈话算起，5年时间里，我跟家人在一起的时间越来越多，同时我的事业也发展得越来越好。我为此感到自豪，不仅是为了结果，而且我还坚持像一名熟练的会计一样仔细记录下了一切。有一天，我对自己的孩子（这时他们已经都十几岁了）说道："看看，135天。今年的目标是多少天？150天怎么样？"

他们异口同声地回答道："不，爸爸，你做得有些过头了。"

我的儿子布莱恩建议我应该把目标降低为50天，女儿凯莉表示同意。最后两人一致决定应该大大减少跟父亲在一起的时间。

我并没有为此感到难过，但这件事给我带来的震撼不亚于5年前跟女儿的那场谈话。我太过于关注数据了，我每年都想做得更好，但却没有意识到孩子们已经长大了。有些事情在他们9岁的时候可能很重要，但到了十几岁的时候可能就不那么重要了。

只要你能够找出办法来计算它们，并找出计算的方式，你就会发现几乎所有的东西都是可以量化的。打个比方，无论你有多忙，一年要出差多长时间，你总是可以计算一下你每年跟家人在一起的天数。要做到这一点非常简单，你只要翻开日历数一数就行了。可我们当中会有多少人，尤其是那些因为跟家人在一起的时间太少而感到愧疚的人，会想到要去计算我们待在家里的时间呢？

奇怪的是，对于大多数人来说，计算并不是一件困难的事，对于工作之外的领域，我们似乎都非常善于计算。例如，田径运动员会经常记录自己的成绩，每周都会记下自己跑了多少公里。就连一个想要保持身材的业余运动者都会大致记下自己昨天举了多少公斤，这样 3 个星期以后，他就可以为自己增加 20%。那么为什么不把同样的方法应用到那些真正重要的领域当中去呢？

一旦你看到计算软性值的美妙之处，其他变量就会随之浮现，比如量化自己的目标可以帮你更快地实现它。打个比方，我在家庭生活中为自己确立的另外一个目标是每天至少花 10 分钟时间跟妻子和孩子分别进行单独对话。10 分钟并不算长，但总算是一个巨大的进步。

我发现，一旦对目标进行了量化，我就会更有动力去实现它们。一旦我有所动摇，我就会问自己：“为什么不做呢，只要 10 分钟就可以了。尽管我的确挺累了，不过这有什么关系呢？”而如果没有一个量化的目标，我很容易就会放弃。

## 法则 7：把结果折算成金钱

你用来改变自己行为的许多方式都可以被用在其他人身上，尤其是当这种变化牵涉到金钱的时候。

打个比方，当我的一位朋友注意到自己的孩子从学校带回了许多粗话之后，他决定在家里摆一个“粗话罐”。按照规定，每次有人说粗话，就得往罐子里放 1 美元。

在第 1 个星期里，我的朋友每天都要往罐子里放上几美元，这使他开始注意到，孩子们的粗话其实是从他身上学来的。罚款就是这么有效。

当你真正开始为自己的错误付钱的时候，你就会更加真切地注意到它们。除非你喜欢无缘无故地扔钱，否则你最终还是会改掉自己的那些坏习惯。果然，1 个月之后，那位朋友家里再也没有人说粗话了。

有很多方式可以激励人们改进自己的行为：奖金、罚款、小礼物、假期旅行……这些方法都可以。这种方式非常简单，但让人感到意外的是，真正能够想到要用金钱奖励的方式来解决问题的人居然少之又少。

在过去的 20 年中，我先后为许多高管提供了培训服务，但直到 2005 年，我的一位客户才把这种经济激励方式引入到这个流程当中。

## 经典案例　给“挑你毛病的人”发奖金

我有一位客户名叫理查德，是 West Coast 工业公司的顶级高管之一，他是一位真正的成功人士。理查德的 CEO 告诉我，无论我收集上来的反馈意见其言辞多么激烈，无论员工们对理查德的抵触情绪有多大，我都可以得到报酬。

“这个家伙会变得更好的，”CEO 说，“他宁愿死也不愿意失败，无论付出多少代价。”

CEO 说得没错。为理查德提供指导非常轻松，因为他决心要做得更好。他很快就明白了一件事情：整个改进过程中最重要的角色不是他，也不是我，而是那些在他身边工作的人。所以他做了一件我以前从来没有想过的事情。

理查德断定在整个改进过程中最重要的人就是自己的行政助理，因为只有这位助理跟他朝夕相处，她知道他所有的缺点，所以最清楚他在哪些地方需要改进，而且她也处于最有利的监督位置，这样一旦发现自己的上司有所退步，她就可以随时提醒他。于是理查德决定要让助理更加密切地加入到自己的改进流程当中来。他告诉她：“如果马歇尔能够拿到自己的报酬，我就会给你发 2 000 美元奖金。”

12 个月之内，这位助理拿到了那笔奖金。

我以前从来没有想到过这种方式，但毫无疑问，从那以后，我向所有的客户推荐这种做法。

你也可以做到这一点。你可以用罚款的方式来解决一个问题，也可以通过奖励来创造一个解决方案。两种方式都可以。

## 法则 8：最好的时机就是现在

在前来参加过我的讲座和培训的成千上万名商业人士当中，只有 70% 的人能够将自己学到的内容付诸实施，并最终有所成就。我并不为此感到惭愧，虽然这意味着有 30% 的失败率。事实上，我甚至为此感到自豪。

如果在拿起这本书之后，你能一直坚持读到这里的话，我相信你至少会有所行动了。（哪怕只是一点简单的改进，比如你觉得停止惩罚报信人会有多难？）但我也相信，也有很多人根本不会采取任何行动。

我们曾经对上千个 1 年前参加过我的培训项目的人进行了回访。在回访过程中，我们会问那些没有采取任何行动的人为什么没有兑现自己在参加培训时所做出的承诺。根据我们的观察，这些人跟那些实际做出改进的人并没有什么区别，他们的智商并不比后者低。他们的价值观念也大致相同。

那么，为什么他们没有兑现承诺？为什么没有做出任何改进呢？

我们或许可以在一个梦里找到答案。这是我经常会做的一个梦——你可能也做过这样的梦。梦境大致如此：

你知道，我现在非常忙。事实上，我感觉每天都很忙，有时候我觉得自己承接的任务太多了。事实上，我经常有一种失控的感觉。

但我们正进行一些特殊的项目。我感觉大概再有 3 个月就可以结束了，然后我就会抽出几个星期时间，给自己放个假，好好休息一下，让自己变得更有条理，跟家人在一起待上一段时间，并开始健身。一切都会改变的，很快就会的。然后，我就不会再像现在那么忙忙碌碌的了！

不知道你是否做过类似的梦？你做这样的梦有多长时间了？结果又是如何呢？

或许我们应该停止做梦了，不要再梦想着你“有一天会变得不再那么忙碌”，因为那样的一天永远不会到来。那只是你的梦而已，它根本不可能出现。

多年以来，当我为成千上万个客户实现了真正的行为变革之后，我开始意识到一件事情：这个世界上根本没有所谓的“再过几个星期”这回事。看看我们这个世界吧，并不是每个人都能保持理智，你的明天很可能比今天还要疯狂。

所以如果你想要实现任何改进的话，最好的时机无疑就是现在。问问你自己："我现在想改变什么？"然后开始动手，这就够了。至少目前如此。

第 16 章

# 不妨主动告诉别人，如何与你相处

> 有时候，我必须不断地提醒那些最机敏、最开明的老板：“你的下属们的想法并不会完全跟你相同。”

在很多年里，美国最受欢迎的脱口秀广播节目是《晨间伊穆斯》(*Imusin the Morning*)。这档每天一期的节目是一种时事要闻和讽刺歌曲的奇怪混合体，中间还夹杂着伊穆斯的各种牢骚、工作人员的打断，以及形形色色的嘉宾（从政客到普通市民，从网络主播到畅销书作家）。伊穆斯选择嘉宾的标准只有一个：有趣。

在节目当中，伊穆斯是一个脾气古怪的老家伙，这可能是他现实中的样子，也可能不是。他总是在不停地发牢骚，有时候是抨击政府的虚伪，有时候是大骂录音间里的空气质量。听众也分辨不出伊穆斯到底是民主党人还是共和党人，是自由派还是保守派。

没有人知道伊穆斯会如何对待到场的嘉宾。有时候他对人彬彬有礼，有时候又非常粗鲁，会当着听众的面大骂嘉宾是“白痴”“黄鼠狼”或者是“骗子”。在收听伊穆斯的节目的时候，有一点是确定无疑的，那就是在收听的过程中，你会感到有些不安。伊穆斯始终带着一丝反社会的玩世不恭，他会时不时地在节目中提醒听众。“关于我的节目，有一点必须提醒大家，”他说，“我所说的一切都是闹着玩的，大家千万不要太在意。只有当我事先告诉大家‘你必须停止这种做法’的时候，我才是当真的，其他都是在开玩笑。”

这就好像是香烟公司在烟盒上写着“吸烟有害健康”，这个想法好极了。事实上，伊穆斯是在告诉听众该如何和自己相处。或许这正是《晨间伊穆斯》能够在早晨这个竞争激烈的时段始终名列前茅的秘密所在。

这也是每个上司都应该掌握的一门技巧。如果所有的上司都能像伊穆斯那样保持足够的冷静，直接向自己的下属发出类似的警告，那样会不会更好呢？

设想一下，如果你的上司主动告诉你：“听着，我喜欢惩罚报信人，所以每当你给我带来坏消息的时候，一定要小心。即便那不是你的错，我也很可能会对你大发雷霆。”或者，“不管你的想法有多棒，你事先考虑得有多么全面，我还是会提出一点自己的建议。刚开始的时候，你很可能会直接接受我的建议。请千万不要这样做。你只要点点头，假装听到我的建议就好了。

如果你够聪明的话，你就应该忽略我的建议，按照自己的方式去工作”。

据我所知，很多上司都在用类似的方式和下属沟通。我的客户中有一位白手起家的企业家，他的工作非常繁忙，每天凌晨4点钟就开始给自己的秘书口述工作，给不同的时区打电话，而且要进行两次早餐会议。通常情况下，当公司里其他人开始工作的时候，他已经完成了一天的工作，并随之开始了另一天的工作。结果，他总是感到非常疲劳，所以脾气总是十分暴躁，哪怕是一点点小问题都能让他火冒三丈。幸运的是，他非常了解自己的这个毛病。他并不是在演戏，但他的愤怒通常是来得快，去得也快。对于他来说，发脾气就像是一个释放阀。我曾经亲眼见过他发脾气的样子，不是很好看。据说他公司的很多员工都曾经被老板骂哭过。可他也会很快恢复镇定，然后就会告诉自己的下属：“我并不是在冲你发火，我只是非常生气。现在一切都过去了，忘掉它吧。我向你道歉。”这听起来好像有些虚伪（他其实可能是因为某位员工做的某件事情而生气），但他是一个非常聪明的老板，懂得让员工知道自己并没有恶意，并且会告诉他们应该忘掉自己刚才的表现。

这种坦诚是值得敬佩的，因为这位老板承认了自己在管理上的缺陷，并且告诉了自己的同事，希望他们能够帮助自己改正这一缺点。如果我是他的教练，我也会建议他向下属征求建议，比如征求反馈，并且请他们帮助自己改正缺点。

## 经典案例 给下属写一份备忘录

几年前，我曾经指导过一位公共关系高管。他很难跟自己的私人助理相处。他每次请到的都是完美的应聘者，但这些应聘者总是会在工作了六七个星期之后离职。由于无法从他的前任助理们那里得到反馈，所以为了弥补这一缺憾，我做了一个试验。我请这位高管想象一下他那些离职的私人助理会给我怎样的反馈信息，他们会怎么评价自己的这位上司。然后我请他给自己的下一位助理写了一份备忘录，标题就叫“如何跟我相处”。他写的备忘录如下：

我很善于和人打交道，更善于接受新想法。当客户遇到问题时，我总是会设法想出创造性的解决方案。至于其他方面，我却一塌糊涂。我不喜欢书面工作；我发现自己很难保持客户希望的那种基本的礼节；我不善于在会面之后向客户表示感谢；我不善于记住别人的生日；我讨厌接电话，因为它们总是会给我带来新的问题，从来没有人打电话告诉我有人给我寄了一张大额支票，或者说我中了大奖。你需要了解这些。我很清楚公司业务进展如何，但我不喜欢作预算和开支报告，或者是作预测。

许多人觉得我是个很随意的管理者，他们说得没错。我既不是在自吹自擂，也不是在刻意自嘲自讽。事实就是如此。

从个人的角度来说，我是一个很体面、很礼貌的人，我从来不会对你大吼大叫。当一切进展顺利，我们取得了比较好的业绩时，我甚至会感觉自己是这个世界上最幽默、最有魅力的人之一。

有时候你可能会觉得我有些刻薄，千万不要误以为我是在对你刻薄。如果你感觉我的做法有些出格，最好能够及时提醒我。我的态度十分平和，工作越忙，我就会越冷静。这就是我面对压力的方式。所以当你发现我的某些反应有点平淡时，千万不要以为我对工作漠不关心。我只希望你能做一件事：尽力完成自己的工作。我的麻烦越少越好。只要你能做到这一点，我们就一定能相处愉快！

然后他把这份备忘录交给自己的新助理，一位刚刚从密西根大学毕业，名叫米歇尔的女孩子。18 个月以后，当我再次见到这位高管时，我非常想知道他的这位新助理是否还在职。

“米歇尔做得还好吗？”我问。

“哦，是的。”他说。

“你怎么知道的？”我有些怀疑地问。

“因为去年圣诞节的时候，所有的客户都送给她——而不是我——一个大大的水果篮或者是一瓶香槟，向她表示感谢。当我告诉她我想要一位能够帮助我处理问题的助理的时候，她显然把这句话放在心上了。这么长时间以来，她一直在帮我处理几乎所有的问题，而且是靠自己的力量解决的。如果不是我给她的那份备忘录，结果肯定不会是这个样子。”

关于这个故事，有趣的地方在于它说明当上司清楚地认识到自己的不足，而下属又能表示配合的时候，结果会怎样。但情况并非总是如此。有时候上司的自我评价和下属的看法之间的差别可能很大。

最明显的一个差距就是，当上司做出自我评价之后，他的下属很可能会以为他只是异想天开，或者是一时心血来潮。几年以前，我曾经指导过一位部门经理。他为人公正，从不偏袒下属，他为此深感自豪。虽然从来没有给下属写份备忘录，但他总是会警告自己的员工，明确表示自己不喜欢马屁精和那些总是点头哈腰的人，要求所有的员工靠业绩证明自己。不幸的是，在他的员工看来，事实恰恰相反：他讨厌那些敢于挑战自己的人，而且总是会奖励那些凡事都顺从自己的下属。就这样，本来可以让上司和下属站到一条战线上的机会反而成了一个笑话，这种警告让双方之间的距离变得越来越远。

还有一个差距就不是那么明显了。它出现在上司的自我评估非常精确但却毫无意义的时候。

## 经典案例　你认为重要的，在别人看来可能很愚蠢

我曾经见过一家能源公司的CEO，他总喜欢强调细节，甚至到了花大量时间纠正备忘录和信件中的语法和标点符号的地步。这毫不奇怪，他以前当过英语老师，后来才转向研究公司法，对于细节的关注让他在后一个领域取得了极大的成功。这家能源公司本来是他的客户，可后来他成功地带领这家公司脱离了破产边缘，部分原因就在于他对细节的坚持，最后这家公司的董事会决定请他担任CEO。麻烦也就是在这个时候开始的。

他从来没有写过一份"如何跟我相处"的备忘录（当时我还想到过这个创意）。但就当时的情况来看，他也没有必要这么做。只要一看到下属交上来的文件，他就会拿起红色铅笔检查语法错误，这时他就会自动地给自己发出一个信号："这个很重要。"

很快，整个公司的人都知道，如果一个人想要给这位CEO留下好印象，你只需要在写备忘录的时候注意语法和标点就可以了。事实上，如果这位高管不改变自己的习惯，他很快就会在公司内部引起哗变，或者是把所有的下属都变成语法专家。

我就是在这种情况下出场的。你可以想象当时的问题：这位上司明确地告诉下属自己想要的东西，可下属

却认为这是一个非常愚蠢的要求，根本不应该用这种方式来管理一家公司或者是判断一个人的能力。

我仔细分析了收集上来的反馈意见。排在第1位的是“1年500万，对于一位编辑来说，这份薪水显然太高了”。排在第2位的是“放下那支红色铅笔吧”。排在第3位的是“我们不是一年级的小孩子”。诸如此类。我用了几个月的时间才让这位CEO意识到这样一个事实：更正公司内部备忘录中的语法错误纯粹是在浪费时间。对他来说重要的事情可能对其他人来说根本不重要。这是一个危险的脱节，无论是他本人，还是他的公司，都无法承担这样的危险。

我之所以想起这个故事，原因在于给员工写一份“如何跟我相处”的备忘录不仅是一项很好的自省练习，而且是一种和员工对话的有效方式。但请注意，你的备忘录一定要非常坦诚，必须保证你的员工相信你所说的话，最为重要的是，他们必须相信你所说的东西很重要。如果不能满足这3个条件的话，这份备忘录将毫无意义。

## 与其让别人猜，不如直接讲出来

无论你是在管理一个3人小组，还是在管理一个30 000人的大公司，最大的乐趣之一就是你会拥有很大的控制权，几乎可以控制一切。你可以随意更改会议时间，可以任意选择开会地点，可以随时宣布会议结束。无论你是一位好上司还是一位糟糕的上司，你都不需要对下属负责，是他们要向你汇报。

可一旦你陷入了这种极度自我膨胀的怪圈，事情的另一面就会渐渐显现出来。

作为一位上司，只有你最清楚自己有多么依赖这些下属。没有他们的忠诚和支持，你什么也不是。如果你是位明智的管理者，你会不断地提醒下属，告诉他们你很清楚自己有多么依赖他们。但有一点你不能忘记，依赖是相互的。虽然你非常依赖自己的下属，但他们同时也很依赖你，这种依赖很可能跟工作业绩毫无关系。他们总是想得到你的注意、你的赞赏、你的认同。如果你是一位有魅力的管理者，你的下属很可能会用每周跟你面谈的时间长短来衡量自己在你心目中的地位。

这并没有什么不对。如果你想建立一支强有力的团队，为什么不试着每天跟下属面谈更好的呢？

不过，有时这种相互依赖也会给你带来麻烦。

我的一位朋友在一家顶级时尚杂志担任主编。她是一位自我管理能力极强的女士，总是为自己能够适应如此高压力的生活节奏，并同时跟自己的丈夫和两个孩子保持和谐的家庭生活而自豪不已。从下属的角度来说，她几乎是一位完美的上司：公正，顾全大局，总是向所有人敞开心扉。（即便是在解雇一位员工之后，她仍然会很好地照顾他们，总是会帮助他们尽快找到新工作。）

可这种完美却并没有给她带来所期望的结果。作为一位很有责任心的母亲，她每天都在下午6：30之前回到家陪伴自己的孩子。过了一段时间之后，她发现自己总是在找借口推迟回家的时间，以至于在近两年里，她经常会在办公室里一直待到晚上10：00。刚开始，她以为这可能只是因为她十分喜欢自己的工作。（要知道，经营一家财源滚滚的时尚杂志社本身就是一件非常有趣的事情。）但仔细分析之后，她发现真正的问题并不在自己身上，她的员工太依赖她了。而之所以出现这种情况，很大程度上都要归咎于她的开放性。

很长时间以来，她在自己的公司里形成了一种开放式的企业文化，人们可以很容易地随时跟她展开交流，所以渐渐地，人们就自然地想要跟她有更多的面谈时间。这很快就让她的生活陷入了一种无休止的向上螺旋，让她离开办公室的时间也变得越来越晚。每天快到下班的时候，总是会有人来到她的办公室，对她说："我需要跟你谈10分钟。"作为一位完美的上司，她也总是会答应下属的请求。就这样，极具讽刺意味的是，恰恰是由于她在办公室里的掌控地位，她开始变得失去控制。

为了重新控制自己的生活，她把所有的员工召集到一起，告诉他们："从现在开始，我的大门每天下午5：45之后就会关闭。此后就是我的'非面谈时间'，只有我的孩子可以跟我在一起。"

这只解决了一半问题。现在她可以每天下午 6：30 回家了，可她的员工却感觉自己像被遗弃了一样。我就是在这种情况下出场的。我告诉她，让员工变得更加独立是一件好事情。但他们仍然需要她的领导和指导。

我让她给自己的直接下属安排单独会面，主要讨论两个问题：

- 我想让她告诉他们："让我们来分析一下你的职责，然后请告诉我你觉得我应该在哪些地方更多地参与进来？"通过这种方式，她让下属们明白自己在什么时候可以跟她面谈，而哪些时候不应该去麻烦她。事实上，她是在交给下属们更多的责任，只是她所选择的方式比较大方而已，她是在让下属们决定到底应该承担多少责任。
- 我想让她告诉自己的下属："现在让我们分析一下我的工作。你们觉得我现在所做的工作当中有哪些是不应该由我亲自完成的，比如是否过多地参与到细节工作当中了？"通过这种方式，她迫使自己的下属变得更加独立。事实上，她是让下属帮助自己能够在下午 6：30 之前回到家。

当然，我并不需要提醒她向那些提出建议的人表示感谢。

记住，下次当你发现下属们过于依赖自己的时候，不妨考虑采取同样的办法。如果他们占用了你太多时间，不妨直接告诉他们你的感受。

当然，你可以通过一种更加委婉的方式来达到这个目的，从而让他们感觉到这是他们自己的主意。让他们决定自己到底该怎么做，让他们告诉你他们可以独立完成哪些工作。你可以在“面谈时间”和“非面谈时间”之间划出一条明显的界线，这是你作为一位上司的职责所在。

## 不要挑起一场只有你能获胜的战斗

告诉下属们该如何应对上司是一件非常有意义的事情，但它并不能彻底解决上司和下属之间的分歧。原因在于：很多管理者们都会想当然地认为自己的下属个个都跟自己一模一样：拥有相同的行为方式、相同的工作热情、相同的智商，尤其是拥有相同的工作方式。当你发现事实并非如此的时候，请记住，责任并不在你的下属们。

如果我是一位非常成功的老板，我就会希望自己的组织中到处都是像我这样的人。毕竟，如果想保证一切都按照我所想象的方式来完成，还有什么能比雇用一群跟我一样的人更好的方式呢？需要指出，这是一种非常自然的想法。只要有可能，我们都会选择聘请那些跟我们极为相似的人。

但与此同时，我们也知道，当一个组织中所有成员都在“克隆”我们的时候，这个组织就很难形成一定的多样性和创造性。你需要不同的声音、不同的思维方式、不同的性格。根据我的经验，真正能让一个组织保持活力的，是那些敢于发出不同的声音、敢于挑战群体思维和现状的人。

除此之外，一群“克隆人”在一起工作也无法保证组织形成流畅的团队作业。如果我是迈克尔·乔丹，我来组建一支球队，通常情况下，我会需要一名像我这样的球员，但我同时还会需要两三位更加高大、更加强壮的球员充当前锋，还有一位身材稍小、动作敏捷的球员来负责中场。如果一支球队当中的 5 名球员个个都像乔丹，虽然这样的团队听起来可能很有吸引力，但却很难成为一支强大的球队。

大多数老板都知道这一点，所以他们能够抵制住诱惑，不会只雇用那些跟自己相似的人。但这并不意味着所有的组织成员都能完全明白这一点。有时候我必须不断提醒那些最机敏、最开明的老板：“你的下属们的想法并不会完全跟你相同。”

我是在为一家大型服务公司的 CEO 提供指导的时候意识到这一点的。我们叫他史蒂夫吧。史蒂夫是一位以身作则的上司，他总是能够奉行自己鼓励员工们接受的价值，并为此深感自豪。事实上，他甚至把自己当成了公司价值观的代表人物。

跟往常一样，我从史蒂夫的同事们那里收集了大量反馈意见。虽然他们都很高兴能有一位像史蒂夫这样的上司，但他们却一致认为，史蒂夫的许多做法扼杀了整个组织中开放沟通的氛围。从某个角度来说，许多人觉得他言行不一。

这个问题非常简单。我想，只要史蒂夫愿意改变，这个问题就很容易解决。我会让他学会更好地聆听，更多地接受别人的建议。我会告诉他在每次会议结束之前一定要询问大家是否还有话说，保证所有的人都有表达自己想法的权利。只要他能把这种做法坚持 12 个月左右，他的下属们所反映的问题自然就会得到解决。

但事情并没有那么简单。在研究史蒂夫的下属们提供的反馈时，我发现了许多不一致的地方。一方面，史蒂夫的下属们认为他扼杀了公开讨论的气氛；另一方面，他们认为史蒂夫总是会不断地改变主意。这的确是一个让人疑惑的现象，因为那些比较武断的人通常都不会轻易改变自己的决定。这两个反馈意见显然是相互排斥的。

让情况变得更复杂的是，当我告诉史蒂夫我从反馈当中得到的发现时，他感觉我的结果非常好笑。“我的确有很多毛病，”他说，“但我从来不会阻止人们进行公开讨论。我总是会鼓励人们表达自己的意见。”

这时，我想起了史蒂夫的一位经理跟我说过的一句话：“别忘了，这个家伙可是个辩论高手，他曾在大学的辩论赛中得过冠军。”

现在我好像有些明白了。

每当某位员工走进史蒂夫的办公室，跟史蒂夫讨论自己想法的时候，这位辩论冠军的第一反应总是立刻反驳对方的说法。而作为一名下属，这位员工自然会立刻闭嘴。史蒂夫认为自己是在跟对方进行开放式的讨论，而那位员工则感觉上司是在让自己闭嘴。

除此之外，让情况变得更加糟糕的是，史蒂夫还会经常跟自己展开辩论。比如有人提议："为什么不试试这个呢？"史蒂夫对此表示赞同，他鼓励全体员工立刻执行这条提议。但过了几天，当他有足够的时间跟自己辩论一番之后，史蒂夫就会改变自己的决定，他会说："可能这并不是一个好主意。"在他看来，自己的这种做法完全是出于一种开放的心态；而对于他的员工们来说，上司的行为简直让人摸不着头脑。

毫无疑问，对于一位管理者来说，这种行为方式显然会大大破坏团队的战斗力。想象一下，你在命令一支 200 人的部队去攻克一座小山，可正当他们摩拳擦掌，准备大干一场的时候，你却突然大喊一声："等等，或许这样做并不明智。"这时你的下属们会怎么想？相信几次之后，就没有人再会真心帮助你攻克那座小山了。他们只会坐在那里，等着你改变主意。

我把史蒂夫的这种问题称为"金尺谬误"(Golden Rule Fallacy)。许多上司都会简单地以为下属们也会跟自己一样，严格遵守金尺规则，希望得到跟自己相同的对待。**"我喜欢人们这样对我，所以我也会这样对待别人。"**

我告诉史蒂夫，他之所以喜欢激烈的辩论，是因为那正是他的强项。

他表示同意："我喜欢人们跟我辩论。"

"这样很好，但他们不是你。"我说。

"这样有什么不对呢？"他问，"我只是在表明自己的观点，别人也可以表明他们的观点，然后我们进行一场有益的辩论，这有什么不对呢？我喜欢这样。"

我说："是的，可你是上司，而他们不是；你是大学里的辩论高手，而他们不是。这并不是一场公平的较量！当你邀请对方跟你辩论的时候，你其实只是在说：'你输了，我赢了。'他们在辩论当中获胜的概率微乎其微，所以他们不愿意跟你辩论。"

"不是这样的，"他反驳，"我的下属当中有人跟我一样喜欢辩论。"

"这就是问题所在，"我说，"有时候你的辩论风格的确非常有效，尤其是当有人跟你一样喜欢辩论的时候。如果在你的团队当中，所有人都跟你一样喜欢辩论，那就没有什么问题了。可问题是，99% 的团队成员都不喜欢辩论。你这种辩论式的管理风格并不成功。为什么呢？因为只有一个员工像你，但你并不是在管理一群跟你一样的人。"

很快，史蒂夫这位辩论冠军把我也引入了一场激烈的论辩之中。幸运的是，我的那句"你并非在管理一群跟你一样的人"引起了他的反省。突然之间，他明白了。他意识到自己一直以来都被一个假象蒙住了眼睛：他喜欢的事情，其他人未必一定喜欢。

从那一刻开始，史蒂夫的改进就很明显了。他开始认真留意自己的辩论冲动，当他发现自己的下属明显处于劣势的时候，他就会立刻遏制住自己的这种冲动；他就自己以往所犯的错误向所有人道歉，并答应今后一定会有所改进；他开始注意在开会的时候请大家表达自己的观点，并且会在提出质疑之前反复斟酌（提出质疑并没有什么不对。他的目标是激发大家讨论，而不是要听任那些愚蠢的想法左右大家的思路）；他会不断地跟进，提醒人们自己正在努力改进；最后，他会向周围的人征求建议，邀请他们帮助自己更好地改进。

事情并不会一蹴而就，周围的人需要过一段时间才会注意到你的变化。正像我前面说过的那样，当你改变了 100 分，人们可能只会注意到 10 分的变化。就这样，一直到 18 个月之后，人们才注意到史蒂夫确实发生了变化。他在大多数方面跟以前并没有什么不同，他仍然喜欢跟自己和身边的人展开辩论，唯一不同的是，他现在已经接受了这样一个事实：别人并不一定跟他的想法一样。

在经过史蒂夫这件事情之后，我也开始对上司和下属之间的这种并不是很公平的战斗更加敏感了。

一位朋友曾经告诉我她的上司的故事。这位上司是律师出身，习惯投入大量时间来搜集证据和书面文件，并且他非常注重文件整理和记录。当他开始创建自己的营销咨询公司的时候，他也没有抛弃这种习惯，仍然喜欢保留所有东西。这样并没有什么不对，可问题是，他要求所有的人都像他一样，所以每次开会的时候，他经常会拿出一份非常古老的信件和备忘录作为证据，训斥某些人不小心弄丢了这些文件。

我认为这是一种典型的“混蛋式管理”，一种经典的“金尺谬误”。这位了不起的企业家忘记了一个事实：作为这家公司的老板，只有他才有权力接触到所有的文件，而他的下属根本不可能做到这一点。他并没有意识到他所挑起的是一场只有自己才能获胜的战斗。他喜欢文件，喜欢保存文件，所以就错误地假设其他人也都会像自己一样。

只要留心观察，你会发现，这样的管理者随处可见。

无论如何，将心比心都是没错的，但一定要意识到它并不一定适用于所有的管理场合。如果你在管理员工的时候过于将心比心，那你显然忘记了一件事情：员工的想法可能跟你迥然不同。

## 别再“想当然”了

我最近经常跟一位CEO会面，听他大发牢骚，说他的员工们根本不理解公司的使命和总体方向。

“我真的不明白，”他说，“我每次开会的时候都说得清清楚楚。我把它清楚地写到备忘录里。你看，这就是备忘录，一切都写得清清楚楚。他们还想要什么呢？”

刚听到这句话的时候，我以为他是在开玩笑，因为你根本不可能只用一张备忘录就让人们理解公司的使命和愿景，而且这也不是一蹴而就的事情。显然，这位聪明的 CEO 知道这一点。从他那痛苦的表情，我可以看出他非常认真而且感觉摸不着头脑。

“让我们来分析一下，”我说，“你是如何把这份备忘录发给其他人的？”

“通过电子邮件，”他说，“我把它发送到公司每个人的邮箱里了。”

“好的，”我说，“但我的直觉告诉我，你对随后发生的事情并不了解。请问你知道有多少人会打开这封邮件，读到这份备忘录吗？”

“不知道。”他回答道。

“在那些读到这份备忘录的人当中，有多少人会理解它呢？”

“不知道。”他说。

“在那些理解这份备忘录的人当中，有多少人会相信它呢？”

他摇了摇头。

“在那些为数不多的相信这份备忘录的人当中，有多少人会记得它呢？”

他又摇了摇头。

“对于一件你认为对公司来说如此重要的事情，却有那么多未知数，”我说，“但这还不是最糟糕的。减掉那些没有收到、没有读到、不理解、不相信，或者是不记得的员工，这时很可能已经没有剩下多少人了，你觉得还会有多少人会把这份备忘录中的内容付诸实践呢？还会有多少人会因为你的备忘录而真正牢记公司的使命和愿景呢？”

这时这位 CEO 的嘴巴动了动，似乎说了一句“我不知道”，但由于他的声音很小，我已经听不太清楚了。

当然，我的目的并不是要打击我的客户，所以我开始通过改变话题来帮他重新打起精神，我告诉他问题在于他本人，而不是那份备忘录。

“你所犯的唯一的错误，”我说，“就是你总是想当然！”

“什么？”他说。

“你以为只要写份备忘录就算完成自己的工作了，好像这只是你每天的工作清单中的一个条目而已。你想当然地认为这项工作已经完成了，然后就把它丢到一边，开始着手下一项工作。”

我可以清楚地看到他开始慢慢瞪大眼睛，于是我立刻接着解释大多数管理者都存在的一个问题：他们看不到理解和执行之间的脱节。大多数领导力开发项目都是围绕着一个巨大的假设展开的，认为只要人们能够理解一件事情，他们就会将其付诸实践。但事实并非如此。一件大多数人都理解的事情，却未必有人去做，就像我在第三部分第 6 章中说过的那样，我们都知道肥胖不利于健康，可还是会有很多人不去减肥。

跟大多数高管一样，这位 CEO 也相信自己的组织当中有一条自上而下的严密链条，当老板说“跳”的时候，下属们就会问“多高”。在一个理想的世界里，所有的指令不仅能够得到遵守，而且会被完全精确地、严格地执行。老板根本不需要跟进，因为只要他下了命令，就一定会被执行。

我也不清楚为什么许多管理者都会有这种心态。可能是因为他们过于自大，根本想不到自己的指令会走样；可能是他们太懒，不愿意去调查人们是否在严格执行他们的指令；可能是他们的组织过于缺乏条理，使他们无法坚持一套严格的跟进流程；也可能是因为他们觉得跟进的工作过于琐碎，不应该由自己来完成。不管出于什么原因，他们总是会盲目地相信，一旦下属明白了一件事情，他们就会去严格地执行。

值得庆幸的是，对于所有的管理者，包括我的这位 CEO 客户来说，要解决这个问题并不困难，答案就是“跟进”。当你发出了一条信息之后，第 2 天一定要问一下对方是否收到了，然后再问他们是否理解了。过了几天，你可以再问他们是否有所行动。相信我，如果你的第一次询问并没有引起他们的重视，反复询问几次之后，他们就会开始有所行动了。

# 第 17 章
# 管理者最不应该抱持的 4 种偏见

> 在跟那些对变化感到不知所措的管理者们沟通的时候，我给他们的第一条建议就是：承认自己其实对员工充满了偏见。

我的主要工作就是帮助人们改变自己在职场的行为习惯。我告诉人们，改变就像是一道简单的方程，只要停止那些让人生厌的行为，人们对你的看法就会发生变化。整个过程如此简单，以至于我甚至对客户会为此付给我报酬而感到吃惊。

我觉得改变人的思考方式也是如此。可最近发生的变化却让我的看法也随之改变。一个最大的原因就是近年来员工对于自己在组织中扮演的角色以及他们与组织之间的关系已经有了新的看法。1998 年《快公司》(*Fast Company*) 杂志在一篇“自由工作者国度”(Free Agent Nation ) 的文章当中首先提出了这个概念。这篇文章指出，以往那种“组织人”的概念已经过时了，如今公司当中那些顶级人才已经不会再为公司甘愿牺牲个人利益了。那些聪明的家伙们相信，一旦发现已经不再被需要，自己就会随时被公司抛弃，所以当他们发现公司已经不能再满足自己的要求时，就会选择主动放弃公司。“自由工作者”意味着所有的员工都可以像一家小公司那样运作，而不会继续在庞大的系统当中充当齿轮。

这种自由工作者的病毒过了一段时间之后才传播开来。但相信我，它现在已经成了一种流行病，一种席卷一切的病毒，这也就使得今天的管理者们不得不重新思考。

在跟那些对这种变化感到不知所措的管理者们沟通的时候，我给他们的第一条建议就是让他们意识到自己其实对员工充满了偏见。果然，这立刻引起了他们的注意。“我？偏见？去你的吧！”但如果说这里的偏见意味着对员工抱有的不符合实际的看法，管理者们显然无法否认这个现象。那些对眼前的“自由工作潮”视而不见的管理者无疑是危险的。这种对于自由工作者的偏见通常会表现为很多形式，主要可以被归结为以下 4 种：

## 形式 1：我知道他们想要什么

这是最大的偏见，而且也是最容易理解的。几乎所有的经济模式都有这样一个假设：对于任何员工来说，钱都是最主要的激励因素。所有管理者都相信，只要支付给员工足够多的薪水，对方就会用最好的业绩和忠诚作为回报。但是不好意思，如今这套已经行不通了。

这并不是否认钱在人们职业发展过程中的重要性。但到了一定阶段之后，当那些优秀的人才已经不再为金钱而苦恼的时候，他们就会开始考虑其他因素。正像经济学家莱斯特·特鲁罗 (Lester Thurow) 在《创造财富》(*Building Wealth*) 一书中所指出的那样，自由工作者们必须学会接受这样一个现实：他们的个人经验会越来越迅速地贬值。知识的寿命，尤其是技术性知识的寿命，正在不断地缩短，所以自由工作者们必须学会不断地接受新挑战，增加自己的知识储备，让自己知识积累的速度超过经验贬值的速度，并进而从自己的工作当中获得更高的满意度，以及更多的金钱。

如果你发现一位很有天分的员工在离开你的公司之后居然愿意接受一份工资更少的工作，原因很可能就在于你的偏见。这种偏见，无论是有意的还是无意的，都会让那些优秀的人才避之唯恐不及。

## 经典案例 “胡萝卜加大棒”的方法行不通

我还记得曾经有一位亿万富翁迷惑不解地告诉我，在他的员工当中，有一位非常奇怪的作家，他领着很高的薪水，却总是赶不上截稿日期。富翁非常喜欢这位作家，但希望他能够修正一下自己的工作态度，能够在截止日期之前交稿，于是他实施了一个看起来非常简单的“胡萝卜加大棒”的方案：只要这位作家每个月能够在截止日期之前交稿，他就可以得到500美元的奖励。

这样做没有任何效果，那位作者还是会错过截稿日期。很明显，他觉得自己的钱已经够多了，所以每个月多赚500美元对他也没有太大意义。后来企业家又把奖金提高到了3 000美元，还是没有任何改进。最后富翁决定如果作家再错过截稿日期，就对他加以3 000美元罚金的时候，作家才算有所改变。

经济学家们称这种现象为“损失回避”——得到一件东西或许并不会给人们带来太大的惊喜，但失去一件东西可能就会让他们感觉难以忍受。我把它称为“偏见”：一种没有正确理解员工心理而引起的偏见。在随后的几个月里，这位作家的确赶上了截稿日期，但没过半年，他就离开了这家公司。

很明显，虽然这位作家并不希望能用好的业绩来获得更高的回报，但他感觉无法忍受因为自己的错误而遭受的惩罚。额外的奖励并不能激励他，可惩罚却让他感觉是一种侮辱。这位富翁终于想到了办法来迫使作家按时完稿，但也把他赶出了自己的大门。由此可以看出，管理这些自由工作者们的确是一项非常复杂的工作，而且如果你认为你知道他们为什么发脾气的话，你首先需要克制自己的偏见。

这种“我知道他们在想什么”的错误心态不止体现在金钱

的问题上。一般来说，当一个人二十几岁的时候，他最想要的是能够在工作当中学到一些东西；到了三十几岁的时候，他们想要获得提升；在四十几岁的时候，他们想要进行管理。要想管理好你的下属，首先一定要理解他们的需要。你必须很清楚他们在每一个阶段想要什么，甚至可以直接问他们，且你不能认为所有人的想法都一样。一个人在 24 岁的时候可能并不会认为工作和生活的平衡很重要，可到了 34 岁时，他就会觉得这一点非常重要。

不妨想一想游击手亚历克斯·罗德里格斯 (Alex Rodriguez，美国当前风头最劲的棒球新秀之一。——译者注)，20 岁时，他在西雅图水手队 (Seattle Mariners) 赢得了“击球奖”。4 年之后，他转会到得州骑警队 (Texas Rangers)，每年的收入高达 2 500 万美元，在此期间获得美国联盟杯“最有价值运动员”称号，并赢得 3 次本垒打冠军。等他到了 28 岁时，他转会到了纽约洋基队 (New York Yankees)。当时所有人都认为他是棒球比赛中最出色的运动员，可两支球队还是先后让他离开！事实上，并不是这两支球队让他离开，是他选择离开这两支球队的——第一次是为了赚更多钱；第二次是为了能够跟洋基队参加世界巡回赛。这是一种典型的现实版“自由工作者”(很大部分是因为棒球运动在 1975 年发明了“自由工作者”这个概念，从此以后，球员就可以在不同的球队之间自由地转会)。这个例子说明：1. 员工可以掌握控制权；2. 员工可以利用组织满足自己的需要；3. 这些需要会随着时间的推移而不断变化。

至于上面谈到的那位企业家和作家，我也不知道该怎么处理，唯一可以确定的就是传统的“胡萝卜加大棒”的方法如今已经行不通了。显然，用奖金的方式在员工面前吊着一根胡萝卜并不会发挥作用，但这并不意味着用“减薪”的大棒就可以迫使他们做出改变。

## 形式 2：我知道他们知道什么

那种管理者比其他人更擅长所有工作的时代已经过去了。彼得·德鲁克之所以预测未来的管理者是那些知道该如何提问的人，是因为他知道，未来的知识工人所掌握的技能会比任何人都多。这样的时代已经到来了，聪明的管理者需要知道如何放下那种自以为是的自信。这种无知的自信会影响员工的技能发挥和工作热情，并最终会影响到上司的地位。

## 形式 3：我讨厌他们的自私

有多少次当员工来向你抱怨，说自己很不开心或者是没有得到足够的成就感时，你脑子里的第一个念头是“要辞职吗，你这个自私的蠢货？我花那么多钱是请你来工作的，而不是让你开心。滚回去，好好干活”？

有多少次当员工来到你面前，告诉你有外面的公司聘请他，但他不愿意离开你，所以希望你能给他提高待遇，而你的第一反应就是质疑这位员工的忠诚，把他当成一个忘恩负义的家伙或者一个叛徒？

在我看来，这种原始而粗鲁的反应其实也是一种偏见的表现。当然，我们很容易理解为什么管理者们会有这种反应。他们都有过几十年的偏见训练。从历史的角度来说，大型的美国公司往往都是这种偏见的受益者。在很多人看来，成立公司的初衷就是要让公司本身和股东们的利益最大化，个人有时可能会需要牺牲自己的利益来维护公司的利益，所以当员工公开提问“这样做对我有什么好处”时，往往会被认为是一种过分的表现。

但我要提醒大家的是，在这个新的世界秩序当中，当“组织人”已经被那些高度流动的“自由工作者”取代时，管理者并不应该为下属的这种行为感到吃惊，更不应该憎恨他们，或者认为他们的这种心理太过自私。事实上，你应该学会接受这种现象，因为当你真正了解员工的需要的时候，你就会发现他们反而变得更容易管理了。

一家猎头公司的管理者曾告诉我他跟杰克·韦尔奇的一次相遇。当时这位管理者的公司刚刚为一位播音员跟通用电气的子公司 NBC 续签了一份长期合约，其开出的条件简直让人大跌眼镜。

在交谈当中，韦尔奇提到了这位播音员的名字，我的这位朋友半自豪半紧张地说：“是的，我想在这个问题上我们可能要价太高了。”韦尔奇沉默了一下，我这位朋友担心自己刚才的说法可能毫无必要地侮辱了这位传奇 CEO。这时韦尔奇用一种非常严肃的语气告诉他："你不明白。你的要价并不高，我们本来就打算给他那么多钱。如果需要的话，我们会不遗余力地让他感到开心。”

下次应对那些咄咄逼人而且明显非常“自私”的员工时，一定要记住这个例子。无论是忽略他们还是憎恨他们，都是对他们的一种误解。这种做法无疑就等于在自己的工作中犯下了仇恨罪。

## 形式 4：我总是可以请到其他人

在以前，致富的关键是拥有土地、原材料、工厂和生产工具。在那种环境中，工人们对公司的依赖要超过公司对工人的依赖。而今天，致富的关键则是知识。在这样的环境里，公司对于工人们的依赖超过了工人对于公司的依赖。而且更糟的是，工人们居然很清楚地知道这一点！他们把自己看成是代替性资产，而不是可丢弃性商品，他们已经不需要靠着公司的怜悯来生活了。二者之间的区别虽然微妙，但却是真实的：作为一种代替性资产，这些自由工作者们相信自己总是能够在其他地方找到待遇更好的工作；而如果他们只是一种商品，任何人就都可以取代他。（当然，他们非常清楚，如今情况已经发生变化了。）

那些聪明的管理者们显然已经意识到了这一点。他们开始把公司与那些优秀员工之间的关系看成是一种战略联盟，而不再是以往的那种传统的雇佣关系。他们知道，这些自由工作者们随时可以离开自己的公司。我曾经对世界顶级高科技公司的120名高级高管进行了一项调查，问题是“那些在你的公司工作的未来管理者是否能在1个星期之内在其他公司找到收入更高的工作”，120个人的答案全部都是肯定的。

当1995年奥兰多魔术队(Orlando Magic)让沙奎尔·奥尼尔(Shaquille O’Neal)转会到洛杉矶湖人队(Los Angeles Lakers)的时候，他们就是有这样一种偏见。这就像微软让比尔·盖茨跳槽到别的公司，或者索尼音乐让布鲁斯·斯普林斯汀(Bruce Springsteen)离开一样。有些人才是永远无法取代的。毫无疑问，留住奥尼尔需要付出很高的代价，但奥兰多当时肯定以为奥尼尔是可以取代的，认为自己可以花钱再请一位跟他一样的球员。结果证明，这个偏见让奥兰多魔术队付出了高昂的代价。奥尼尔离开之后，奥兰多很快就沦为一支二流球队，而湖人队则在他到来之后先后赢得了3次NBA冠军。

我之所以举出这些球星作为例子，是因为关于他们的信息是公开的,非常容易获取,而不是因为这些都是一些极端的行为。相信我，同样的情形每天都会在美国公司里成千上万次地上演。有人不开心，有人随时都在准备求职简历，有人在不停地寻找新的工作，有人为了找到更好的工作不惜放弃手头还不错的待遇。之所以会发生这样的事情，是因为他们的上司并没有意识到自己的下属每天来工作的真正目的。如果说这种盲目不是一种偏见的话，我也不知道该叫它什么。但这样的情况每天都在发生，只是我们可能并没有在报纸上读到它们罢了。

如果说这些例子还不够触目惊心，那就让我再解释得清楚一些吧。如果你继续抱有这种偏见，忽视眼前正在变化的现实，你很可能会因此失去自己的工作，即便你是公司里的顶级人才，即便你的业绩十分优秀。

当然，我并不是说今天的管理者们已经被剥夺了所有的权力。在大多数组织当中，这种自上而下的管理链条仍然完好无损，人们仍然会听从上司的指令，但二者之间的权力比例已经发生了微妙的变化，有些权力已经转移到了自由工作者们手中，其比例也超出了大多数管理者们的想象。这也正是他们需要我的原因所在。

当一位管理者请我为他作一对一指导时，大多数情况下是因为他或她总是有一些会激怒下属的行为，有时候这种行为到了无法容忍的地步，以至于下属们会选择离开公司。

事实上，那些离开公司的员工是在反对管理者的建议并选择离职。而当这种投票的人数多到一定程度的时候，他们的离职就会给公司带来严重的问题，这时候公司的管理者们就会给我打来电话，他们想要知道为什么员工会离开，以及自己应当做出怎样的改进。

美国历史上最著名的棒球教练凯西·施滕格尔 (Casey

Stengel) 喜欢用棒球队打比方。他指出，在任何一支球队当中，都有 1/3 的球员喜欢球队的经理，有 1/3 的球员讨厌他，还有 1/3 的球员无法决定。“而管理一支球队的秘诀就在于，”施滕格尔说，“千万不要让讨厌你的1/3球员靠近那些没有决定的球员。”

这就是我们这个“自由工作者国度”所面临的真正危险。一名员工不会拖垮一名优秀的管理者，但一群员工可以联合起来，推翻那些自己不喜欢的上司，无论后者多么优秀。

当你在这个自由工作者的国度崎岖前行的时候，一定要记住这一点。不妨抽点时间，反省一下，你在对待员工时是否存有一些已经过时的偏见？或者你的组织当中是否有新式的自由工作者心态？接受这种现实可以让你成为一名更加成功的上司，并且很可能会让你保住自己的工作。

你眼前的人总是在不断地发生变化，而且一切都摆在你的面前。如果不能随之做出相应的改变，你就无异于是在闭着眼睛来管理。这显然是一种无法原谅的偏见。

第 18 章

# 当你自己犯错，不要试图改变所有人

> 我用了很多年的时间才明白这样一个道理：有些问题是如此根深蒂固，如此奇怪，以至于我根本不可能去改变它们。

就像你并不需要因为一些微不足道的小问题而接受指导一样，作为一名管理者，你也不应当尝试去改变那些根本不想有所改进的人。

有些人确实无可救药，这听起来可能有些残酷，但事实就是如此。如果想改变这些人，你的做法无异于拿脑袋撞墙。

相信我，我很清楚这一点。我用了很多年的时间才明白这样一个道理：有些问题是如此根深蒂固，如此奇怪，以至于我根本不可能去改变它们。经过反复不断的试验和失败，我开始渐渐放弃许多幻想，最终我才意识到：有些缺点是根本不可能改正的，尤其是遇到下面这些类型的员工的时候，更是如此。

**不要去改变那些根本不觉得自己有问题的人。**不知道你是否曾经尝试过改变一个根本不愿意有所改变的成功人士？想想看，如果是这样的话，你的成功概率有多大？答案总是一样的：根本没有可能。让我们再进一步思考，你是否曾经尝试过改变一位根本没有兴趣做出改变的配偶、伙伴或者爱人？答案还是一样。

我的母亲曾经读过两年大学，后来在一家小学做了一位颇受尊重的一年级教师。她对自己的工作是如此投入，以至于在现实世界中也总是表现得像个一年级教师那样。她总是以极大的耐心慢条斯理地对待身边的每一个人，她的用词也都是那些6岁孩子们的用词。换句话说，她生活在一个到处都是一年级学生的世界里。在她眼里，我一直都是个一年级的小孩子，她的兄弟姐妹和所有的亲戚也都是一年级的小孩子，就连我父亲也是。妈妈总是在纠正每个人的语法。有一天，正当她在第10 000次纠正我父亲的语法时，父亲看了看她，叹了口气，然后说："亲爱的，我已经70岁了。算了吧。"

如果说你的员工根本不愿意做出改变，那就不要浪费时间了。

**不要尝试去改变那些为自己的组织选择了错误战略的人。**如果他们选择了错误的方向，你所做的一切都只会让他们在错误的道路上越走越远。

不要尝试改变那些选错职位的人。有些人感觉自己在一家错误的公司选择了一份错误的工作，他们可能以为自己应该做些其他事情。或许是因为他们的技能被用错了地方，或许是因为他们在怀念某些东西。如果你足够敏感，你应该能够感觉到你的下属当中有哪些这样的人。一旦你发现某些下属可能有这样的心理，不妨问问他们："如果我们今天关门，你会有什么感觉，吃惊、难过，还是感觉松了一口气？"大多数情况下，他们都会感觉松了一口气。这时候你就该考虑让他们离开了。你不可能通过改变这些人的行为让他们感到开心，你只能通过改变一个人的行为让他周围的人感到开心。

**不要去尝试改变那些总是认为问题出在其他人身上的人。**

经典案例 **改变自己还是改变员工**

我曾经接触过一位企业家，在一些非常优秀的下属相继离职之后，他开始思考如何保持自己的团队士气。他的公司所处的行业是一个非常有趣的行业，他的公司在业界地位很高，人们喜欢在那里工作。但我的反馈报告却表明，许多人都对上司在薪酬待遇上的不公正感到极为不满。有些员工的待遇非常高，而有些人的待遇却根本无法引起他们的兴趣。在这家公司，要想得到加薪，唯一的方式就是拿把枪指在老板脑袋上，威胁他说要么给自己加薪，要么自己就辞职走人。

让我感到意外的是，当我把反馈结果告诉这位企业家时，他立刻表示同意，并且说出了自己的一大套理由。跟许多白手起家的企业家一样，他把付给员工的每一分钱都看成自己的损失。他会根据员工们在整个组织当中的作用来支付薪水。如果员工想要赚得更多，他们首先必须向老板证明自己的能力。

我不是一名薪酬专家，而且我也没有足够的资格来解决这个问题，但再次让我感到吃惊的是，我发现这位企业家根本不是来请我帮助他做出改变，而是希望我能帮助他改变员工的心态。

每次遇到类似情况，我总是会立刻夺路而逃，因为你很难去帮助一个根本不觉得自己遇到了问题的人，更不可能去帮助一个坚信问题出在其他人身上的人。

有这种想法的人永远不会改变自己的信念，一切都是别人的过错。要想改变这种人，其难度恐怕比把一位狂热的民主党人变成共和党人（或者反过来）还要困难。这根本没有可能，所以还不如省点时间，不要加入一场你永远不可能赢的辩论。

# 想象自己是一个 95 岁的老人

深呼吸。来一次深呼吸。

想象你现在已经 95 岁，快要离开这个世界了。在临终之前，上天突然赐给你一个机会：你可以回到过去，和一位即将读到这一页的人交谈，帮助这个人在工作中取得更大的成绩，并且过上更好的生活。

作为一位 95 岁高龄的老人，你很清楚生活当中到底哪些事是重要的，哪些事不重要。这时你会向年轻的读者提出怎样的忠告呢？

花点儿时间，仔细考虑一下两个层面的建议：个人生活上的建议和职业忠告。想象一下，如果让你用几个词来概括一下自己的建议，你会选择哪些词。一旦写下了这些词，接下来的事情就很简单了：只要按照自己写下的内容去做就可以了。这就是你的目标。

我不可能“定义”你的目标，也不可能为你写出这些目标，更没有资格判断它们是否有价值。这样做显然太狂妄了，它显然不是我的工作。

但我可以大致预测一下你的目标应该是怎样的，因为我的一位朋友曾经有机会访问过许多临终的人，问他们一个问题：“如果生命可以重来一次，你会选择怎样的生活？”他所得到的答案充满了智慧。

其中一个反复出现的主题就是：“如果生命可以重来一次，我会认真思考生命，学会从当前的生活中找出幸福的意义。”当前的生活，不是下个月，也不是下一年。西方社会的一个通病体现在这样一句短语上：“当……的时候，我就会很幸福。”比如“当我被提升之后，我就会很幸福了”，或者“等我买下那幢房子之后，我就会很幸福了”，或者“等我有了钱之后，我就会很幸福了”。95 岁的你终于明白了一个道理：下次提升、下一份成就、下一次搬到更大的房子里或者是得到拐角的办公室并不会真的改变你的生活。

许多老人都说自己以往太过盲目地追求自己没有的东西，结果却忘记享受自己已经拥有的东西了，而在生命即将走向终结时，他们又希望自己当初能够学会享受那些东西。

第二个反复出现的主题是“朋友和家人”。设想一下：你在为一家很不错的公司工作，你可能会觉得自己对公司的贡献非常大。可问题是，当你 95 岁，就要离开这个世界的时候，看看你周围的人，有几个会是你在工作中的朋友呢？或许只有你的家人和朋友才会真正关心你。请现在就学会感激他们，多花点时间陪陪他们吧。

还有一个反复出现的主题是“跟随你的梦想”。那些曾经尝试过实现自己梦想的人总是会更快乐一些。想想看，你生命中的真正目标是什么，现在就动手去做吧！并不只是那些宏大的梦想才值得去做，那些小小的梦想也不例外。买辆跑车，让自己可以去任何想去的地方，去一个长久以来一直让你魂牵梦萦的地方，学弹钢琴或者是说意大利语。就算别人觉得你的梦想太荒诞或是出格，又有什么关系呢？这并不是他们的生活，而是你的。

很少有人能够实现自己的梦想，有些梦想这一生可能都无法接近，所以关键并不在于“我是否让自己的梦想变成了现实”，而是“我是否为之努力过了”。

我曾经为埃森哲公司进行过一项研究，研究对象是全球120个国家的超过200名极具潜力的未来管理者。根据研究规定，每家公司只能派出两名未来管理者，全都是年轻一代当中的佼佼者。如果这些人想要换工作，立刻就会有大堆更好的机会在等着他们。

在研究过程中，我们向这些年轻的新星提出了一个非常简单的问题：“你为什么会选择继续留在这家公司呢？”排在前三位的答案是：

- 我能够从眼前的工作当中找到快乐和意义。这份工作令人兴奋，我喜欢自己目前所做的事情。
- 我喜欢这里的人，他们都是我的朋友。大家感觉是一支团队，感觉就像是一个家庭。跟其他人一起工作或许可以赚更多钱，但我不想离开这里的人。
- 我可以追随我的梦想。这个组织提供了很好的机会，让我可以去做我真正想做的事情。

答案永远都不是钱的问题，人们真正在意的一直都是幸福、人际关系、追随梦想和人生意义。当我的那位朋友问躺在病床上的临终者人生当中什么最重要的时候，他们给出的答案跟我在研究当中得出的结果如出一辙。

现在就把这些智慧应用到自己的生活当中。要向前看，也要向后看。想象自己是一个老人，你在回想自己希望过的生活，你知道自己需要学会享受眼前的幸福，享受跟朋友和家人在一起的时间，并努力去追求自己的梦想。

# 致谢

*What Got You Here Won't Get You There*

本书是集体劳动的结晶，许多了不起的人都为之贡献了自己的力量：

我的导师彼得·德鲁克 (Peter Drucker) 和理查德·贝克哈德 (Richard Beckhard)，他们永远是我的偶像；保罗·赫西 (Paul Hersey)，是他让我有机会成为一名教育家；弗朗西斯·赫塞尔本 (Frances Hesselbein) 女士，她是我一生的榜样；鲍勃·坦纳鲍姆 (Bob Tannenbaum)、约翰·英 (John Ying)，还有弗雷德·凯斯 (Fred Case)，他们都是了不起的教育家，是他们让我顺利地完成了学业。

我的合著者和代理人：马克·莱特尔 (Mark Reiter)，是他帮助我“找到了自己的声音”，并让我能够通过媒体面对面地和我的读者们沟通。

我的出版商：威尔·施瓦贝 (Will Schwalbe)、埃伦·阿彻 (Ellen

Archer)、鲍勃·米勒 (Bob Miller)、查伦·杰弗里 (Zareen Jaffery)，以及所有为本书提供支持的 Hyperion 的朋友们。

我的家人：丽达 (Lyda)、凯莉 (Kelly)、布莱恩 (Bryan)，我爱他们，他们也爱我（虽然我也有一些让人讨厌的坏习惯），他们对很多事情都抱有自己的看法，知道怎样把它们变得很有趣。

Alliant 国际大学：校长杰夫·考克斯 (Geoff Cox) 先生和他的同事们，他们对我充满信任，并用我的名字来将该校的一所学院命名为"马歇尔·古德史密斯管理学院"；还有所有的老师和学生们，跟他们在一起工作真是一件让人愉快的事情。

还有我在过去的 30 年职业生涯当中所遇到的人们：从最初的基尔蒂 (Keilty)、古德史密斯公司到后来的 A4SL，以及现在的马歇尔·古德史密斯合伙人公司，他们向我提供了巨大的帮助；Linkage、IMS、ConferenceBoard、AMA、HR.com、ChartHouse、Talent Management、Targeted Learning 等公司帮助我接触了上百万名商业管理者；莎拉·麦克阿瑟 (Sarah McArthur)、约翰·惠顿 (John Wheaton)、安德鲁·索恩 (Andrew Thorn)，他们也都为本书做出了许多贡献。

还有我在写作上的好朋友：《商业周刊》的约翰·伯恩 (John Byrne)，他总是在鼓励我更多地表达自己；《纽约客》杂志的拉里萨·麦克法哈尔 (Larissa MacFarquhar)，他总是能为我的作品写出完美的导言；《哈佛商业评论》的加德纳·莫尔斯 (Gardiner Morse)、《福布斯》杂志的鲍勃·伦兹纳 (Bob Lenzner)、《卓越领导力》

杂志的肯·谢尔顿 (Ken Shelton)，还有离我家最近的《圣迭戈联合论坛报》(*San Diego UnionTribune*) 的迈克尔·肯斯曼 (Michael Kinsman)，他们都做过关于我的报道，这些报道不仅有趣，而且十分公正。还有《快公司》的马克·瓦莫斯 (Mark Vamos)，以及 Wiley、Amacom、FT、Davies Black 等出版公司，他们以前都出版过我的作品，并且允许我在本书当中使用那些作品中的部分内容。

还有，也是最重要的，就是我的客户们，他们已经取得了让人难以置信的成功，但仍旧在努力做得更好。在过去的岁月中，他们所教给我的比我在其他任何地方学到的都要多。

虽然得到了所有这些人的帮助，但我相信书中的纰漏之处还是在所难免。对于这些可能出现的失误，我恳请大家谅解，并对所有的纰漏之处承担全部责任。最后，还是让我用我的另外一位偶像释迦牟尼的话来作为结尾吧：

只要带走那些对你有用的，把其他的都抛诸脑后吧。

# 你会成为极具潜力的未来领导者吗?

这张领导力清单是由埃森哲公司赞助的一项全球领导力研究项目的部分研究成果，该研究总共涵盖了全球范围内的 120 家公司当中经过特殊选定的 200 位极具潜力的未来管理者。按照要求，调查对象将按 5 分制对这些未来管理者进行打分，每个单项的最高分是 5 分，最低分是 1 分。想想你自己或其他人在下列领域中的表现，你对你自己或此人的表现可以打多少分。

## 全球化思考

(1) 注意到全球化对自己所在组织的影响。

(2) 展示出能在全球环境下取得成功的适应能力。

(3) 努力获得从事全球性商业活动所必需的多种经历。

(4) 在做出决策的时候能够保持全球性视角。

(5) 能够帮助其他人理解全球化的影响。

## 接受多样性

(6) 能够接受不同人群（不同的文化、种族、性别以及年龄）的价值观。

(7) 能够有效地激励来自不同文化和不同背景的人。

(8) 能够发现不同观点的价值。

(9) 能够帮助其他人理解多样性的可贵之处。

(10) 能够积极了解其他文化（通过互动沟通、语言学习、旅行等方式）。

## 技术领悟力

(11) 能努力获得在未来世界取得成功所必需的技术性知识。

(12) 能够成功地招聘到拥有必要技术专长的员工。

(13) 能够有效地管理技术团队，从而提高组织的生产效率。

## 建立伙伴关系

(14) 能够把自己的同事当成合作伙伴，而不是竞争对手。

(15) 能够将整个组织打造成一支高效的团队。

(16) 能够在整个公司内部建立有效的合作伙伴关系。

(17) 能够有效禁止同事之间的破坏性言论。

(18) 能够与其他组织形成有效的联盟。

(19) 能够与外部建立一种有效的关系网络，推动整个组织更好地完成任务。

## 分享领导力

(20) 愿意与商业伙伴分享领导权。

(21) 愿意虚心向那些拥有更多专长的人请教。

(22) 愿意努力与其他人一起（而不是在其他人的领导下）携手并进。

(23) 能够建立一种人人都为“大我”而努力（而不是一心为自己谋利）的企业文化。

## 创建共同的愿景

(24) 能够为自己的组织确立一个清晰的愿景，并将其传递给整个组织。

(25) 能够有效地让组织成员参与到决策当中来。

(26) 能够激发组织成员努力将愿景变成现实。

(27) 能够制定有效的策略来帮助自己的组织实现愿景。

(28) 能够清晰地为任务分清主次。

## 培养人才

(29) 能够用统一的标准来对待组织成员。

(30) 愿意为组织成员创造更好的工作条件。

(31) 能够确保组织成员得到他们所需要的培训。

(32) 能够为组织成员提供有效的培训机制。

(33) 能够及时地为组织成员提供必要的反馈意见。

(34) 能够对其他人的成就表示有效的认可。

## 授　权

(35) 能够有效地帮助组织成员确立自信心。

(36) 敢于承担风险，敢于让别人做决策。

(37) 能够给组织成员必要的自由来完成自己的工作。

(38) 能够对组织成员保持足够的信任，敢于放手。

## 个人管理

(39) 能够真正理解自己的长处和短处。

(40) 愿意投入时间和精力来进行个人提高。

(41) 能够吸引必要的人才来补充自己的不足。

(42) 能够在各种情况下给出有效的情感反馈。

(43) 能够展现出作为管理者的自信。

## 鼓励建设性的对话

(44) 能够就个人发展问题征求别人的意见和建议。

(45) 能够真诚地聆听别人。

(46) 能够用一种积极的方式接受建设性的反馈意见。

(47) 能够努力理解其他人的工作方式。

(48) 敢于鼓励其他人挑战现状。

## 个人品行

(49) 能够在与人交往的时候保持诚实和正直。

(50) 能够确保所有的组织成员都做到诚实和正直。

(51) 避免在组织内部出现政治行为，不会利用权力为自己谋求私利。

(52) 鼓励人们捍卫自己的信念。

(53) 能够遵守整个组织的价值观念，懂得以身作则。

## 领导变革

(54) 能够把变化看成是机遇，而不是问题。

(55) 敢于在需要发动变革的时候挑战现状。

(56) 懂得如何乱中取胜（在必要时表现出一定的灵活性）。

(57) 能够鼓励其他人进行创造和革新。

(58) 能够有效地将创意转变为商业成果。

## 预测机遇

(59) 愿意投入时间了解未来趋势。

(60) 能够有效地预测未来的机遇。

(61) 能够激励人们关注未来的机遇（而不仅仅是实现眼前的目标）。

(62) 能够想出新的创意来满足新环境的要求。

## 确保客户满意

(63) 能够激励组织成员保持高水平的客户满意度。

(64) 能够从客户的角度来审视整个商业流程。

(65) 能够定期征求客户反馈意见。

(66) 能够坚持兑现对客户的承诺。

(67) 能够理解客户所拥有的有价值的多重选择。

## 维持竞争优势

(68) 能够传达一种正面的紧迫感，督促组织成员更好地完成任务。

(69) 能够督促组织成员学会对最终的结果负责。

(70) 能够成功地消除浪费和不必要的成本开支。

(71) 能够提供必要的产品 / 服务帮助自己公司形成一定的竞争优势。

(72) 能够以实际的成果来实现长期股东价值。

## 书面评价

你的优势是什么？或者说你在评估某个人的时候，你特别欣赏此人
哪些方面？（请列出 2 ~ 3 个具体的要点。）

你具体需要在哪些方面做出改进？或者说，你在评估某个人的时候，你会向对方提出哪些具体的改进建议？（请列出 2 ~ 3 个具体的要点。）

## 测试结果说明：

72 ~ 144 分　领导力最不令人满意

145 ~ 216 分　领导力一般

217 ~ 289 分　领导力比较令人满意

290 ~ 360 分　领导力最令人满意

# 中资海派出品

## 为精英阅读而努力

### 自律是更高级的自控

◆ 厨房里飘来培根的香味，让我们胃口大开，却忘记了医生让我们控制胆固醇的建议；

◆ 手机铃声响起，我们的眼神不由自主转向亮起的屏幕，却错过了朋友和家人最真挚的眼神；

◆ 时钟走到 7：51 时你保证 8：00 开工，半小时后你又把闹钟设在 9：00，你成了“整点爱好者”，却患上了严重的拖延症。

我们的消极反应通常是环境中消极诱因的产物。它们诱使我们以完全不符合自我认知的方式对同事、父母或朋友做出反应。虽然看起来环境并不在我们的掌控中，我们却能选择自己的反应。

然而，选择不等于行动，无论需求多么紧急，改变对我们来说总是很难的事。我们是优秀的策划者，但当环境在工作与生活中发挥影响时，我们就变成了蹩脚的执行者。

[美] 马歇尔·古德史密斯　马克·莱特尔　著
张尧然　译

中资海派出品
定　价：39.80 元

**创建持久的行为习惯，**
**成为你想成为的人**

**写给善于制定目标，却难以达成目标的你**

**风行全球！写给成年人的习惯改造书**

# "iHappy 书友会"会员申请表

姓　名（以身份证为准）：__________；性　别：__________；

年　龄：__________；职　业：__________；

手机号码：__________；E-mail：__________；

邮寄地址：__________；邮政编码：__________；

微信账号：__________（选填）

请严格按上述格式将相关信息发邮件至中资海派"iHappy 书友会"会员服务部。

邮　箱：zzhpHYFW@126.com

微信联系方式：请扫描二维码或查找 zzhpszpublishing 关注"中资海派图书"

<table>
<tr><td rowspan="9">优惠订购</td><td colspan="2">订阅人</td><td></td><td>部　门</td><td></td><td>单位名称</td><td colspan="2"></td></tr>
<tr><td colspan="2">地　址</td><td colspan="6"></td></tr>
<tr><td colspan="2">电　话</td><td colspan="3"></td><td>传　真</td><td colspan="2"></td></tr>
<tr><td colspan="2">电子邮箱</td><td colspan="2"></td><td>公司网址</td><td></td><td>邮　编</td><td></td></tr>
<tr><td>订购书目</td><td colspan="7"></td></tr>
<tr><td rowspan="2">付款方式</td><td>邮局汇款</td><td colspan="6">中资海派商务管理（深圳）有限公司<br>中国深圳银湖路中国脑库 A 栋四楼　　邮编：518029</td></tr>
<tr><td>银行电汇或转账</td><td colspan="6">户　名：中资海派商务管理（深圳）有限公司<br>开户行：招行深圳科苑支行<br>账　号：81 5781 4257 1000 1<br>交通银行卡户名：桂林　　卡　号：622260 1310006 765820</td></tr>
<tr><td>附注</td><td colspan="7">1. 请将订阅单连同汇款单影印件传真或邮寄，以凭办理。<br>2. 订阅单请用正楷填写清楚，以便以最快方式送达。<br>3. 咨询热线：0755-25970306 转 158、168　传　真：0755-25970309 转 825<br>E-mail: szmiss@126.com</td></tr>
</table>

→利用本订购单订购一律享受九折特价优惠。

→团购 30 本以上八五折优惠。